일본의
아이덴티티를
묻는다

일본의
아이덴티티를
묻는다

테사 모리스 스즈키 지음

박광현 옮김

산처럼

일러두기

1. 이 책은 테사 모리스 스즈키의 《批判的想像力のために》(平凡社, 2002)를 완역한 것이다.

2. 본문에서 일련번호가 붙은 주는 지은이의 주이며 미주로 처리했다.

3. 옮긴이의 주는 * 로 표시하고 각주 처리하거나, 본문 중 (—옮긴이)로 표시했다.

4. 모든 일본의 인·지명은 외래어 표기법에 따라 표기했으며 해당 고유명사가 처음 나올 때 ( ) 안에 한자를 병기했다.

5. 그 밖의 외래어 인·지명 및 고유명사는 모두 외래어 표기법에 맞추어 표기했다.

6. 본문과 인용문의 모든 강조는 고딕체로 표시했다. 옮긴이가 강조한 부분에는 (강조 옮긴이)로 표시했고 인용문 중의 강조는 (강조 원문)으로 표시했다. 단 본문의 강조는 특별히 표시하지 않았다.

7. 글로벌(global)은 '전지구적'으로 옮겼으나, 단 제2부에 나오는 장제목의 '글로벌한'과 본문에 나오는 '글로벌 스탠더드(global standard)'만은 그대로 옮겼다.

월경적(越境的) 대화의 포럼을 위하여
머리말을 대신하여

이 책이 출판될 즈음 내가 살고 있는 오스트레일리아에서는 '탐파(Tampa)호 난민문제'가 발생했다. 그 문제가 일본에서 어느 정도 보도됐는지 모르기 때문에 그 경위를 간단히 설명해두고자 한다.

2001년 8월 26일, 오스트레일리아 연안 경비대는 긴급 요청을 받고 노르웨이의 화물선(탐파호)이 인도양 슨다 해구의 국제수역에서 침몰 직전의 난민선을 구조했다. 다행히도 난민(438명―옮긴이)을 싣고 온 낡은 배는 그들이 모두 무사히 인양된 후 바다 밑으로 가라앉았다.

인도네시아 해역과 오스트레일리아 해역 사이의 거의 중간지점의 공해상 사고였지만, 선장(노르웨이인)은 난민들의 희망을 받아들여, 오스트레일리아령 크리스마스 섬으로 향했다. 난민들의 대다수는 탈레반 정권의 박해를 피해 도망쳐온 아프가니스탄계의 사람들이었다.

오스트레일리아 정부는 난민을 실은 탐파호의 접안을 거절. 난민들은 화물선의 갑판 위에 모포 등으로 즉석 텐트를 치고, 자신들이 처한 불확실한 법적 상황에 불안해하면서 며칠간을 보냈다.

오스트레일리아 주재 노르웨이 대사가 교섭역을 맡았고, 난민들은 그를 경유하여 오스트레일리아 정부에 정치망명 탄원서를 제출했다.

그러나 존 하워드의 보수연립정권은 국제난민조약이 존재함에도 불구하고, 이 망명 탄원서를 무시할 방침이라고 재차 확인했다. 그 후 많은 정치평론가들은 그 방침이 2001년 말에 치른 연방의회선거를 위한 보수당의 선거대책이었다고 논평했다. 인기가 바닥에 떨어진 하워드 정권은, 더 이상 난민을 수용하면 이후 수만 명, 수십만 명의 난민이 세계 각지로부터 대거 몰려오는 것이 아닐까 하는 '국민적 두려움'을 이용해서 총선거를 유리하게 치르기 위해 무참하고 냉혹한 정책을 선택한 것이다.

오스트레일리아의 외무 당국이 힘든 국제교섭을 진행한 끝에 '탐파호 난민문제'는 일단 '해결'될 조짐을 보였다. 난민들의 대부분은 남태평양에 떠 있는, 인구 1만천 명 정도의 나우루(Nauru)라는 지구에서 가장 작고 가난한 섬나라로 보내졌다. 그것은 표면상의 '해결'책일 뿐이었다. 나치 독일이 시행한 '유대인 대책'의 '최종 해결'을 연상시켜서 그것을 '퍼시픽 솔루션(Pacific solution)'이라고 불렀다.

논리적으로나 인도적으로 전혀 의미 없는 이런 '해결'책을 어떻게 내놓을 수 있었을까. 비논리적이며 비인도적인 조치가 어떻게 '표를 얻기 위한' 방법으로 이용될 수 있었을까. 이 두 가지 이유를 생각해보자.

첫째, 이른바 '전지구화' 과정은 자본, 고용, 사상, 종교, 정보, 상품 등의 월경(越境)을 급격히 증대시켰다. 최근 30년간 그것을 용인하는 제도는 그 기반부터 큰 변화를 일으켜왔다. 그러나 이런 변화가 사람들의 이동을 제도화하는 부분에서는 거의 외면되어왔다. 다시 말해, 제2차 세계대전 이후 이민이나 국적에 관한 정책 혹은 국제적인 난민조약 등과 관련된 각 국민국가의 법규나 정치역학에는 전혀 변화가 없었다. 이 제도와 현실 사이의 모순은 시간이 경과함에 따라 더욱 확대됐다. 새로운 문제를 낡은 제도로 해결하려는 시도는 더욱 부조리하고 비인도적인 결과를 초래한 것이다.

둘째, '전지구화(globalization)'는 사회·경제적 구조에 복잡한 변화를 초래하여, 그 구조의 전체상을 파악하기 힘들게 만들었다. 사람들은 개인 차원에서 느끼는 불안의 원인을 '외부화'하고, 외부와 분명한 담을 쌓아 자위(自衛)하는 경우가 많다. 또한 그와 동시에 국민국가 차원의 정책만으로는 실제 국민국가 경제의 제반 조건 및 자본의 유출입 등을 거의 통괄할 수 없는 상태라는 현실이 존재한다.

대개의 경우, 정부는 이런 실제적 권력의 침식작용에 대해서 상징적 권력의 강박적인 보강을 통해 그것을 막고자 한다. 그 좋은 예가 바로 1999년 일본의 '국기(國旗)·국가(國歌)법' 제정이다. 각료회의에서 "강제 하지 않는다"고 했음에도 불구하고, '기미가요(君が代)' 제창과 '히노마루(日の丸)' 게양은 공립학교의 입학식과 졸업식에서 실질적으로 '강제'됐다. 한편, 이것은 오스트레일리아에서 존 하워드가 국가의 '절대주권(absolute sovereignty)'이라고 명명한 것과 같은, 호수 위에 그어진 상상의 경계선 안에 갇혀진 신성한 '고유 영역'을 조건 없이 계속 유지해가는 것이기도 했다.

이와 같은 정황들을 근거로 대중적 내셔널리즘을 선동하는 평론가나 정치가들은 대중들이 품고 있는 불가시적(不可視的)인 불안을 분명하게 가시적인 것으로 환치시킴으로써 생존을 모색한다. 본문에서도 언급한 이시하라 신타로(石原愼太郎) 도쿄도지사의 '삼국인' 발언이나 '중국인 범죄자의 민족적 DNA'론 또는 히라누마 다케오(平沼赳夫) 경제산

업성 장관의 '단일민족' 발언, 스즈키 무네오(鈴木宗男) 의원의 '아이누 민족의 동화' 발언 등도 모두 동일한 맥락에 근거한 것이다.

또한 대중적 내셔널리즘의 전략은 눈에 보이지 않는 불안이나 불투명감과 같은 문제의 해결을 이른바 '전통문화'의 재발견을 통해 모색하려 한다는 점에서 서로 통한다. 가령, 오스트레일리아의 국민주의 극우정당이 '유럽피언 헤리티지(European Heritage. 유럽적 전통)'를 주장하며, 문제의 해결책을 모색한 것과 마찬가지로 일본의 '새로운 교과서를 만드는 모임'은 "선조들도 우리와 같은 문제에 직면해서 고뇌를 거듭하여 해결책을 찾았음에 틀림없다. 그 모색 과정에서 선조들은 여러 지혜를 찾아냈고 (우리에게—옮긴이) 남겨주었다"[1]라며, '선조들의 지혜' 안에서 문제의 해결책을 찾고 있다.

아이러니컬하게도 이시하라는 이런 '전통문화'의 재발견을 통한 문제해결의 한계를 분명하게 지적하고 있다. 이시하라는 마하티르 말레이시아 수상과의 대담집《NO라고 말할 수 있는 아시아》(1994)에서 지금의 사회적 경제적 혼란과 불안의 해결책은 아시아 '전통문화'의 안에서 찾아야 한다고 주장한다.

가령 서양의 '개인주의'에 대항하는 아시아의 '화(和)'나 서양의 사회적 무질서나 높은 범죄율에 대항하는 아시아적 법과 질서라는 강권책(强權策)과 같은 실천을 통해 이런 문제들을 해결해야 한다고 한다. 만약 그렇다면 일본에 입국해오는 많은 이민이나 난민들은 이시하라와 '동아시아 전통문화'를 공유하고 있는 사람들인데, 이시하라는 그들을 환영해야 마땅하다.

"일본인이라면 이런 식의 범행은 저지르지 않을 겁니다. 이미 범인이 검거됐지만, 추측한 대로 중국인 범죄자 사이에서 일어난 범행이더군요. 그러나 이런 민족적 DNA를 표시하는 범죄가 만연한다면, 이미 일본사회 전체의 자질이 변할 위험에 처해 있다고 말하지 않을 수 없지요." 2)

만약 '아시아'의 '화(和)'와 같은 '상상'이 이시하라에게 존재한다면, 도대체 어디를 어떻게 조작해야 그와 같은 발언이 나올 수 있단 말인가?

이 본질적인 의문에 대해서 이시하라는 결코 답하지 않는다. '공통문화'라는 레토릭은 빙산과 같이 항상 숨겨진 거대한 부분을 품고 있다. 나는 이시하라의 침묵이 그것을 시사한다고 생각한다. 그런 레토릭에는 대개의 경우 '타자'라고 정의된 자들로부터의 전략적 경합의 위험이나 혹은 협력의 희망을 담고 있는, 힘이나 부(富)와 관련한 착종된 상상이 존재하고 있다.

그리고 '동질'에서 '차이'를 분리해내는 경계선은 항상 무한적이고 임의적으로 옮겨갈 수 있다. 다시 말해, 쉽게 동화되고 수용될 이민자라고 결정하는 기준은 본질적으로 동질적인 '공통문화' 등이 결코 아니다. 오히려 역으로 특정한 이민자의 전략적 수용은 사회적이고 정치적인 판단에 의해서만 이루어지게 마련이다. 가령, 한때는 '화(和)'를 공유하는 '아시아인'이었지만, 전부 그대로 사회적 결합을 저해하는 '삼국인'으로 쉽게 바뀌는 것과 마찬가지로.

일본은 물론 세계 어느 나라에서나 국적과 시민권에 관한 법적 구조와 국민적 아이덴티티의 문제는 전지구화를 통해 변화한 현실로부터 새로운 도전을 받고 있다. 이 근원적인 도전에 대해서 세계는 인종적이고 문화적인 다양성에 대한 인식 확대에서부터 정치적 의도가 깔린 '외국인 범죄'에 관한 정보 조작까지 다양하고 복합적인 대응을 보이고 있다. 그러나 어떤 의미에서도 이런 대응들이 경합하는 결과는 21세기 일본의 아이덴티티와 일본사회의 존재방식 그 자체에 깊은 그늘을 계속 드리울 것이다.

인간의 가동성과 다양성에 관한 일본사회의 대응은 물론 일본 근대사, 특이한 시민권의 형태, 이민제도 등의 인자에 의해서 결정될 것이다. 그러나 이것은 한 국민국가의 내정(內政)문제가 결코 아니며, 아시아·태평양 지역의 많은 나라들이 직면하고 있는 딜레마이기도 하다. 예를 들어 '재일(在日)' 한국·조선인이나 타이완인의 내셔널리티나 특별 영주권에 관한 정책 변화는 당연히 한국·조선과 타이완의 내셔널리티와 특별 영주권 제도에 직접적인 영향을 끼칠 것이다.

장기적으로 보면 다음과 같이 주장하는 것이 가능할 것이다. 즉 전지구화에 따른 사람들의 이동이 증가하는 것에 대한 유효한 대응은 국민국가의 범위를 초월한 협력을 통해서 이루어질 수밖에 없다. 그것은 각국의 정부뿐만 아니라 이민과 이주자의 목소리도 포함하는 지역적 월경적(越境的, transnational) 포럼이 창설될 때, 비로소 바람직한 해결을 기대할 수 있기 때문이다.

사람의 가동성이 극단적으로 증가한 세계에서 일본의 위치는 '아시아적 가치'와 같은 이미 부정되어버린 과거의 재발견이 아니라, 아시아·태평양 지역과의 다층적이며 열린 대화를 통해서 전개될 것이 분명하다. '분명한 과거'의 벽에 갇혀 있는 전략은 이미 아주 오랜 옛날에 그 유효성을 상실했다.

현대 '전지구화'가 제기한 거대한 도전에 대항할 수 있는 공평하고 창조적인 해결책은 지역적 월경적 대화를 통해서만 비로소 발견될 수 있기 때문이다.

이 책은 내가 일본 잡지에 주로 발표한, 비교적 최근의 시사문제를 다룬 논문을 모은 것이다. 이 안에는 내 주장을 충분히 표현했다고 자부할 만한 글도 있지만, 그렇지 못해 반성하는 글도 있다. 그러나 처음 발표할 당시의 문제의식을 제시한다는 의미에서 〈불온한 묘비〉와 〈평화를 위한 준비〉를 제외하곤 손을 대지 않았다. 〈불온한 묘비〉는 나의 이해부족이 분명하게 드러난 부분도 있어 수정을 했다. 또 〈평화를 위한 준비〉는 1995년 《세카이》(世界, 5월호)에 발표한 〈문명의 종언—'원리주의'와의 전쟁 개시〉를 2001년 9월 11일의 '동시다발의 테러' 이후 변화한 정황을 근거로 대폭적으로 가필, 수정했다.

〈비판적 상상력의 위기〉에서 다룬 하나자키 고헤이(花崎皋平)와 서경식 사이의 논쟁은 그 후 하나자키 씨가 2002년 3월 15일에 《'공생'에의 촉발—탈식민지·다문화·윤리와 관련하여》(みすず書房)로, 서경식 씨가 3월 25일에 《반(半) 난민의 위치에서—전후책임론과 재일조선인》(影書房)으로 각각 출판했다. 그 두 저서를 읽기 전에 이 책을 탈고할 수밖에 없었던 것을 안타깝게 생각한다.

이렇게 책으로 묶어놓고 보니, 그동안 나의 사색의 궤적을 되돌아볼 수 있는 기회가 됐다. 그때 시간에 쫓기며 고생했음에도 불구하고 당시가 왠지 그리운 동시에 낯간지럽기까지 하다. 당연한 이야기이지만, 잡지에서 발표된 논문이란 편집자와의 협력작업의 결과물이다. 여기에 수록된 논문을 담당해주신 모든 편집자에게 깊은 고마운 마음을 전한다.

특히 이와나미(岩波)서점의 《시소》(思想), 《traces》의 고지마 기요시(小島潔) 씨, 《세카이》의 바바 기미히코(馬場公彦) 씨, 이 두 분의 예리한 제언과 깊은 시사가 없었다면 이 책의 핵을 이룬 논문은 결코 완성될 수 없었을 것이다. 그 점 밝혀두면서 두 분에게 특히 감사를 드린다.

또한 잡지 초교 단계에서 큰 폭으로 가필, 교정, 삭제를 하는 나쁜 버릇이 있는 나는 때때로 번역권 침해라 비판받아 마땅할 정도로 원고를 수정한 경우가 있었다. 그럼에도 인내해준 번역자 분들에게는 정말 죄송한 마음과 감사의 뜻을 전한다.

그리고 마지막으로 내가 여기저기에 발표한 논문을 한 권의 책으로 출판할 수 있었던 것은 물론 헤이본샤(平凡社)의 세키 마사노리(關正則) 씨가 한없이 노력해준 덕택이다. 연구회 등에서 함께 할 기회도 많았기 때문에, 일찍이 세키 씨의 식견에는 깊은 경의를 품고 있었는데, 그런 편집자가 나의 책을 맡아주었다.

"세키 씨, 고맙습니다. 나는 정말 학식과 식견을 고루 갖춘 훌륭한 편집자들을 만났습니다."

2002년 3월 15일
오스트레일리아의 수도 캔버라에서
테사 모리스 스즈키

일본의 아이덴티티를 묻는다 · 차례

제 1 부

열린 일본을
위하여

비판적 상상력의 위기

나는 1999년 10월부터 1년간을 히토쓰바시(一橋) 대학의 객원교수로 도쿄에서 지냈다. 일본 생활이 어느 정도 안정된 직후, 이와나미 출판사의 잡지 《세카이》(世界)가 주최하는 〈민주주의의 위기〉라는 타이틀의 심포지엄에 참가를 요청받았다. 그러나 이 심포지엄의 발표예정자들조차도 〈민주주의의 위기〉라는 타이틀을 약간 놀랍고 당혹스러운 주제로 여기고 있었다고 생각한다.

분명 현재 일본의 정치는 불온한 우선회(右旋回)를 겪고 있는 중이다. 주요 우파정당의 대동단결에 의한 연립정권이 성립했고, 야당은 정치의 변경으로 내몰려 실질적으로 무력한 존재가 되어 있는 것이 사실이다. '히노마루'와 '기미가요'를 국가의 상징으로 확정하는 '국기(國旗)·국가(國歌)법'과 사법부에 도청의 권한을 부여하는 '통신방수법(通信傍受法)'과 같은 압제적인 입법이 익찬국회(翼贊國會. 거국일치의 정치 체제 강화를 위한 국회—옮긴이)에서 연이어 가결된 일은 아직도 기억에 새롭다.

그렇다고 〈민주주의의 위기〉라니?

이 심포지엄의 타이틀은 너무 과장된 게 아닐까.

적어도 나는 그렇게 느꼈다.

그로부터 1년이 지났다. 오스트레일리아로 돌아가기 위해 나는 끝나지 않을 것만 같은 이삿짐꾸리기에 몰두하고 있었다. 바로 읽을 생각으로 구입해놓고 아직 그 일부밖에 읽지 못한 《히효쿠칸》(批評空間)과 《겐다이시소》(現代思想). 그리고 현대 일본의 내셔널리즘의 언설을 분석하기 위해 구입한 《쇼쿤!》(諸君)과 《SAPIO》(이 극우 잡지들을 읽고 나서는 너무 분노한 나머지 잠들지 못했던 기억). 이것들을 상자에 넣으면서 지난 1년 동안, 내가 관여하고 경험한 것이 바로 '민주주의의 위기'는 아니었던가를 깨달으며 입술을 깨물 수밖에 없었다.

그러나 여기서 말하는 '민주주의의 위기'란 일본에서 의회제도가 지금이라도 붕괴한다거나, 독재자가 돌연 등장하여 건전한 정치토론을 권력으로 탄압하는 것과 같은 의미에서 일컫는 것이 아니다. 현대 일본이 겪고 있는 것은 최근 도쿄에서 개최된 어느 연구회에서 말레이시아 연구자인 다이애나 원이 지적한 것처럼 '상상력의 위기'라는 측면에서의 '민주주의의 위기'인 것이다.

어느 특정 이데올로기에 대항하기 위한 설득력 있는 대안적 서사(alternative)를 상상하고 또 그것을 전달하는 능력의 결여로 인해, 그 특정 이데올로기는 어느새 압도적이고 숨막히는 괴물과 같은 존재가 되어 있었다. 나는 현대 일본의 정치공간의 중심에는 커다란 차이가 존재한다고 생각한다.

그 특정의 이데올로기로 인해 숨막히는 공간은 외견상으로는 모순되는 듯 보이는 '도덕적으로 공허한 전지구적(global) 규모의 신자유주의'

와 '도덕적 슬로건으로 분장한 대중선동적 내셔널리즘'의 두 인자(因子)가 실은 상호기생하며 뒤얽혀 형성된 것이다.

단지 위의 문제는 일본만이 겪고 있는 것이 아니다. 오스트레일리아가 일본과 다른 역사적 정황 아래 있더라도, 동일한 위기에 놓여 있으며, 또한 나는 그 위기에 관여하지 않으면 안 된다고 느끼면서 오스트레일리아로 돌아왔다.

그러나 나는 일본이 직면하고 있는 지금과 같은 국면에서 이 위기를 특히 의식하지 않을 수 없다.

동아시아 냉전의 정치질서는 다른 지역과의 사회적 지적 상호작용을 가로막으면서도 일본에 경제적 리더십을 담당하는 역할의 기초를 제공했다.

냉전구조의 마지막 방벽이 마침내 붕괴하고 있는 지금, 일본사회는 특별하고 심각한 도전에 놓여 있다. 그 도전이란 지역 안에서 새로운 위치의 모색이며, '가능미래(future possible)'에 관한 월경적(越境的. transnational)인 대화를 이끌어낼 단절된 전달 라인의 재구축이다.

이 글의 목적은 '상상력의 위기'에 관한 문제를 고찰하면서, 지리적 사회적 지적 위치가 서로 다른 많은 사람들과의 대화를 통해 막다른 골목으로 몰린 '상상력'의 위기를 타개하기 위한 희망을 모색하는 것이다.

1. 허무적 내셔널리즘의 발흥

잘 아는 바와 같이, 지금의 전지구적 자본주의에 대항할 대안적 서사를 만들어내기 위한 상상력의 결여는 공산주의사상의 붕괴에 따른 혁명적 유토피아의 모색에 대한 광범위한 환멸과 연관되어 있다. 그러나 비판적 상상력의 고갈은 그보다 훨씬 뿌리 깊은 곳에 원인이 있는 것은 아닐까? 오히려 나는 그 위기의 근원은 계몽시대부터 이어져온 정치이상—예를 들어 평등, 공평, 정의, 자유, 민주주의 등—에 바탕을 둔 진보적 정치사상 및 정치행위와 같은 지극히 광범위한 것에 대한 근본적인 회의로부터 찾을 수 있지 않을까라고 생각한다.

계몽의 정치이상은 어느 특정의 명료한 경계선을 지닌, 이미 확정된 영역 안에서의 정치작용으로서 국민국가의 이미지를 기반으로 성립해왔다. 그러나 21세기를 맞이하는 시점에서 그와 같은 국민국가의 이미지는 이미 유지될 수 없음이 자명해졌다.

가령, '인권'이라는 개념은 유럽중심주의적인 상정에 불과하다고 비판받고 있으며, 혁명을 통해 폐기되어야 할 제도나 대중을 강제시키는 '정치적 시민(demos)'을 탐색하는 것은 이미 곤란해졌고, '민주주의'나 '혁명'과 같은 말은 그 상상력을 상실했다.

장황한 정치이념에 대한 광범위한 환멸은 한편 세계 모든 지역에서 허무적 형태로 나타나는 내셔널리즘(nihilistic form of nationalism)으로의 퇴각을 촉진시켰다. 한계는 있었지만 인종차별 · 성차별 철폐 등과 같은 일련의 노력이 거둔 일정한 성과마저, 차별은 인간이 지닌 자연적인 성격의 일부라는 식의 폭력적인 주장으로 환치되려 하고 있다. '사실'을 표현할 서사(narrative) 가능성의 가치 감소를 주장한 포스트모더니즘에 의한 문제제기가 (그때 '사실'이 존재하지 않는 것이라면) 최근 '지(知)'의 이름을 사칭한 다수의 베스트셀러들에 의해 국민공동체는 자기에게 이익이 되는 전통과 신화를 수용해야 한다는 주장으로 왜곡되어

읽혀지고 있다. 그리고 사회적 협조와 질서의 '선(善)'에 관한 내셔널리스트의 목소리 높인 선언은 깊은 냉소주의(cynicism)의 기반 위에 구축된다.

최근 일본사회에 큰 영향력으로 끼치고 있는 사카모토 다카오(坂本多加雄), 니시오카 간지(西尾幹二), 고하마 이쓰오(小浜逸郎)와 같은 역사수정주의자들에 의한 저서가 그와 같은 경향을 분명하게 보여주는 좋은 예일 것이다. 일본근대사의 수정을 시도한 사카모토의 저서에서는 '역사적 사실'에 관한 포스트모던의 회의주의가 실로 값싼 캐리커처로 다용(多用)되고, 천황의 상징적 역할을 중심으로 한 내셔널한 신화의 재구축 도구로 이용된다. 니시오카에 이르러서는 모든 '문화권'은 서로 다른 독자의 역사의식을 지닌다고 주장한다.

"무의식 가운데 연속성의 관념을 품고 있는 것이 일본인의 역사의식이다."[1]

즉 그의 말에 따르면, 다른 '민족'은 무의식 속에 연속성의 관념을 품고 있지 않으며, 일본의 과거 역사 안에 존재하는 영적(靈的) 진실은 다른 민족에게는 전달이 불가능하고 '일본민족'만이 특권적으로 접근 가능하다는 것이다(그런 진실들에 대한 접근은 특정한 일본인만이 가능하다고 니시오카는 생각하고 있는 듯하다. 왜냐하면 그의 주장은 과거 반세기에 걸쳐 이루어진 거의 모든 일본인 역사가의 연구를 개정하는 것이기 때문이다). 또한 고하마는 (그 밖에도 믿기지 않을 정도로 바보스런 논리를 전개하고 있지만) 유동적으로 날조된 권력관계의 형태를 고찰하며, 놀랍게도 푸코까지 인용하여 '강자'는 '약자'와 동일한 정도의 억압을 받고 있으며, 차별은 구조적인 사회 불의의 귀결이 아니라 개인적 차원의 심리적 권력행사의 문제로 수렴된다고 주장한다.[2]

허무적 내셔널리즘의 지대한 영향력은 오른편(우익)에 위치한 정치 세력뿐만 아니라, 그 지적 기반을 전후의 비판적 사회사상에 두고 있는 사람들 사이에도 또한 존재한다. 급진적 이상주의가 분파적 폭력의 회오리 속으로 침몰하고 만 1960, 70년대의 체험을 갖고 있는, 패전 직후 태생인 '제2세대'의 비판적 지성들 가운데서도 적극적인 결합력으로서가 아니라, 파편화한 비도덕적 세계에서의 마지막 거처로서 국민적 아이덴티티는 중심적 역할을 완수했다고 주장하는 이들이 있다.

비판적 지성들의 그런 주장을 가장 선명하게 보여준 것은 가토 노리히로의 베스트셀러 《패전후론》이었다.* 가토는 '태평양전쟁' 때의 '일본의 죽은 자(死者)'를 '애도'하는 국민적 집단행동만이 현대 일본사회에 존재하는 '비틀림'과 '인격분열'을 치유할 수 있다고 주장한다.

한편의 개(個)와 그 다른 한편인 국민국가 사이의 갈등이 조정되지 않은 심리학적 관계로써 사회적 존재인 인간을 해석하는 방법이 가토의 허무적 내셔널리즘의 특징을 이해하는 데 중요한 열쇠가 될 것이다. 가토는, 사회문제의 치유는 복합적이고 억압적이며 또 착취적인 전지구화의 구조를 고발하고 교정해가는 노력 등이 아니라, 개(個)와 국민사회(national society)의 '건전한' 관계를 창출하는 '치료법'을 통해 가능하다고 주장한다.

차별과 억압, 그리고 착취의 사회적 요인과 전지구화의 구조를 문제

---

* 가토 노리히로(加藤典洋)의 《패전후론》(敗戰後論, 講談社, 1997)은 한국에서 《사죄와 망언 사이에서》(서은혜 옮김, 창작과비평사, 1998)로, 그에 대한 다카하시 데쓰오의 비판인 《전후책임론》(戰後責任論, 講談社, 1999)은 《일본의 전후책임을 묻는다》(이규수 옮김, 역사비평사, 2000)로 각각 번역됐다.

시하지 않고, '심리적 구제'와 '치유'를 요구하는 사상적 패러다임 안에 머무는 가토의 논의는 결국 개인주의, 소외, 주체, 아이덴티티, 애국심과 같은 용어의 주위에서 끊임없이 나선운동을 반복하며 함몰되고 말 것이다. 우익의 세계관에 입각한 베스트셀러들은 '자신이 일본인이라는 사실은 어떤 의미를 갖는가, 혹은 갖지 않는가'와 같은 주제와 '국가를 위해 죽을 수 있는가'라는 문제제기('국가를 위해 죽을 수 있는가'는 옳은 설문이 아니다. 국가를 위하든 그렇지 않든 '태평양전쟁'에서 '일본국민'은 죽었다. 따라서 '국가를 위해 죽일 수 있는가'가 옳은 설문인 것이다. ─강조 옮긴이)를 끊임없이 반복하며 문제의 본질을 변질시킨다. 이 과정이 반복됨으로써 과거에 이미 행해졌거나 현재에 행해지고 있는 불의를 시정하기 위한 실천 가능하며 절박한 노력들에 대한 공공의 관심은 다른 곳으로 돌려진다.

사회문제를 개인적 국가적 심리학의 차원으로 수렴하려는 이 대중적인 담론의 위상이 보다 명확해지는 부분은, 카운슬링, 정신요법, 도덕교육, (강제적) 봉사활동 등의 반복을 통해서 해결할 수 있다는 '청년문제'의 논의에 있어서이다. 그러나 여기에서 완전히 망각되고 있는 점은 청년실업문제이며, 직업이 갖는 의미의 변용이며, 그(녀)들이 살아가는 전지구적인 차원의 복잡해진 사회정치질서를 이해시키기 위한 교육이며, 또 그 세계를 변혁해가기 위해서 그(녀)들에게 힘을 부여하기 위한 시도 등이 아닐까 한다.

이 언설의 형성은 일본 특유의 문제만은 아니다. 그것은 최근 세계 각지의 대중적 정치사상 안에서도 발견할 수 있다. 가령 미국의 1960년대 뉴레프트 정치사상에 대한 공감적인 평가를 내린 크리스트퍼 로크는 1990년대에 들어서면서 (구조개혁에서 문제해결을 위한 방법을 방기한 채) 국민문화의 정신분석학적 접근방법으로 변절하고, "'만인의 만인에 대한 전쟁'으로 인해 사회를 붕괴시키지 않기 위해서는 '중간층 내셔널리즘(middle class nationalism)'만이 '공통의 참조 틀(common frame of reference)'이 될" 것이라고 주장했다.[3]

일본에서 우익 담론의 영향이 대중적으로 확산되고 있다는 점에서 특히 중요하다. 지속되는 경제위기와 동아시아의 지정학적인 대규모 지각변동이 한창인 상황에서 일본정치는 대항세력이 분명히 드러나지 않은 채 우선회(우경화)를 가속화하고 있다. 이 같은 조건에서 신자유주의와 허무적 내셔널리즘의 불온한 통합에 대항할 수 있는, 또 근대주의적 전통의 한계를 초월한 설득력을 지닌, 대안적인 새로운 형태의 사상을 모색하고 구축하는 것은 특히 긴급한 과제가 아닐 수 없다.

2. 비판적 협력을 위하여

'일본'이란 이름의 공간을 빈번히 드나드는―즉 '우리들', '당신들', '그(녀)들'이라는 경계를 새롭게 규정하는―생활을 반복하고 있노라면, 정치를 새롭게 상상할(re-imagine politics) 필요성을 절감하게 된다. 나는 현재 일본의 지적 세계의 어두운 상황을 충분히 이해하고 있다고 스스로 믿고 있다. 그러나 나는 일본 체재 중에 희망을 품었던 것 또한 사실이다. 근대라는 지적 기반의 붕괴에 직면한 현대 사회의 불확실성은 동시에 '새로운 것에 대한 전망(prospect of newness)'과 '확대되는 상상의 경계(expanding boundaries of the imagination)'를 시사하는 것임에 틀림없다.

전달매체의 변화는 (예를 들어 히노마루·기미가요의 법제화 반대 캠페인 때의 인터넷 사용과 같은) 정치논쟁에 관한 새로운 지평을 제공한다. '전지구화'에 따른 사상과 사람의 월경(越境)적 이동은 사고와 저항의 탈국경적 커뮤니티가 성립될 수 있는 가능성을 창출하고 있다.

그럼에도 불구하고, 사고의 대안적 형식을 창출하려는 노력에는 그것을 전달하는 데 곤란을 동반하는 경우가 많다. 그 안에서는 개인적인 것이 정치적인 것으로, 또는 정치적인 것이 개인적인 것으로 전환되고, 경험과 발화(發話)의 위치 차이가 보다 예리하게 각인된다. 시민사회의 영역을 재구축하는 시도는 학문적 반성과 공공적 논쟁, 그리고 정치적 행동, 이 삼자 사이에서 어떻게 적절한 관계를 만들어낼 것인지에 대한 서로 다른 의견 충돌을 통해서 이루어져야 할 것이다. 정치적 언어의 영역을 확대하려고 우리들은 공공적 언설의 흐름에 언어를 진수(進水)시킨다. 그리고 그 언어는 교차하는 논쟁의 회오리에 휩싸여 예측불허의 방향으로 흐르게 된다.

이런 배경 아래서 정치적 대안을 상상하는 사람들은 '비판적 협력(critical cooperation)'의 과정에 어떻게 관여할 수 있을까?

바꿔 말하자면, 신자유주의와 허무적 내셔널리즘에 대항하기 위한 협력이 무엇보다 필요한 시기에 그 협력관계를 파편화하는 서로 다른 의견의 충돌과정에 휩싸이지 않고, 정치적 사고의 새로운 형태 창출을 위한 필요조건으로서의 생생한 비판적 논쟁이 과연 그(녀)/우리들에게 유지될 수 있을까?

이 의문은 일본에 체재한 지난 1년 동안 내가 듣고 읽고, 그리고 어느 때는 당사자로 참여했던 여러 논쟁들을 통해서 유발된 것이다. 그리고 그 논쟁의 대부분은 가토 노리히로의 《패전후론》에 대한 비판자들

사이에서 벌어진 것이었다.

　내가 오랜 동안 그 가토 비판를 통해서 가르침을 받은 연구자이자 활동가인 두 사람, 즉 하나자키 고헤이와 서경식 사이에서 격한 논쟁이 벌어졌다.

　1999년 잡지 《미스즈》(みすず)의 5, 6월 두 호에 걸쳐서 하나자키는 가토 노리히로의 '애도공동체'론을 비판하고, 현대 일본사회의 재구축을 위해서는 식민지주의의 유산과 과거에 대한 책임부담을 직시하는 과정이 포함되지 않으면 안 된다고 주장했다. 동시에 그 논의과정에서 최근의 여러 저작, 예를 들어 우에노 치즈코(上野千鶴子), 오카 마리(岡眞理), 그리고 나의 저서에서 고찰된 포스트콜로니얼한 책임에 대한 접근방식의 강약을 호되게 비판했다.

　하나자키의 논문은 넓은 범위에 걸쳐 중대한 문제제기였지만, 그 가운데 특히 문제가 된 것은 〈내셔널리즘과 '위안부'문제〉라는 테마로 열린 심포지엄에서 서경식의 발언에 관한 지적이었다. 하나자키는 다음과 같이 정리하고 있다.

　　그(서경식―옮긴이)는 국가의 보상책임에 대한 발언에서 일본 국가를 변화시켜가는 일차적인 책임자는 당신네 일본인이며, 일본이 구(舊)재벌계 기업과 오늘날 주요 제네콘(general contractor의 줄임말. 특히 정부와 유착관계에 의해 성장한 종합건설업자를 가리킴―옮긴이)은 거의 모두가 식민지 지배와 전쟁을 통해 큰 이익을 얻었고, 그 토대 위에 전후 일본의 번영이 있었고, 국가와 기업과 일본국민의 과거 공범관계를 그대로 존속시켰으며, 현재도 그 이권을 유지하고 있다고 강조했다. 그러니 당신네들 한 사람 한 사람은 그 수혜자이며, 그 특권의 구조 안에 있는 게 아닌

가. 그리고 전후보상을 외면하는 현실 자체가 이미 공범이 아닌가. 그것을 알고 있다면 그것으로 이미 책임 당사자는 아닌가. 그것을 희미하게 느끼면서 현재의 생활에 집착하고 있는 것은 아닌가. "일본국민으로서 이 역사적 현재적 이권의 구조 안에 있다면, 일본인으로서의 책임이 존재하는 게 아닐까? 일본인으로서 책임을 다하는 것은 바로 그런 것"이라고 지탄하고 있다.

> • 〈'탈식민지화'와 '공생'의 과제〉 하, 《미스즈》 제459호.

이 논문에서 하나자키는 서경식의 차별 비판의 중대성을 평가하면서도 서경식의 주장은 '다수파'와 '소수파', 식민지화한 자와 식민지화된 자 사이에 대화의 가능성을 열어놓고 있지 않으며, 오히려 대화를 거절하는 '규탄'형이라고 비난했다.

이에 대해서 하나자키는 가령 1970년대부터 홋카이도(北海道)의 아이누 선주권(先住權)운동을 전개한 활동가들의 투쟁이나, 혹은 인종차별과 성차별의 이슈와 관련하여 《중얼거림의 정치사상》(つぶやきの政治思想)에서 이정화(李靜和)가 전개한, 비직접적인 시적 언어를 통한 대화형식이 보다 의미 있는 '커뮤니케이션의 형식'을 성립시킬 수 있다고 말한다.

서경식은 이렇게 반론했다.

나는 일본국민이라는 것만으로 바로 '공범자'라는 단순한 방식으로 '지탄'한 적이 없다. 국가와 기업의 '공범관계'에 의해서 초래된 이권구조 안에 있는 것을 인식하면서도 이권구조의 은덕을 입기 위해서 책임을 회피한다면 그것은 '범죄'가 아닐까 하는 점을 밝힌 것이다. 또한 '지탄'이란 용어는 하나자키 씨의 용어일 뿐 나는 사용하고 있지 않다. 하나자키 씨야말로 나의 논지를 곡해하며 스스로 단순화한 '지탄'에 대해서 감정적인 반응을 보이고 있는 것은 아닐까.

> • 〈당신은 어디에 앉아 있었는가 — 하나자키 고헤이 씨에 대한 항변〉,
> 《미스즈》 제461호, 32~33쪽.

또한 서경식은 "타자로부터의 '규탄(이것 또한 하나자키 씨의 용어이다)'에 대한 응답을 '일시적인 열(熱)'로 종식시킬 것인가 말 것인가는 기본적으로 문제제기를 당한 쪽의 문제이며, 문제제기한 쪽의 문제가 아니다"라고 이어갔다.

하나자키와 서경식의 논쟁을 두고 고민하는 과정에서 현재의 비판적 토론에 있어서 보다 광범위한 몇 가지 문제를 나는 의식하지 않을 수 없었다.

먼저 다양한 '커뮤니케이션의 형식' 사이에서 상호관계의 문제이다. 서경식은 자기 체험의 기억으로부터 추출한 직접적이고 비타협적이며 때로는 청자를 앉아 있기 거북하게 만드는 힘 있는 '말투'로 진술한다. 서경식은 "무서울 정도의 '망각증'에 대한 계속되는 인간의 투쟁이 자신의 작품"이라고 말한 독일 아티스트 오토 딕스(Otto Dix)의 입장과 비교하여 스스로의 입장을 밝히고 있다. 서경식이 말한 '커뮤니케이션의 형식'이 중요한 이유는 그가 무엇을 말했는가 혹은 어떻게 말했는가라는 부분에만 있는 것이 아니라, 그의 담론을 포위하는 다수파가 내뱉는 잡언(雜言)의 존재를 전제한, 보다 넓은 문맥에서 이해되어야 한다고 나는 생각한다.

'다문화주의', '다양성', 그리고 '화해' 등과 같은 어휘가 정치적 우파에 의해서 도용되고, 차별과 불평등이 계속되는 현실을 은폐하면서 쾌적한 이미지를 제공하는 것으로 사용되고 있는 세계에서 서경식의 예리한 면도날과 같은 목소리나 '말투'는 어휘를 도용하는 기성사회(establishment)로 인해 혼란해진 세계를 예리하게 파헤치는 귀중한 역할을 한다.

지의 의미가 부유하는 시대에 비판적 연구자나 활동가들이 세계를 '새롭게 상상하는' 방법은 당연하게도 그(녀)들의 개인적 체험, 물리적 위치, 지적 배경 등에 의해서 변하지 않을 수 없다. 그(녀)들은 연구자 혹은 활동가로서 발화하는 걸까? 철학자, 경제학자 혹은 문화연구를 공부하는 사람으로서 발화하는 걸까? 어머니의 입장에서일까, 아버지의 입장에서일까? 이성애자의 입장에서일까, 동성애자의 입장에서일까? 젊은이의 입장에서일까, 그렇지 않으면 노인의 입장에서일까?

동시에 그 발화는 고통과 특권, 사랑과 증오, 혹은 개인적인 상실 체험에 따라서도 다를 수 있다. 그리고 이런 다양성이야말로 '비판적 협력'에 있어서 논쟁을 자극하는 원천일 수 있다고 나는 믿는다. 차이를 지닌 '커뮤니케이션의 형식'을 창조하는 것만이 문제가 아니다. 공통의 과제를 파악하는 서로 다른 시점도 또한 중요하다. 그 과제에 대응 가능한 다양한 전략은 그렇게 창출된다.

일본에서 탈식민지화, 역사적 책임, 사회정의에 관한 현재의 논쟁에 귀를 기울이면서, 나는 그것을 오스트레일리아에서 벌어진 대단히 유사한 논쟁과 대비할 수밖에 없었다. 특히 오스트레일리아의 선주민 아보리지니 활동가들이 수십 년에 걸쳐 벌여온 지난 투쟁의 성과가 (비록 아직 제한적이라고는 하지만) 그들에게 많은 실질적인 선주권(indigenous rights)을 가져다준 것과의 비교이다. 이 길고 지난했던 (그리고 아직도 계속되는) 투쟁이 성공한 것은 서로 다른 배경을 지닌 사람들의 다양한

'커뮤니케이션의 형식'을 개별적이지만 자극적으로 개입했기 때문임을 아무리 강조해도 틀리지 않을 것이다. 이들 '커뮤니케이션의 형식'은 인종주의에 대한 대단히 근원적인 비판과 함께 주권(sovereignty)을 요구하는 태즈메이니아 섬 출신의 활동가 마이켈 만셀로부터 미묘한 정치교섭 능력을 유감없이 발휘한 온건파 법률가 노엘 피어슨에 이르기까지 다수의 '서로 다른 위치'를 포함했다. 물론 이런 '서로 다른 위치'의 존재는 선주권획득운동에서 심각한 내부 분쟁을 일으켰지만, 운동 내부에 존재하는 다양한 목소리와 방법의 용인은 바로 기성사회의 무관심이라는 두터운 벽에 대해서 여러 각도에서 균열을 불러일으키며, 그 운동을 유효하게 만든 대단히 중요한 인자이기도 했다. 여기서의 중대한 도전은 '서로 다른 위치'나 '서로 다른 목소리'를 인정하고 격려하면서, 그것이 자괴적 충돌에 용해됨이 없이 토론 가능했던 포럼을 창조했다는 것이다.

3. '애도', '죄', 그리고 '연루'

내가 의식할 수밖에 없었던 두 번째 문제는 논의의 개념적인 틀과 관련한 문제이다. (하나자키와 서경식의 논쟁을 통해 제기됐던 이슈와도 일부 중복된다.)

1998년에 나도 가토의 《패전후론》을 비판한 바 있다. 가토가 그 책을 통해 제기한 몇 가지의 논점에 대해 전혀 동의할 수 없었기 때문이다.

전쟁의 유산에 대해서 심리학적 위상에만 지나치게 초점을 맞추려는 가토의 관점에는 동의하기 어려웠다. 그것을 비판하고 나는 다음과 같이 주장했다.

　역사적 책임과 관련한 배상, 죄, 사죄는 세 가지의 서로 다른 위상에 의해서 성립한다.

　첫 번째 위상은 '역사적 책임의 정치경제론'이다. 이것은 현재 살아 있는 사람들의 사회생활에 대해서 과거에 가해진 폭력 때문에 지금도 계속되고 있는 명백한 피해에 대한 배상이라는 성격을 띤다.

　두 번째의 위상은 '역사적 책임의 인식론'이다. 이것은 현재를 살아 가는 우리들이 과거로부터 무엇을 배우고 무엇을 알아야 하는가, 무엇을 계속 기억해야 할 책임이 있고, 따라서 결론적으로 무엇을 망각할 수 있는가 하는 '지식'과 관련한 문제이다.

　세 번째의 위상은 '역사적 책임의 심리론'이다. 여기에서의 주된 관심은 과거의 사건이 인간의 정신형성에 어떠한 작용을 미치는가라는 검증뿐만 아니라, 과거의 기억에 대한 반응에 영향을 미칠 수 있는 내적 감정의 문제이다. 즉 전쟁이 피해자의 마음뿐만 아니라, 가해자의 마음마저 좀먹는다는 사실을 통해서 그런 지속적인 심적 외상(trauma)이 중심 과제가 된다.

　과거와 대치하는 과정에서는 이 세 가지의 서로 다른 위상이 상호관련하면서 필요불가결한 구성요소로 통합되어 있다.

　그런데 가토는 《패전후론》에서 세 번째의 위상, 즉 '역사적 책임의 심리론'에만 초점을 맞추어서, 개인적 심리와 국민적 심리의 관계의 언설을 통해 현대 일본사회가 직면한 사회적 정치적 문제를 '치유'하려고 시도했다.

　더구나 가토는 명확하게 경계를 그어놓은 '일본인'이라는 존재를 상정하고, 그 '일본인'이 '일본의 죽은 자(死者)'를 애도함으로써 전후 '일본인'의 '비틀림'이 치유된다고 주장했다. 이 견해는 (다른 주장과 함께) '일본을 위해' 죽었던 식민지 신민(臣民)과 전후(패전 이후)에 귀화해서 일본 국적을 취득한 수십만 명의 옛 식민지 신민과 같은 포스트콜로니얼적 귀속의 복합성을 완전히 무시하고 있는 것이다.

이상의 논의를 통해, 나는 가토에 대한 가장 격렬한 비판자인 다카하시 데쓰야(高橋哲哉)가 말한, 필요한 것은 국민적 애도가 아니라, '수치스럽게 여겨야 할' 기억을 직시하고 사죄와 보상을 하는 구체적인 '국민'의 '책임'이라는 주장에 대해서도 이의를 제기했다.

가토나 다카하시가 그렇게 상정한 주위에는,

'일본인'이라고 불리는 깔끔하게 정돈된 집단이 부동의 전제로서 존재하고 있다. (중략) 거기에는 '애도'와 '수치'를 동시에 경험해야 할 "공동의 '우리들'"이라는 형태나 경계가 도대체 무엇인가 하는 해답 없는 의문이 가로막고 서 있다.
• 〈불온한 묘비―'애도'의 정치학과 '대항'기념비〉,《별책 세카이》, 1998년 11월호, 이 책의 75~76쪽.

위의 평론을 발표하고 2년이 지났다. 지금 되돌아보면―1998년 당시와 비교해볼 때 일본 정치의 우경화는 한층 가속화됐고, 보다 위기적 상황이지만―《패전후론》 논쟁(이후에 '역사 주체성 논쟁'이라 명명됐다)을 통해서 하나의 양상이 분명하게 드러났다. 나를 포함한 많은 사람들은 《패전후론》을 비판하면서, 가토의 심리학적 위상에 초점을 맞추려는 강박적인 논의의 틀에 휘말리고 만 것은 아닐까. 바꿔 말하자면, 현대 일본의 사회적 정치적 문제를 '심리학화'하려고 한 가토를 비판하고 그것에 대항하는 시도 안에서 '심리적인 구제'나 '치유'를 추구하는 '애도 공동체'에 논점을 집중시키고 말았다. 그래서 앞서 내 논문에서는 '애도' 란 지극히 개인적 감각인 까닭에 특정의 '잃어버린 삶'과 직면했을 때 환기되는 것이며, 따라서 수백만 명에 이르는 익명의 사자(死者)에 대해서 국민적 '애도'를 요구하는 것은 의미가 없다고 주장했다.

심리학적 위상에 초점을 맞춘 고찰은 다카하시 데쓰야와 나 사이에 존재하는 실질적이고 공통적인 많은 인식들을 불명료화하고 서로의 위치 차이만을 강조하게 만들었다. '역사적 책임의 정치경제론'이나 '역사적 책임의 인식론'의 위상에 있어서 나는 다카하시의 주장에 대부분 동의한다. 특히 2000년에 발표된 《전후책임론》을 비롯한 최근 일련의 논고들을 통한 그의 주장은 더욱 그러하다.

예를 들어 정치적 위상에서는 선거권을 지닌, 경계가 명확한 국민적 커뮤니티에게 과거에 행한 불의를 책임지도록 국가에 요구하는 직접적이고 1차적인 책임이 있다.(또한 현재의 세계 질서에서는 국제적 사회운동 등을 통해서 '국민'이 아닌 자에게도 그 요구를 지지하고 보강할 기회와 책임이 있다고 생각한다.)

인식적 위상에서의 다카하시와 나의 견해 차이는 미묘하다. 나는 '일본국민'이 아니더라도 일본 역사에 관심을 가졌다면 그 역사의 수정과 왜곡에 대항할 책임이 있다고 생각한다. '타국적의 소유자'라도 일본에 사는 자, 일본을 공부하는 자, 일본에 대해서 가르치는 자에게도 그 책임이 있게 마련이다. 서로 영향을 주고받는 세계에서는 국가적 경계를 초월하는 "전달이 곧 '책임'일 수 있는" 전지구적인 기억이 존재한다.

이 부분에서 다카하시도 조금 다른 관점에서 불의의 피해자들이 내는 목소리에 대한 '응답 책임'에는 분명한 선이 그어진 국가적 경계가 있을 수 없다는 것을 인정하고 있다.

홀로코스트에 대한 응답 책임이 가해자인 독일인과 피해자인 유대인
에게만 있는 것이 아닌 것과 같이, 일본의 침략에 대한 응답 책임도 원
리적으로는 일본인과 아시아 사람들, 일본인과 교전국의 사람들에게만
있는 것은 아니다.

• 서경식 · 다카하시 데쓰야의 좌담 〈단절의 세기 증언의 세기〉, 《세카이》,
1999년 8월호, 237쪽.

유럽의 쇠퇴한 제국(영국)에서 태어나 자라고, 또 식민지주의에 의해
서 성립된 국가(오스트레일리아)에서 살며, 아시아에 있어서 '구'식민지
제국(일본. 그러나 오키나와나 홋카이도의 상황을 고찰하면, '구'라는 말의 사용
을 주저하게 한다)에 관해 연구한다는 어떤 특정한 위치에 있는 나는, 기
억과 역사적 를 고찰할 때, 전지구화한 포스트콜로니얼의 세계에 있어
서 역사적 의 복합성을 강조하지 않을 수 없다. 이러한 강조는 역사적
책임이 보다 확산되거나 아니면 회피되기 쉬워졌음을 의미하지 않는
다. 아니, 오히려 역사적 책임은 이전보다도 증대 · 확대 · 집중하여 고
찰할 필요가 있다고 주장하고 싶은 것이다.

오스트레일리아로 최근 이민을 온 나는 선주민 아보리지니에 대해서
과거에 이루어진 수탈이나 학살 등의 악행과 현재 우리와의 관계를 생
각하여, 나에게는 '죄'의식이 아니라 '연루(連累. implication)' 관계가 있
다고 결론지었다. 지금도 지속되는 과거의 불의를 시정할 '책임'이 우리
들에게는 분명히 있다. 아직도 지속되는 과거의 불의와 지금 '나'의 관
계를 명료화하기 위해서 '연루'라는 개념이 의미를 지니는 것은 아닐까.

내가 말하는 '연루'란 과거와 직접적 간접적으로 관련하는 존재와 법률적 의미의 '사후공범(an accessory after the fact)'의 현실을 인지한다는 의미이다.

이 '연루'라는 개념은 전전(戰前)과 전중(戰中)에 행해진 일본의 식민지주의적 확장과 침략의 역사, 그리고 전후세대의 일본 '국민'과의 관계에 있어서도 또한 동일하게 적용할 수 있을 것으로 생각한다.

나는 이 용어를 가토에 대한 비판 논문에서 설명이 부족한 채로 사용했다. 그 후 하나자키 고헤이의 《미스즈》에 실린 논문(1999년 5월호)과 다카하시 데쓰야의 《피플스 플랜 연구》(ピープルズ プラン研究)에 실린 보고서(2000년 3월호)에서 그 의미에 대한 질문을 받았다. 이 자리를 빌려 그 질문에 답하고자 한다.

'연루'라는 말은 과거와 관련한 '죄'라는 말보다 부드럽고 애매한 이미지를 의미하는 것이 아니다. 나는 다른 각도에서 보다 정확한 과거와의 관계를 제시한 것이라고 생각한다.

예를 들어, 자민당 소속의 국회의원 다카이치 사나에(高市早苗)로부터 오스트레일리아 연방 수상 존 하워드에 이르기까지 그(녀)들은 자신들이 직접 관여하지 않은 역사적 불의에는 '수치'나 '죄'나 '책임' 의식을 느낄 필요성은 전혀 없다고 주장한다. 그러나 과연 그럴까?

'연루'란 다음과 같은 상황을 가리킨다.

나는 직접 토지를 수탈하지 않았을지 모르지만, 그 도둑질한 토지 위에 거주하고 있다. 나는 학살을 실제 하지 않았을지 모르지만 학살의 기억을 말살하는 프로젝트에 관여하고 있다. 나는 '타자'를 구체적으로 박해하지 않았을지 모르지만, 정당한 보상 등의 대응이 이루어지지 않은 과거의 박해를 통해 수익을 올린 사회에서 살고 있다.

우리들이 지금 그것을 철폐할 노력을 게을리 한다면, 과거에 행해진 침략적이고 폭력적인 행위에 의해서 일어나는 차별과 배제(prejudices)는 현세대의 마음속에 계속 지속될 것이다. 현재 살아가고 있는 우리들은 과거의 증오와 폭력을 만들지 않았는지 모르지만, 과거의 증오와 폭력은 어떠한 형태로든 우리들이 살아가고 있는 이 세계와 사상을 만드는 데 관여하고 있다. 또한 그것으로 비롯된 것들을 '해체(unmake)'하기 위해서 우리들이 적극적으로 나서지 않는 한, 과거의 증오와 폭력은 또한 이 세계를 계속 만들어갈 것이다.

즉 '책임'은 우리들이 만들었다. 그러나 '연루'는 우리들을 만들었다.

따라서 '연루'는 심리학적 상태인 동시에 계속되는 불의의 구조에 대항하는 사회적이고 정치적인 참여이기도 하다. 역사적 폭력에 대응하는 데 정치적으로 실패해온 것은 역사적인 거짓으로 덧씌워진 차별과 배제를 잔존시키며 그 재생산을 허락해온 까닭이 아닐까.(차별과 배제는 피차별자, 피억압자에 대해서 폭력을 초래할 뿐만 아니라, 그 폭력에 의해서 창출된 폭력구조를 의미 있는 것으로 만들기 위해서도 재생산된다.)

4. '애도공동체'를 넘어서

나는 가토 노리히로의 견해나 혹은 그보다 일반적으로는 지금 횡행하는 허무적 내셔널리즘에 의해서 제기된 논쟁의 패러다임으로부터 이탈해야 할 필요성을 절실히 느낀다. 귀속, 애도, 치유, 국민심리의 재통합과 같은 주제를 중심으로 전개되는 최근의 논고를 읽고 있노라면, 나는 환기되지 않는 작은 방에 감금된 채 질식하면서 완전히 소모될 때까지 사고가 한없이 동일한 운동을 반복하고 있는 듯한 압박감을 느끼고 만다. 폭력적인 감금으로 인해 폐쇄공포증에 빠진 비판적 상상력을 어떻게 하면 해방시킬 수 있을까?

나는 그 해답의 일부가 아이덴티티와 같은 표상적 위상과 불평등과 착취와 같은 물질적 위상의 교차점을 재탐구하는 시도에 있다고 생각한다.

이 재탐구의 시도에는 아이덴티티 정치학, 정치경제학, 역사학, 철학과 같은 학문영역의 낡은 틀과 장애를 극복하고, 과거와 현재에 관한 통찰에 의미를 부여할 수 있는 새로운 방법을 모색하는 것도 포함된다.

과거에 대한 지식은 물론 중요하다. 그러나 그 지식은 애도, 승리, 수치와 같은 공유된 감정 체험에서뿐만 아니라, 지금의 불평등하고 정의롭지 못한 제도가 어떻게 해서 생성됐을까, 그리고 그것을 어떻게 파괴할 수 있을까 하는 것을 새롭게 상상하기 위한 계기로서 중요한 것이다. 새롭게 상상하는 이 과정은 논쟁과 정치행동을 위한 새로운 포럼을 개척해가는 작업도 포함하게 마련이다. 세계를 고찰하고 묘사하기 위해서 평상시 우리들이 사용하는 과거의 언어군은 현재 비판적 상상력의 위기 안에서 의미를 잃어가고 있는 것처럼 보일 수 있다. 세계를 고찰하고 묘사하며 비판하는 새로운 언어군의 창출은 지극히 미묘한 작업인 것이다.

학문적 저서나 학술지는 연구자들이 새로운 지식을 주고받고 서로 교환하는 공간이라고만 말할 수 없다. 그것은 보다 크고 광범위한 범위에서 모든 것을 포섭할 수 있는 '사실'에 관한, 보다 새롭고 광범위한 범위에서 모든 것을 포섭할 수 있는 '해석'을 연구자들로 하여금 투쟁케 하는 공간이다. 인쇄된 언어(지금 여기서 쓰고 있는 것도 포함된다면 애석한 일이지만 나는 그것을 인정한다)는 돌에 새겨넣는 것과 같이 경직되고 무감정한 것으로 변질되고 만다. 그 과정을 거쳐 언어는 커뮤니케이션의 회로 모색을 위한 도구가 되는 것이 아니라, 오히려 경계를 만들어 커뮤니케이션을 차단한다.

현재 일어나고 있는 학계와 미디어 양식의 변용은 비판적 논쟁을 펼치는 당사자 사이에서 그 논쟁의 '승패' 의식을 강요한다. 왜냐하면 그(녀)들은 새로운 지식·사상의 생성과 그 발표, 그리고 소유권에 관한 주장을 펼치는 외부의 압력에 항상 노출되어 있기 때문이다. 이 물리적 속도는 연구자들로부터 논쟁을 위한 시간을 빼앗고 만다. 예를 들어 인터넷에서는 타인으로부터 다른 의견에 대한 즉각적인 회답을 요구받기도 하며, 그 회답에서 사용된 언어는 타협을 허락하지 않는 분노의 언어가 되어 며칠 후 다시 발신자에게 돌아온다. 그 압력에 저항하면서 학문의 세계와 미디어 양식의 변용을 이용하여 새로운 형태를 지닌 비판적 포럼을 창조하는 일은 어떻게 해야 가능할까?

인쇄된 언어, 전자화된 언어, 직접 얼굴을 대면하고 발화한 언어 등을 전달하면서 새로운 비판적 '대화'의 공간은 어떻게 하면 구축할 수 있을까?

비판적 논쟁의 어휘가 생성·발전·육성되는 가운데 서로의 '말투'나 '어감'을 느낄 수 있고, 만약 필요하다면 "내가 틀렸다", "나는 아직 잘 모르겠다", "그런 것을 의미하지 않는다"라고 압력 없이 말할 수 있는 '대화'의 공간 창출이야말로 중요한 게 아닐까?

전지구적 자본주의가 지식 생성의 형태를 변용하고 있는 지금, 나는 비판적 상상력의 해방을 위한 포럼으로서뿐만 아니라, 비판적 사고와 정치적 행동 사이의 상호관계를 새롭게 단련할 수 있는 장으로서의 공간이 필요함을 특히 절실하게 느끼고 있다.

그리고 그것은 신자유주의와 허무적 내셔널리즘이 지닌 세계관으로 부터의 탈출을 위한 지역적 국가적 경계를 초월한 공간 창조를 포함한 다. 신자유주의와 허무적 내셔널리즘에 대항하는 대안적 서사의 탐구 는, 가령 도쿄라는 특정한 위치의 관점에서뿐만 아니라, 후쿠오카(福 岡)나 나고(名護), 싱가포르나 제주도나 시드니와 같은 다른 지리적 관 점을 포함한 경제적 불안과 정치적 무력감, '기억'과 '연루' 등과 같이 공유할 문제에 대한 면밀한 고찰이어야 한다. 또한 그런 작업은 비교할 수 없을 만큼 많은 결실을 만들어낼 것임에 틀림없다.

중요한 것은 '대화'가 개시되는 물리적 혹은 비유적 테이블의 발견이 며, 서로 다른 목소리로부터 그 뉘앙스나 주저함이 느껴지는 장이며, 자신 혹은 타자의 언어가 이행하는 중하(重荷)에 '응답'할 수 있는 공간 의 창출일 것이다. (예를 들어 그 언어는 나의 대화와 같이 번역이나 통역으로 고통스러워하거나 유창하지 않은 것도 포함한다.)

나는 비판적 언설이 조정될 가망도 없는 파편으로 저절로 괴멸되는 일이 없이, 차이가 존재하는 견해로서 서로 불꽃 튀게 충돌하는 그런 공간의 창조가 무엇보다도 중요하다고 생각한다.

동아시아에 있어서 역사를 둘러싼 전쟁

'역사에의 진지함'에 관한 고찰

1. 역사의 복수

영국의 역사가 J. H. 플럼은 1960년대에 쓴 평론 〈과거의 죽음〉에서 "공업사회는 그 전신인 상업사회와 수공업사회와는 다르며, 과거를 필요로 하지 않는다. (중략) 이 새로운 방식, 새로운 프로세스, 새로운 형태를 지닌 과학적 공업적 사회의 생활양식은 과거의 제약을 전혀 받지 않으며, 과거에 뿌리를 둔 어느 것도 필요로 하지 않는다. (중략) 생활의 모든 측면에 걸쳐서 과거가 갖는 영향력이 1세기 전의 시대보다도 훨씬 낮아지고 있다. 실제 이 정도의 속도로 과거가 소멸해간 사회는 아직까지 없었다"고 밝혔다.[1] 플럼의 주장은 20세기 후반 널리 퍼져 있던 사고방식에 따른 것이다. 그 사고방식이란 사회적 기술적 변동이 끊임없이 반복되는 시대에는 과거가 현재에 미치는 영향력이 낮아지고, 과거는 객관적 과학적인 검증의 대상이 되어간다는 것이었다. 프랜시스 후쿠야마는 말하기를 세계는 역사의 종언이라는 다음 단계에

접어들었으며, "내셔널리즘은 리버럴리즘과 화해하고 사생활의 영역에서만 표현되어갈 것"이라고 주장했다.[2]

2001년 4월, 서울대학교에서 남쪽으로 약 2시간 거리에 떨어져 있는 독립기념관을 향해가는 버스 안에서 나는 이런 잘못된 예측 결과에 대해서 생각해보았다.

당시 한국과 일본 사이에는 도쿄의 주일대사가 본국으로 소환되는 사태에까지 이른 하나의 외교적 사건이 일어나고 있었다. 서울 거리의 곳곳에서는 항의의 표시로 일본제품에 대한 불매운동을 호소하는 현수막 때문에 차가 옴짝달싹 못하고 있었다. 이 한일관계의 급격한 악화는 일본과의 관계개선정책을 정력적으로 추진하며 그때까지 커다란 성과를 거둔 김대중 대통령에게 심각한 정치적 타격이 됐다. 그리고 이 정치적 외교적 혼란의 모두가—무역마찰이나 전략적 군사적 문제나 국경문제 등 흔히 있는 원인에 의해서가 아니라—일본 정부가 검정을 합격시켰을 뿐인 한 권의 중학생용 역사교과서 때문에 생긴 일이었다. 그후에도 이 교과서는 동아시아의 국제관계를 혼란에 빠뜨렸다. 같은해 7월 초, 일본의 연립여당 간부가 이 문제를 협의하기 위해 중국과 한국을 방문했으나, 이 국가들의 걱정을 불식시킬 수는 없었다. 7월 12일, 한국 정부는 오랜 동안 규제되어온 일본 '대중문화'의 개방—영화나 비디오, CD 등의 수입자유화—이라는, 김대중 정권이 실시한 일본과의 관계개선조치를 동결하고, 다음날에는 일본과의 교육교류도 중지한다고 발표했다.

아이러니컬하게도 전지구화와 세계적 규모에서 미디어가 유통되는 시대—어떤 연구자는 '관심 폭의 단축과 역사의식의 결여'라고 이 시대를 특징짓고 있다—에 세계의 많은 나라들에서 기억과 역사의 문제가 정치적 논의의 대상이 되어가고 있는 것이다. 물론 이것은 동아시아만의 문제는 아니다. 오스트레일리아의 역사학자 헨리 레이놀스가 최근 "역사가 이만큼 정치적 논의의 중심이 된 적이 과거에 있었던가? 이만큼 클리오(그리스신화에서 역사를 담당하는 신)에게 탁선(託宣)을 바랐던 적이 있던가?"라고 말한 것처럼 오스트레일리아의 상황도 비슷하다고 할 수 있다. 이런 '역사의 복수'는 실제로 전지구화의 진전과 밀접한 관련이 있다. 세계질서가 구조적으로 변화하고, 주권(sovereignty)이라는 전통적인 형태가 도전을 받고 있다. 그 때문에 존망의 기로에 선 '상상의 공동체'를 지탱하기 위해 내셔널리즘이 세계적인 규모에서 분출하고 있는 것이다. 에릭 홉스봄이 예전에 "양귀비가 헤로인의 원료인 것처럼, 역사는 내셔널리즘의 원료이다"라고 예리하게 지적한 것처럼, 역사는 내셔널리즘을 지탱하는 중심적인 테마가 되어 있다.

그러나 최근 동아시아에서 일어나고 있는 '과거를 둘러싼 정치' 논쟁에 대해서는 제2차 세계대전 이후 지속되어온 역사교육을 둘러싼 논의와 관련시켜 생각해볼 필요가 있지 않을까. 사실, 내가 향하고 있는 한국의 독립기념관은 일본 식민지배로부터의 독립투쟁을 기념하기 위해 세워진 새로운 전통(neotradition) 양식의 거대한 건물이다. 이 건물도 실제는 1980년대 일본의 역사교과서를 둘러싼 논의에 대한 반응으로서 국가와 민간의 기부로 건설된 것이다.

이번 교과서 논쟁은 근래 보기 드물게 정치적으로 확대되었기 때문만이 아니라, 그것이 궁극적으로는 역사 지식에 관한 기본적이면서도 근본적인 문제, 그리고 세대간 역사적 지식의 계승이라는 문제에 초점을 맞추고 있다는 점에서도 중요한 의미를 갖는다고 생각한다. 그 점에 대해서는 다시 말하겠다.

최근의 논의를 이해하기 위해서 먼저 전후 일본의 역사교육사에 대해서 고찰해보고자 한다. 그러나 그 역사는 대단히 복합적으로 전개됐기 때문에 여기에서는 그 개요만을 밝혀둔다.

2. 과거를 분류하기

　일본에서 교과서 검정제도는 주로 교육의 자유화와 다양화를 위한 개혁조치의 일환으로 1948년에 도입됐다. 그때까지 학교 교과서는 문부성의 위탁을 받은 기관을 통해 작성됐으며, 일본 안에서는 동일 교과에 대해서 동일한 교과서가 사용됐다. 그러나 새로운 제도 아래서는, 적어도 이론상으로는 누구라도 교과서를 만들 수 있게 됐다. 출판사는 검정을 받기 위해서 제작 중의 교과서를 문부성에 제출한다. 교사는 검정에 합격한 교과서들 가운데 자유롭게 선택할 수 있게 됐다. 이런 제도의 도입은 1947년 교육기본법이 실행된 직후의 일이며, 그 법률에서는 교육의 기회균등과 '인격 완성'을 중시하고, 교육은 "부당한 지배에 굴복하지" 않고 "국가 전체에 대해서 직접적으로 책임을 지고 행해져야"(제10조) 한다는 점을 강조하고 있다.

　이 전후 교육개혁에 대해서는 전전(戰前)의 제도(당시 국정 역사교과서는 일본국가의 독자적인 운명과 천황가(天皇家)가 신성한 가문이라는 것을 강조했다)와 서로 비교해 검토해볼 필요가 있다. 일본뿐만 아니라 다른 나라에서도 전전 일본의 역사교육은 전쟁의 실마리가 된 민족주의적 감정과 제국주의적 감정의 고양에 공헌했다고 인식되고 있다. 전후의 교육기본법은 전전과 같은 중앙집권적이고 국수주의적인 교육제도의 부활을 막기 위한 하나의 방책이었다.

그러나 1950년대에 들어서면서 전후의 교육제도는 보수적인 정치가들(현재 자유민주당의 유력한 원로인 나카소네 야스히로 전 수상 등)로부터 공격을 받게 됐다.

이후, 일본 역사교과서의 성격은 일본 국내의 사회적 정치적 변화 및 국제적인 정치환경의 변화에 따라서 몇 차례 변화를 거듭해왔다.

검정과정에 대해서 대강 정리하자면 다음과 같다. 문부성(2001년 1월부터 '문부과학성'으로 명칭이 바뀌었다)은 각 교과의 교과서가 취급해야 할 테마에 대해서 광범위한 가이드 라인인 〈학습지도요령〉을 통해 정하고 있다. 교과서의 저자(통상 대학의 연구자나 현장의 교사)는 이 〈학습지도요령〉에 따라 교과서를 집필한다. 현실에서 교과서를 제작하는 것은 수익성이 높은 이 시장을 독점하고 있는 소수의 출판사이다. 원고본(출판사명이나 집필자명이 인쇄되지 않은 '백표지본'이라고 불리는 견본용의 책)이 문부성에 제출되면, 문부성은 합격 판정을 위해 필요한 수정사항을 출판사에 요구한 후에 그것으로 합격 여부를 결정한다.

물론 일본의 교사들도 다른 나라의 교사들처럼 교과서만으로 가르치는 것은 아니다. 많은 교사들이 스스로 보조교재를 준비하거나 교과서에서 논쟁되고 있는 문제에 나름대로의 해석을 하기도 한다. 그러나 전체적으로 이 제도 아래서는 교과서 중심으로 수업이 진행되는 경향이 강하다. 그것은 일류 고등학교나 대학의 진학을 결정하는 중요한 시험문제가 모두 이들 교과서에 기초하여 출제되고 있기 때문이다.

전후 일본의 역사교과서는 대단히 어련무던한 내용으로 구성되는 경향이 있었다. 역사의 흐름이나 데이터, 사건 기술에 중점을 두고 있으며 비평과 논쟁은 최소한에 그쳐 있다. 그러나 이와 같이 어련무던한 내용 때문에 특정의 사건을 넣을 것인가 제외할 것인가, 혹은 특정의 용어를 선택할 것인가 그렇지 않을 것인가의 판단이 항상 중요했다. 단지 '사실의 일람'이라고 여겨지는 것들 가운데, 눈으로 볼 수 없는 의견과 해석이 개입하는 것은 바로 이런 선택을 통해서이다. 예를 들어 진주만에 대한 폭격을 '공격'이라고 할까 '기습'이라고 할까, 난징(南京) 시민의 대량살육을 '난징대학살'이라고 할까 '난징학살' 혹은 '난징사건'이라고 할까 등의 판단은 그 선택에 의해서 암묵의 메시지를 함의하기 때문에 대단히 중요하다.

1960년대 중반 이후, 교과서 검정제도는 역사가인 이에나가 사부로(家永三郞)가 일으킨 유명한 일련의 소송 때문에 주목받았다. 이에나가는 과격한 급진파는 아니었지만, 역사교육이 전시중의 내셔널리즘을 선동하는 역할을 담당한 점에 깊은 반성의 뜻을 품었고, 또 1950년대부터 1960년대 초반에 걸친 문부성의 교과서 검정과정이 (동시에 일본의 정치생활 전반이) 점차 내셔널리즘적 경향을 띠기 시작한 것을 우려했다.

잘 알려진 바와 같이, 1963년의 검정에서 이에나가가 집필한 《신일본사》라는 교과서에 대해 문부성은 불합격 판정을 내렸고, 다음해인 1964년에는 300곳에 가까운 수정을 요구했다. 이에나가는 수정을 지시한 문부성의 요구에 도전하는 수단으로 소송을 제기했다. 모두 세 차례에 걸쳐 진행된 이 소송은 32년이라는 시간이 걸려서 마침내 1997년에 결론이 내려졌다. 판결 내용은 절충적인 것이었다. 오랜 세월에 걸친 일련의 공소나 상고 후에, 최고재판소는 마지막으로 문부성이 이에나가의 교과서에 대해 수정을 요구한 내용에는 검정의 재량권을 일탈한 부분이 있기 때문에 위법이라고 판결했지만, 검정제도 전체가 헌법 위반이라는 이에나가의 주장은 기각됐다.

‘이에나가 소송’이 불러온 변화는 1970년대 몇몇 교과서에 일본 식민지지배와 전쟁의 공포에 대한 비판적 기술을 게재하게 된 점이다. 그러나 1970년대 말에 이르러 문부성과 보수적 정치가들은 또다시 공세를 펴기 시작했다. 1982년에 몇몇 신문들은 문부성의 고관이 과거의 전쟁을 통한 영토확장을 ‘침략’에서 ‘진출’로 바꾸어 표현하려 한다고 보도했다. 이 보도로 인해 아시아의 여러 국가들, 특히 한국과 중국에서는 격한 항의운동이 전개됐다. 이것이 계기가 되어 일본의 검정교과서와는 전혀 상반된 과거에 관한 서사를 구체적으로 전시하는 장으로서 천안에 독립기념관이 건설된 것이었다. 단, 실제 ‘침략’이란 표현은 너무나 ‘부정적인 인상’을 준다고 해서 전쟁에 관한 기술에서 삭제하도록 문부성이 재삼 요구했음에도 불구하고, 이 용어는 일본 교과서에서 사라지지 않았다.

　1990년에 접어들면, 학교 교과서 안의 근대사 기술을 둘러싸고 새로운 방향에서 힘이 가해지기 시작했다. 그 중 가장 중요한 것이 ‘종군위안부’, 즉 전쟁 중에 군에 의해서 제도적으로 성적 폭력의 대상이 됐던 여성들(그 대부분은 식민지 출신자)의 문제를 둘러싼 인식이었다. 군에 의한 조직화된 성적 폭력 사실은 전후 어느 정도 알려져 있었음에도 불구하고, 피해자 자신이 피해 사실을 감추어온 사정도 있고 해서, 일본의 전쟁에 관한 기술에서뿐만 아니라 당시 일본의 식민지였거나 침략을 받았던 국가들의 내셔널리스트들이 기술한 역사에서도 생략되어 있었다. 그러나 1990년대 정치 민주화의 움직임과 아시아의 많은 국가들에서 페미니즘의 영향력이 높아짐에 따라, 많은 옛 ‘위안부’들이 자신의 과거(내러티브)를 밝히기 시작했다. 그 결과, 1997년 일본 문부성의 검정을 받은 모든 중학교의 역사교과서에 극히 짧고 대략적인 기술이나

마 '종군위안부'에 관해 언급되기에 이르렀다.

3. 대중적 내셔널리즘과 새로운 역사교과서

하지만 같은 1997년에 '과거를 둘러싼 정치'에 새롭고도 중대한 전기가 마련된다. 그 당시에 공세를 펼친 것은 관료가 아니라, 대중적(Populist. 대중영합적) 내셔널리즘의 고양이라는 풀뿌리 내셔널리즘의 움직임이었다. 현재 국제적인 논의는 그 당시 새로운 대중적 내셔널리즘에 관여했던 사람들이 제작한 《새로운 역사교과서》가 2001년 4월 검정에 합격한 것이 계기가 됐다고 여겨지고 있다.

《새로운 역사교과서》는 일본의 역사교과서에 보이는 '자학적' 경향과의 싸움을 위해서 1996년에 결성된 그룹이 우익의 압력단체와 결합하여 집필한 중학교용 역사교과서이다.

이 논의의 중심이 된 '새로운 역사교과서를 만드는 모임(이하 '만드는 모임')'은 기업과 특정 종교(혹은 의사종교) 단체로부터 실질적인 재정지원을 받고 있다. 그와 동시에 공개적인 집회를 열고 《산케이(産經)신문》 계통의 극우적 색채를 띤 미디어에게 지원을 받으면서 인터넷을 이용하여 광범위한 지지를 획득한 '풀뿌리 조직'으로서의 활동도 펼치고 있다.

《새로운 역사교과서》의 검정에서는 이제까지의 검정을 둘러싼 논의와는 다른 몇 가지 점이 나타났다. 당시 문부과학성의 검정과정에서는 종래와 같이 교과서의 내셔널리즘적 색채를 강화하기보다는 아이러니컬하게도 극단적인 반동적 표현을 중화시키는 것이 중심이 됐던 것이다.

　실제 문부과학성은 《새로운 역사교과서》의 저자들에게 원고 단계의 기술 가운데 137군데에 이르는 수정을 요구했다. 그 가운데 몇 군데는 사소한 점에 대한 수정 요구였으나, 그 외에는 대단히 본질적으로 핵심을 파고드는 내용의 수정 요구였다. 예를 들어, 이 교과서는 인종적 평등의 옹호자로서 일본의 역할과 서구의 식민지주의로부터 아시아가 해방하는 데 일본의 공헌에 역점을 두는 한편, (원고본의 단계에서는) 전전에 미국의 이민정책이 보인 인종주의에 대해서 여러 페이지를 할애하여 비판적으로 기술하고 있다. 그러나 문부과학성은 미국의 이민정책에 대한 비판적 기술을 상당 부분 삭제하고, 전쟁 이전의 미일관계를 둘러싼 광범위한 논의의 문맥 안에서 기술하도록 요구했다.

　이 원고본에는 일본이 조선을 식민지화하는 정당성에 관하여, 특히 논쟁을 일으킬 만한 기술이 포함되어 있다. 원고본의 단계에서는 (저자들의 견본과 같은 에두른 표현의 문장으로) "한국합병은 일본의 안전과 만주의 권익을 보호하기 위해서 필요했으나, 경제적으로도 정치적으로도 반드시 이익을 가져다주지 않았다. 단지 그것이 실행된 당시로서는 국제관계의 원칙에 따라서 합법적으로 이루어졌다. 그러나 한국 내에는 당연히 합병에 대한 찬반 양론이 있었고, 반대파의 일부로부터 심한 저항도 전개됐다"라고 기술하고 있다. 이에 대해서 문부과학성은 이것이 식민지화에 대한 한국 국내의 반대를 정당히 평가한 것이 아니라고 주장하고, 수정 후는 다음과 같이 기술하고 있다. "일본 정부는 한국의 합병이 일본의 안전과 만주의 권익을 보호하기 위해서 필요하다고 생각했다. 영국, 미국, 러시아 삼국은 한반도에 대한 영향력의 확대를 위해 서로 경계했기 때문에, 이에 문제제기를 하지 않았다. 이렇게 1910

년에 일본은 한국 내의 반대를 무력으로 억압하고 병합을 단행했다.(한국병합) 한국 내에서는 일부 병합을 받아들이자는 목소리도 있었으나, 민족의 독립을 잃는 것에 대한 심한 저항이 일어나, 그 후에도 독립회복운동이 강하게 전개됐다." 그리고 "일본은 식민지로 삼은 조선에 철도·관개(灌漑)시설을 정비하는 등의 개발을 시행하고, 토지조사를 실시했다. 그러나 이 토지조사사업에 의해서 그때까지 경작지로부터 내몰린 농민도 적지 않았으며, 또한 일본어교육 등 동화정책이 진행됐기 때문에 조선 사람들은 일본에 대한 반감을 강하게 가졌다"라는 기술이 더해졌다.

4. 새로운 교과서와 그 의미

《새로운 역사교과서》가 실질적으로 문부과학성의 수정 요구에 응해서 수정된 점을 전제로, 과연 이 교과서는 무엇이 문제일까. 《새로운 역사교과서》의 기술 내용에는 문제가 너무 많지만, 여기서는 그 가운데 몇 가지 문제에 한정하여 검토하고자 한다.

역사적 사실과 기술의 균형문제

검정을 통과한 《새로운 역사교과서》에 대한 일본 국내 및 국외로부터의 심한 비판 가운데 대개는 역사기술의 오류나 누락 부분에 대해서이다. 이 교과서에는 비판을 받아도 어찌할 방도가 없는 기술 내용이 너무도 많이 보이지만, 여기에서는 두 가지만 예를 들어보기로 한다. 《새로운 역사교과서》의 서두에는 천황의 선조가 신이라는 그 영웅적

일화에 얽힌 신화를 8세기에 편찬된 《고지키》(古事記)와 《니혼쇼키》(日本書紀)에서 길게 인용하여 게재하고 있다. 저자는 이 기술 내용들을 '사실'이라고 서술하고 있지도 않으면서 '신화'라고 애써 밝히고 있지도 않다. 단지 "《고지키》나 《니혼쇼키》에는 다음과 같은 전승이 남아 있다"라는 서두를 적고 길게 인용하고 있다. 이 책에는 신화와 역사의 관계에 관한 '칼럼'도 배치하고 있으나, 그것은 앞의 자료를 인용한 문장과는 다른 페이지에 실려 있어 인용된 문장이 어떤 성격의 것인지에 대해서는 명확히 설명되고 있지 않다. 당연한 것이지만, 비판의 대개는 《새로운 역사교과서》가 전전의 내셔널리즘의 토대였던 천황의 선조가 신이라는 신화에 기초한 서사('황국사관(皇國史觀)')를 다시금 일본의 역사교육 안으로 끌어들이려는 것에 대해 경종을 울리는 것이었다.

근대 부분에서 내가 가장 중요하게 생각한 점은 역사서술의 균형문제이다. 예를 들어 《새로운 역사교과서》는 전전의 일본 정치생활에 대해서는 거의 언급하고 있지 않다. 가령 보도에 대한 검열과 투옥, 공산주의자에 대한 고문과 처형, 그 외 반대파의 움직임 등 정치적 억압에 관련된 기술은 회피하고 있다. 그런 사정에 대해서는 다음 두 군데에서 약간 언급하고 있을 뿐이다. 257쪽에서 공산주의의 세력 확장에 대해서 (더 이상의 설명도 없이) "공산당과 그 지지자를 단속하는 치안유지법을 제정했다"라고만 하고, 269쪽에서는 2·26사건*의 진압 후 "언론의 자유도 점차 제한되어갔다"라고 기술하고 있다. 이 교과서의 집필자가 자신들의 입장에 따라 기술을 생략하거나 애매하게 하는 기술방법은 예를 들어 다이쇼(大正) 데모크라시 시대에 언론의 다양성을 보여주는 대표적인 예로서 고바야시 다키지(小林多喜二)를 언급하면서, 그가 1933년에 경찰의 고문에 의해서 살해된 것과 같은 사실은 상세하게 언급하지 않는 자세에도 드러나 있다.

반면, 전전의 정부에 의한 언론탄압에 대해서 기술이 적은 것과는 대조적으로 전후 연합국의 점령에 관해서는 다음과 같이 그 언론의 검열기술에 초점을 맞추고 있다. "GHQ (미군정—옮긴이)는 1945년 9월부터 언론의 검열을 개시했다. 라디오, 신문, 잡지 모든 것에 걸쳐서 심한 사전 검열이 행해졌다."(290쪽) 분명 연합군이 미디어에 대해서 검열을 한 것은 사실이다. 그러나 예비지식도 없이 이 교과서를 읽으면, 연합군이 돌연 '심한 검열'을 개시한 1945년 이전의 일본에서는 언론의 자유가 2·26사건 이후 일시적으로 '제한되어' 있었을 뿐이라는 인상을 당연히 갖게 될 것이다. 물론 실제로는 19세기 후반 근대적 미디어의 출현 이후 일본에서는 여러 형태로 심한 언론 검열이 있었다.

이상은 교과서 검열제도 그 자체가 지닌 문제점 중 하나를 부각시켜 본 것이다. 즉 검정이 전체의 문맥을 무시하고, 오로지 특정의 언어와 문장에 향해 있다는 점이다. 따라서 《새로운 역사교과서》에서는 개개 문장의 문제보다도 그들 문장이 완전히 균형을 잃은 서사체계 안에 편입되고 만 데에 더 큰 문제점이 있다.

---

* 1936년 2월 26일에 일어난 근대 일본 최초의 군부 쿠데타로, 육군의 과격한 국수주의 청년 장교들이 '쇼와(昭和) 유신'을 주장하며 수도의 중추부를 4일 동안 강점한 사건. 이 사건은 청년 장교가 횡단적으로 결합하여 국가혁신을 기도한 황도파(皇道派)와 총력전체제의 국가를 내세운 총제파(總制派) 사이에 육군 내부의 주도권을 둘러싼 투쟁에서 비롯됐다. 하지만 천황이 황도파의 궐기를 '폭도, 반란군'으로 규정하면서 전세가 총제파 쪽으로 유리하게 기울었다. 결국 4일간의 쿠데타에 그친 이 사건 이후, 일본은 도조 히데키(東條英機)로 대표되는 총제파의 주도로 급격하게 파시즘의 길로 들어선다.

도판과 레이아웃의 문제

이런 문제는 《새로운 역사교과서》에 게재되어 있는 도판에 의해서 한층 현저히 드러난다. 점령 개시에 대해서 서술한 페이지(교과서의 왼쪽 페이지에는 '아쓰키(厚木) 비행장에 내린 맥아더'의 사진, 오른쪽 페이지에는 '검열된 신문'과 '먹으로 덧칠된 교과서'의 사진이 게재되어 있다)의 도판 배치가 그 대표적인 예일 것이다. 그 색깔의 사용방법도 흥미롭지만, 만약 이들 사진이 점령 후의 정치개혁에 따른 새로운 선거제도 아래서 여성들이 처음으로 투표하고 있는 사진으로 바뀌어 실렸다면, 이 부분의 기술이 얼마나 다른 인상을 주었을지 매우 흥미롭다.

페이지 구성이 지닌 이데올로기적 문제는 다른 데에서도 반복된다. 진주만 포격에 대한 사진은 더 말할 것도 없고, 예를 들어 전쟁 중의 피해나 손해에 대해서는 일본의 도시가 입은 피해에 관한 사진도 사용됐다. 그런 자의적인 선택에 의한 사진사용은 '아시아 해방'과 관련한 부분에서도 보여지고 있다.

역사철학의 문제

당연한 일이지만, 《새로운 역사교과서》는 일본 국내의 많은 역사가나 그 외의 사람들로부터 맹렬한 비판을 받았다. 그러나 한 가지 문제점은 이런 비판이 대부분의 경우 이 교과서의 특정한 오류나 탈락에 초점을 맞춘 결과, 비판하는 쪽의 에너지가 이른바 다종다양한 방향으로 확산되고 만 점일 것이다. 거기에서 나는 이 교과서의 도입부에서 명시하고 있는 기본적인 방침(〈역사를 배우기 위해서는〉의 부분)에 초점을 맞추는 일이 특히 중요하지 않을까 생각한다.

거기에서 저자들은 다음과 같이 쓰고 있다.

"역사를 배운다는 것은 오늘날의 기준에서 과거의 부정과 불공평을 판단하거나 고발하는 것과 동일하지 않다. 과거 각각의 시대에는 그 시대마다 특유의 선과 악이 있고 특유의 행복이 있다."

가령 "오늘날 시대의 기준에 따라 과거 사건을 고발할 수 없다"는 사고방식이 옳다고 하면, 그 논리적인 귀결로서, 현재 기준에 의해서 과거의 사건을 상찬해서도 안 될 것이다. 그러나 (하나의 예를 들자면) 바로 그 몇 페이지 앞에서 이 교과서는 일본 나라(奈良) 덴표(天平)시대의 미술을 "이탈리아의 위대한 조각가 도나텔로나 미켈란젤로의 작품에 필적할 정도이다"라고—'지금 시대의 기준에서 과거를 평가하는' 완벽한 실례(實例)라고 할 수 있다—상찬하고 있다. 만약 현재의 기준으로 자기 나라의 역사를 판단할 수 없다면, (이 교과서가 빈번히 저지르고 있듯이) 오늘날 기준으로 다른 나라들의 역사를 판단하는 것마저 의미를 상실한다. 예를 들어 이 교과서는 19세기 조선과 중국의 정부가 관료적이고 내향적이었기 때문에 눈앞에 닥쳐온 서양 제국주의의 위협에 대해서 충분히 대응할 수 없었던 것을 비난하고 있지만, 이런 논리는 사후에 역사적 결과로서의 '성공'과 '실패'라는 새로운 기준을 과거에 적용한 것일 뿐이다.

다른 교과서에 끼친 영향

물론《새로운 역사교과서》는 중학교용으로 합격한 8종의 교과서 가운데 하나에 지나지 않는다. 이번 역사교과서문제에서 단지 한 가지 다행스러운 일은《새로운 역사교과서》에 대한 교사와 시민단체의 조직적인 반대운동의 결과, 일본 전체 중학교의 0.1퍼센트 이하만이 이 교과서를 채택했다는 점이다.

한편, 걱정되는 바는 역사수정주의자의 캠페인이 이 교과서뿐만 아니라, 다른 교과서의 내용에도 어느 정도 영향을 끼쳤다는 점이다. 나는 아직 새롭게 검정을 합격한 다른 교과서의 내용을 상세히 살펴보지 않았지만, 보도에 따르면 위안부문제에 관한 기술은 한 곳의 출판사를 제외하고 모두 삭제됐다고 한다. 또한 '만드는 모임'은 많은 논쟁을 부른 역사교과서뿐만 아니라 상대적으로 검토가 부족했던 반동적인 중학교 '공민(公民)'교과서—즉 권리보다도 의무를 중시하고, '사회질서'의 가치와 국민의 동화를 반복하여 강조하는 교과서—의 검정도 합격시켰다.

역사교과서와 새로운 내셔널리즘

이 역사교과서는 광범위하게 존재하는 대중적 내셔널리즘에 관한 문제의 극히 일부에 지나지 않기 때문에 한층 더 경계할 필요가 있다. '만드는 모임'의 멤버는 학교 교과서의 내용을 바꾸는 것에만 관심이 있는 것이 아니라, 보다 원대한 목표를 감추지 않는다. 그 가운데 가장 중요한 것이 일본의 전후 헌법을 개정하여 '평화조항'을 삭제하자는 주장이다. 또한 정부도 헌법논쟁을 촉발시키고 있을 뿐만 아니라, 전후 교육기본법의 '개혁'을 제창하기도 한다. 물론 일본에서 일어나고 있는 새로운 내셔널리즘 세력을 과대평가하는 것에는 문제가 있다. '만드는 모임'의 활동에 대해서는 여러 방면에서 반대의 목소리를 내고 있다. 특히 젊은 세대는 그 이데올로기에 대해서 무관심하다. 그럼에도 불구하고 현재의 문맥에 있어서 일본 서점의 베스트셀러 코너에 일반 독자용으로 《새로운 역사교과서》가 쌓여져 있는 광경에는 깊은 우려를 품지 않을 수 없다.

'피해자의식'과 내셔널리즘의 사이클

최근 내가 특히 걱정스럽게 생각하는 '만드는 모임'의 레토릭 중 하나에 초점을 맞추어보고자 한다. 그것은 과거와 현재 모두에 관련된 그(녀)들의 '피해망상'이다. 그(녀)들이 사용하는 '자학사관'이란 말은 전후 일본의 역사교육이 학생들에게 자신들의 과거에 대한 우울한 생각과 수치감만 주입했을 뿐이라는 완전히 왜곡된 인상을 주고 있다. '만드는 모임' 멤버의 저작에 따르면, 패전 후 미국과 소련의 이해가 합치했기 때문에 그 결과로 일본에 이 '자학사관'이 부과된 것이라고 주장한다. 그러나 실제 전후의 교과서나 역사교육 내용을 대강 검토해보면, 그것은 사실과 다르다. 전후 대부분의 교과서는 과거 일본인의 위업을 강조하는 것에 중점을 두고 있으며, 또한 이에나가 교과서의 검정을 불합격시키기 위해 사용한 〈학습지도요령〉 중에는 역사교과서가 "학습활동을 통해서 선조의 노력을 인식하고, 일본인으로서의 의식을 높이며, 이 민족에 풍부한 애정을 주입하는 것을 목적으로 해야 한다"라고 명기되어 있다.

현재 '만드는 모임'의 '피해망상'은 특히 '만드는 모임'의 교과서에 대한 한국과 중국의 비난을 '일본 때리기', '내정간섭'이라고까지 표현하는 데 이르렀다. 교과서가 검정에 합격한 이후 일본의 네오내셔널리스트들은 국가의 통제 아래에 있는 역사교과서를 사용하고 있는 한국과 중국 쪽이 '우리보다도 더 내셔널리스트이다'라고 지적했다. 분명 한국과 중국에 존재하는 내셔널리즘은 강렬하며, 양국에서 사용되는 역사교과서에 비판의 여지가 있는 것은 틀림없다. 이 점에 관해서 한국과 중국 정부가 일본 정부에 대해서 이 불쾌한 교과서의 수정을 요구하고 있는 것에 나는 이중적인 느낌이 든다.

'만드는 모임'은 자신들의 교과서, 또 넓게는 일본 그 자체가 한국과 중국 내셔널리즘의 피해자라는 자기 이미지 제작에 성공하고 있다. 이런 전략은 전적으로라고 해도 좋을 만큼 1930년대 일본이 중국을 침략한 당시의 레토릭을 충실히 따르고 있다. 그 시대의 신문과 잡지를 그냥 훑어보는 것만으로도, 일본이 아시아 해방의 신성한 사명을 띠고 있다는 이념적인 것뿐만 아니라, 자신들은 중국의 공격적인 내셔널리스트에 의한 '일본 때리기'에 희생되고 있다는 논리가 중국에 대한 침략을 정당화하기 위해 가장 많이 사용됐다는 것을 알 수 있다.(중국의 외교활동이나 반일데모, 불매운동 등을 그 예로 들고 있다.) 당시와 같이 오늘날도 이런 레토릭은 식민지화된 쪽과 식민지화한 쪽, 혹은 침략당한 쪽과 침략한 쪽의 내셔널리즘에 존재하는 차이를 인정하려 하지 않는다. 그리고 오늘날과 같이, 한쪽의 반응이 다른 한쪽의 반응을 너무나 지나치게 유발시키면서 내셔널리즘의 소용돌이를 점차 가속시켜나갔다. 그 심각성의 측면에서 1930년대의 상황에 필적한다고 말하는 것은 아니지만, 이번 교과서문제가 경계심을 가지고 대응해야 할 대중적 내셔널리즘의 악순환을 불러일으키고 있음은 틀림없다.

5. 아이덴티티, 입장, 과거

오스트레일리아를 삶의 토대로 삼고 일본사를 연구하는 나에게《새로운 역사교과서》문제는 일반적으로는 과거의 해석이나 그 교수방법에 관한 것이며, 개별적으로는 일본의 과거에 관한 것이다. 여기에서는 내가 직면할 수밖에 없는 대단히 중대한 두 가지 문제에 관해서 논해보고자 한다. 그 이유는 이 문제가 또한 다른 많은 사람들이 역사를 배울 때 직면할 수 있는 문제와도 관련이 있다고 생각하기 때문이다.

그 첫 번째는 통상 '발화의 위치'라고 일컬어지는 것이다. 일본 국적을 갖고 있지 않았음에도 불구하고, 이 교과서문제에 깊은 관심을 보이고 있는 사람으로서 (만약 무언가 말할 것이 있었다고 한다면) 나는 무엇을 말할 수 있으며, 그것을 어떻게 말해야 좋을 것인가?

다음은 역사서술에 관한 기본적인 문제이다. 오스트레일리아를 포함한 많은 국가들에서 서로 다른 형태로 나타나는 역사수정주의와 마찬가지로 일본의 대중적 내셔널리스트들이 만든 역사를 통해서, 우리들은 '역사적 사실'이라는 것은 존재하는가 하는 기본적인 문제로 되돌아가 고민할 것을 요구받고 있다.

첫 번째 문제로 돌아가자. 일본의 역사교과서문제는 내가 역사가라는 점과 내가 일본에서 생활할 기회가 많다는 점에서 나와 깊은 관련이 있다. 나의 남편과 자식, 그리고 좋은 친구들의 다수가 일본의 시민이나 영주자이기 때문에, 나는 일본사회에서 일어나고 있는 사건들로 인해 개인적으로도 커다란 영향을 받는다. 이와 같은 사고를 토대로 나는 이제까지 자명한 것이라고 여겨왔던 하나의 인식, 즉 '나의 역사'에 대해서 재고하지 않을 수 없게 됐다. 과거의 어느 부분은 '우리들의 것'이며, 어느 부분은 그렇지 않다는 사고방식이 나에게는 이미 자명한 것이라고는 생각될 수 없다. 예를 들어 (영국과 아일랜드와 같은) 특정한 지리적 공간에서 일어난 역사적 사건은 그것이 어떠한 형태로든 현재 나의 형성과 관련이 있었기 때문에 '나의 과거'의 일부가 됐지만, (오스트레일리아나 일본과 같은) 다른 장소에서 일어난 역사적 사건도 또한 내 인생이 그 장소들의 미래와 밀접한 관계가 있기 때문에 '나의 과거'의 일부가 되게 마련이다.

그것과 동시에 사람이 어떤 특정한 역사에 관해서 무엇을 말할 수 있고, 또 무엇을 말할 수 없을까 하는 문제는 사람이 이 세계의 어디에 위치하고 있는지와 어느 정도 관계되어 있다. 나는 일본 바깥의 장소에서 살지만, 일본의 역사수정주의에 대한 비판에 관여하고 있는 사람으로서, 이 교과서에 가해진 비판의 일부는 납득할 수 없다고 느껴지기도 한다. 예를 들어 그 가운데는 인터넷상에서 미국의 퇴역군인회가 《새로운 역사교과서》에 대해 비판한 것이 있다. 일본의 역사교과서를 비판하는 그들 가운데는 미국사를 가르치는 교사가 학생들에게 베트남이나 그 외의 지역에서 미국 병사가 범한 전쟁범죄를 가르치려고 한다면 맹렬히 반발하는 사람들이 있지 않을까? 반대로, 내가 일본의 교과서에서 전쟁 중 일본군이 저지른 성적 폭력에 관한 기술이 누락된 것을 통탄스럽게 여긴다면, 오스트레일리아 안에서는 과연 전쟁 중 오스트레일리아 군인이 저지른 강간문제를 논의할 수 있는 장이 있는지 스스로에게 묻지 않을 수 없다. 오스트레일리아 국민의 대다수가 이런 문제에 대해서 침묵하고 있다고 해서, 그것이 오스트레일리아 병사에 의한 강간이 실제 일어나지 않았음을 의미하는 것은 결코 아니다.

바꿔 말하자면, 일본에 삶의 토대를 두지 않고 일본의 내셔널리즘 비판에 관여하는 연구자에게는 두 가지 정반대되는 함정을 피하지 않으면 안 된다. 하나의 함정은 이런 문제를 '일본 특유의' 문제라고 특수화하고 마는 방법이다. 예를 들어 구미의 연구자가 스스로를 보편적인 입장에 두고 특수한 (후진적인) '상상의 타자'와 관련된 것으로서 문제를 구성하고, 그것을 '나' 즉 공평한 관찰자가 사회에서의 자신의 위치나 역사가로서의 실천을 반성하지 않은 채 비판하려는 방법이다. 다른 한 가지의 함정은 내셔널리즘은 어디에나 존재하는 것이기 때문에 비판할 가치가 없다고 상대화시켜버리는 방법이다. 이들 두 가지의 함정을 피할 수 있는 길을 창출하려면 일본의 교과서문제가 역사서술 전체의 문제와 얼마나 관련되어 있는지, 더욱 광범위하게 고찰할 필요성이 있다고 생각한다. 따라서 마지막으로 이 문제에 관한, 좀더 정확히 말하자면 '역사에의 진지함(historical truthfulness)'이라는 테마를 둘러싼 몇 가지 개인적인 견해를 밝혀두고자 한다.

6. '역사에의 진지함'의 정치경제학을 위하여

여러 형태의 '포스트모던' 사상이 이룬 공적을 들자면, 과거를 언어나 이미지로 표상하는 것이 지니는 복합성에 대해서 우리들이 이전보다도 민감하게 반응하도록 해준 점일 것이다. 이 사상들은 과거에 대해 말하기 위해서 사용되어온 언어(가령 '문명', '진보', '세기', '사회', '기억' 등) 그 자체가 역사성을 안고 있다는 것을 우리들에게 상기시켜주었다. 또한 이 사상들은 우리들이 특정한 과거의 주변에 그어놓은 선—내셔널한 역사, 국지적인 역사, 문명의 역사와 같은 공간적인 선, 그리고 '중세', '근대'와 같은 시간적인 선—이 머릿속에 구축된 것일 수밖에 없고, 그 선을 새롭게 긋는다면 과거의 구성(texture) 자체가 일변해버린다는 사실을 분명히 인식시켜주었다.

그러나 이미 많은 역사가들이 지적해온 바처럼, 거기에는 다음과 같은 문제가 가로놓여 있다. 즉 만약 우리들이 역사의 모든 해석을 내러티브로서 그 모두가 동일하게 구술자의 언어와 관념에 의해서 형상화된 것이라고 한다면, 서로에게 다른 내러티브의 가치에 관해서 판단을 내리는 것은 불가능하게 되어버린다는 점이다. 우리들은 이미 '이것은 옳다/이것은 그르다'라든가, '이것은 좋은 역사/나쁜 역사'라고 지적할 수 없게 된다. 단적으로 말하자면, 이런 방법을 취하면, 가령 나치의 홀로코스트를 부인하는 역사수정주의자에게 반론하거나, 《새로운 역사교과서》가 담고 있는 기술의 양면성이나 논리적인 모순을 비판하는 근거도 없어지고 만다.

이런 딜레마를 극복하는 길이 과연 있을까? '역사의 리얼리티'를 완전하게 '과학적인' 정확함과 객관성을 가지고 그릴 수 있다고 하는 '실증적'인 역사학의 입장을 물리치는 동시에, 서로 다른 과거의 해석을 선택하는 근거를 확립하는 것은 가능한 것일까? 이런 문제에 대한 해답은 간단치 않다. 여기에서는 단지 그런 해답에 대한 출발점이 될 수 있는 것을 시사하는 데 그치고자 한다.

이 문제를 생각하면서 나는 최근 '역사에의 진지함'이라는 개념을 사용하게 됐다. '역사에의 진지함'이란 역사적 사건과 그 사건을 기록하고 표상하는 작업에 종사하는 사람들, 그리고 표상된 것을 보거나 듣거나 읽거나 하는 사람들 사이에서 일련의 상호비판적이고 전체적인 관계를 통해서 드러나는 것이다. 한편, '역사의 진실(trues)'이란 말은 역사가가 모든 것에 대한 인식과 서술이 가능한 완결적인 리얼리티를 지닌 현실세계가 자신의 바깥에 존재하고, 더구나 거기에 '진리'라고 불릴 수 있는 실체가 있기라도 한 듯한 인상을 품게 만든다. 그러나 이것은 환상이다. 왜냐하면 '역사의 리얼리티'가 존재하지 않기 때문이 아니라, '역사의 리얼리티'는 얼마든지 존재하기 때문이다. 현실을 구성하는 각 부분은 대단히 복합적이며 서로 이음새 없이 결합되어 있기 때문에, 언어로 구성된 의미의 그물망으로는 모두 건질 수 없는 것이다.

한편, '역사에의 진지함'은 우리들이 알고 싶어하는 주제를 둘러싸고 과거와 어떻게 마주대할까 하는 것과 관련되어 있다. 거기에는 몇 가지의 요소가 포함되어 있다. 첫 번째 요소는 우리들 자신과 우리들이 살아가는 사회가 역사적 산물이며, 우리들은 과거를 이해하지 않고는 우리들 자신도, 우리들의 세계도 이해할 수 없다는 인식이다. 두 번째는 과거를 보는 다양한 관점이 존재하고, 따라서 우리들은 타자의 역사인식 방법에 진지하게 마음을 열고 귀를 기울일 필요가 있다는 점이다. 세 번째 요소는 이런 타자의 인식에 귀를 기울임으로써 세계 안에서 우리들 자신의 위치를 재고하고, 우리들의 과거에 대한 인식이 자기 자신의 한정된 인생 경험에 의해서 왜곡되거나 제약받지 않을까를 검토하는 능력이다.

교과서문제에 관해서 생각하고 있는 사이에, 나는 사람들이 교과서 이외의 어떤 매체 ―영화나 텔레비전, 인터넷 등―를 통해서도 과거에 관한 지식을 얻고 있는지 관심을 갖게 됐다. 현재의 상황에서 내가 다행스럽게 생각한 것 중 하나는 사람들이 갖고 있는 과거에 대한 지식 중에 학교의 역사교육을 통해서 얻은 것은 극히 적은 양이 아닐까 하는 점이었다. 좀더 많은 지식은 온갖 미디어로부터 얻어진 대안적인 표상에 의해 부여된 것은 아닐까? 그러나 걱정되는 점은 역사교과서에 나타난 대중적 내셔널리즘의 흥륭이 다른 미디어에 나타난 역사의 대중적 내셔널리즘판(版)의 융성과 연동하고 있다는 사실이다. 영화《진주만》의 히트, 혹은 고바야시 요시노리(小林よしのり)의 만화《전쟁론》, 《타이완론》(臺灣論), 《전쟁론 2》의 인기만 봐도 알 수 있다. (한때 '만드는 모임'의 일원이기도 했던 고바야시의 만화는 '자학사관'의 비판에 그치지 않고

'식민지지배 긍정론'을 담고 있는 베스트셀러이다. ―옮긴이) 멀티미디어 시대에 역사교육의 중요한 역할은 학생들에게 이들 미디어가 전하는 메시지를 분석하고 비판하는 능력을 부여하는 것이다. 그와 동시에 역사교육자도 또한 학생들이 과거를 탐구할 수 있도록 여러 미디어의 활용법을 가르치거나 그(녀)들이 공적인 교육의 장을 떠나서도 과거에 대해서 계속 생각할 수 있도록 이들 미디어의 효과적인 사용법을 가르치지 않으면 안 된다.

왜냐하면 '역사에의 진지함'의 핵심을 이루는 한 특질이란, 다양한 미디어를 통해서 전달되거나 동일한 사건을 서로 다른 장소나 사회적 배경, 서로 다른 이데올로기적 관점에서 바라보는 (혹은 관찰되는 대상이 된) 사람들이 만들어내는 상이한 과거의 표상에 관심을 기울이려는 의욕과 능력이기 때문이다.

나는 한국의 독립기념관을 방문했을 때 대단히 용기를 북돋아준 체험을 했다. 나와 함께 견학한 대학원생들은 전시물을 보면서 자신들의 전혀 다른 역사교육 경험에 관해서 실로 열심히 비교하며 논의했다. 그(녀)들은 한국인, 일본인, 재일코리안,* 그리고 일본에 유학중인 오스트레일리아 교환 학생들이었다. 그 한 사람 한 사람이 자신의 역사교육 경험과 대중적인 미디어로부터 얻은 역사의 기억을 기념관의 지극히 민족주의적인 역사 전시와 서로 비교했던 것이다. 일본인 학생은 자신이 받아온 역사교육과 기념관 전시 사이의 낙차를 말하고, 한국인 학생

---

* 흔히 국적에 따라 재일한국인이나 재일조선인이라고 부른다. 하지만 최근 전개되기 시작한 '원코리아(One Korea)'운동 이후, 재일코리안이라고 부르는 경우가 늘고 있다. 용어가 갖는 정치적 함의를 생각해서 여기서는 필자의 의도에 따라 재일코리안으로 했다.

중에는 이 기념관의 민족주의적인 전시에 대해서 비판적인 관점을 취하려는 학생도 있었다. 그리고 '조선 국적'의 재일코리안은 조선학교 (조총련계 민족학교)에서 배운 역사 관점에 대해서 말해주었다. 견학에 참가한 우리들은 서로의 견해를 교환함으로써 정말 논쟁다운 논쟁을 경험하며 과거에 대한 자신의 관점이 조금씩 변하는 것을 깨닫게 됐다.

'역사에의 진지함'은 필수불가결한 것이다. 왜냐하면 과거에 대한 지식은 내러티브에 의해 형성되어 있을지 모르지만, 그것은 '단순한 내러티브'가 결코 아니기 때문이다. 내러티브와 진실의 관계에 관한 최근 학술적인 논의의 가장 큰 문제 중 하나는 흔히 (역사적인 지식을 포함한) 지식을 마치 우리들의 신체나 감정이나 행동에서 분리된 추상적 시스템인 것처럼 취급하는 점이다. 그러나 실제 과거에 관한 지식은 (어느 정도) 모든 영역에서 우리들의 감정과 행동을 형성하며, 그런 지식은 우리들의 행동에 의해서 또한 형성되고 있다.

결국 역사에 관한 지식이 사람들로 하여금 사랑이나 증오, 환희나 비탄, 살육이나 구제 등 그 어느 쪽의 실천을 선택하게 만든다.

지식, 감정, 행동의 불가분의 관계는 근원적인 문제이다. 역사교과서문제가 보여주고 있듯이, 과거를 둘러싼 지식은 우리들이 현재 어떻게 행동해야 할지를 제시해주는 반면, 현실세계에 대해서 물질적인 영향을 끼친다. 이들 영향은 일본 기업이 한국에 CD를 수출할 수 없는 것과 같은 경우도 있지만, 보다 미묘하고 심각한 문제를 내포하고 있다. 궁극적으로는 모든 전쟁은 서로 다른 역사해석을 둘러싸고 전개된다. 최근 일본과 인근 국가들 사이의 역사교과서를 둘러싼 논쟁을 검토하던 중에, 나는 옛 유고슬라비아 전쟁에서 역사해석이 어떠한 역할을 수행했는가에 관심을 갖게 됐다. 세르비아 쪽의 슬로보단 밀로셰비치는 자신의 정치적 영향력을 높일 목적으로 '코소보전쟁' 600주년 기념 행사를 뻔뻔스럽게 이용했다. 한편, 유고슬라비아연방에서 크로아티아의 탈퇴를 주도한 것은 프라니오 투즈만이었다. 대통령이 되기 전에 그는 제2차 세계대전 중에 크로아티아의 야세노바츠 강제수용소에서 살해된 세르비아인의 숫자를 경시하는 내용의 주제를 연구해온 수정주의 역사가였다.

또한 오랜 동안에 걸친 북아일랜드 분쟁은 카톨릭과 프로테스탄트 학교에서 교육되는 역사에 대한 상이한 해석과, 서사 · 벽화 · 영화 · 만화와 같은 대중적인 미디어를 통해 널리 전파된 상호간의 증오와 불신에 의해 다음 세대로 계승되어오고 있다.

최근 동아시아에서의 역사를 둘러싼 분쟁이 어떤 비참한 사건의 전조라고 주장할 뜻은 없다. 그러나 적어도 《새로운 역사교과서》에 드러난 한국과 중국의 과거에 대한 부정적인 서사는 일본 아이들로 하여금 인근 국가의 사람들에 대한 공감을 잃게 할 것이다. 이런 공감의 결여가 이민에 대한 차별을 비롯하여 동아시아의 다른 국가들에 존재하는 인도적인 위기에 대한 그릇된 대응에 이르기까지 그 행동에 나쁜 영향을 끼칠 가능성은 부정할 수 없다.

만약 역사적인 지식이 사람들의 감정과 행동을 규정한다면, 사람들이 어떻게 과거에 관한 서로 다른 표상을 흡수하고 해석하고 비교하고 있는 것일지가 문제시되게 마련이다.

어네스트 르낭(Ernest Renan, 1823~92)은 '역사를 잘못 해석하는' 것이 국민형성의 중요한 방법이라는 명언을 남겼다. 그러나 만약 나라면, 오늘날의 내셔널리즘은 단순히 '역사를 잘못 해석하는' 방법을 통해서 유지되고 있을 뿐만 아니라, 단 하나의 배타적인 시점에서 과거를 강제하는 방법으로 유지되고 있다고 말했을 것이다. 이와는 거꾸로 '역사에의 진지함'은 개별적인 역사의 단편(斷片)에 관한 다종다양한 표상에도 관심을 기울인다. 그렇게 함으로써 우리들은 지금 현재 우리들 자신의 입장에 관해 보다 올바른 이해를 얻을 수 있기 때문이다. 《새로운 역사교과서》가 주장하고 있는 것과 같이, 과거는 그 세대의 가치체계에서만 볼 수 있다는 주장보다도, 과거는 현재 우리들의 입장에서만 볼 수 있다고 인식하는 것이 중요하다. 바로 이런 이유에서 우리들은 항상 타자의 입장에서 서사되는 과거에 귀를 기울임으로써 우리들이 전제로 여기고 있는 것에 대한 의문과 도전을 견지해야 한다. 이 방법으로 과거를 배우는 것이 현재에 있어서 의미 있는 위치의 창출과 미래를 향한 의미 있는 비전을 구상하기 위한 우리들의 부단한 노력의 일단이 될 수 있다는 것이 나의 생각이면서 더불어 희망이기도 하다.

불온한 묘비―'애도'의 정치학과 '대항'기념비

가토 노리히로의 《패전후론》을 읽고

1. 1990년대의 '국민적 역사'에 대한 도전

1995년은 제2차 세계대전 종결 50주년이 되는 해였다. 그것을 기념해 세계 각지에서 기념의식이 거행됐던 기억은 아직도 생생하다. 적어도 일본에서는 그해가 과거 청산과 관련하여 분수령이 되지 않을까. 많은 사람들은 과거의 빚을 결산하고 과거의 망령을 진혼하여 일본이 새 지평의 세계로 나아갈 수 있는 해가 되리라고 예감했다.

그러나 그해 일본에서 일어난 것은 정반대의 현상이었다. 제2차 세계대전 종결 50주년을 맞이하여, 사회적인 주된 논점은 현대 사회를 이해하기 위한 '역사'와 '기억'에 관한 논쟁으로 오히려 확대, 집중되어 나타났다. 또한 그 뜨거운 논쟁은 일본이라는 제한된 영역에서만 벌어진 것이 아니었다. 그것은 전지구적 규모에서 공명(共鳴)을 일으키며 역사적 사실, 전쟁책임, 과거 식민주의의 구도가 남긴 부(負)의 유산과 같이 세계가 공유한 미해결의 문제들을 반영한 논쟁으로 세계 각지에서 전개됐다. 그리고 그것은 국민적 아이덴티티, 인종적 아이덴티티 양식의 변화, 과거의 '장황한 내러티브'에 대한 신뢰의 흔들림, 역사의 학습이나 체험과 관련한 미디어 역할의 변화, 국민국가의 역사적 역할의 변용과 같은 온갖 요소에 의해서 유발된 현대의 '역사위기'를 계시한 논쟁이었다.

1990년대는 국민적 역사에 관한 다양한 전망이 새롭게 제시됨으로써 '유죄국가'들에게는 진지하면서도 곤혹케 만드는 의문에 빠져든 시기였다. 그 의문이란 만약 정부나 그 시민들이 국민적 과거 안에 자랑스럽게 여길 수 있는 부분을 국민적으로 찬미하고 축복하는 것이 가능하다면, 또한 국민적 과거 안에 '수치'로 여겨야 하는 부분, 즉 국민적 오류의 실태(失態)에 대한 '사죄'도 표현해야 마땅한 것이 아닌가라는 점이다.

오스트레일리아에서는 1995년 5월 26일에 지방행정부, 학교, 대학 혹은 무수한 풀뿌리 시민단체가 공동개최하여, 제1회 '국민적 사죄의 날(National Sorry Day)' 기념의식을 거행했다. 이 '국민적 사죄의 날'을 제정한 목적은 과거에 존재했던 오스트레일리아 선주민(아보리지니) 동화정책, 그 중에서도 특히 유아들을 부모에게서 빼앗아 고아원이나 교회에 수용한 후 '백인' 주류사회로 동화시키기 위한 교육정책(놀랍게도 이 정책은 지방에 따라서는 1970년대 초까지 실시됐다)에 대해 '백인' 주류사회가 유감, 애도, 비탄의 뜻을 오스트레일리아 선주민들에게 전달하는 것이었다. 이런 국민적 축전은 동시에 국경의 바깥, 혹은 국경 내부의 식민지화된 소수자들이 과거에 이루어진 국민적 악행을 인지해 줄 것을 요구하는 무수한 목소리를 내는 장이 됐다.

독일과 체코 정부는 제2차 세계대전 중에 서로가 저지른 악행에 관해서 상호사죄했고, 미국의 대통령 클린턴은 아프리카계 미국인을 의학용 인체실험으로 이용한 과거를 사죄했다. 1993년에는 일본의 호소가와(細川) 수상이 '침략전쟁'을 사죄했으며, 1997년에 영국의 엘리자베스 2세 여왕은 뉴질랜드 선주민 마오리족에게서 토지를 수탈했던 과거와 관련해 '회한의 뜻'을 담은 성명서에 서명했다. 그리고 캐나다의 선주민 장관인 제인 스튜어트는 선주민들에 대한 과거 정부의 인종주의적 정책에 '깊은 유감의 뜻'을 표시했다.

이 글은 가토 노리히로의 《패전후론》(1997)과 그것이 발표된 후에 이어진 가토 비판을 검토하면서 현대 사회가 안고 있는 '기억', '책임', '사죄', '추도'의 의미를 생각해보고자 한다.

2. 전쟁책임론의 세 가지 위상

《패전후론》은 많은 부분에서 비정할 정도로 정직하게 언설을 제시한 가토 노리히로의 웅변이었다. 그와 동시에 기억, 죄, 사죄와 관련하여 논쟁의 원리적인 문제를 분명히 한 것이기도 했다. 그리고 그 후 논쟁들은 서로 다른 위상이 서로 얽히고설킨 가운데 전개된 것이었다.

첫 번째 위상은 '역사적 책임의 정치경제론'이라고 부를 수 있는 것이다. 이것은 살아남은 자의 사회적 생존에 있어서 실체가 확실한 과거의 사건에서 기인하여 아직까지도 계속 중인 피해에 대한 배상과 관련한 문제이다. 토지를 수탈당하고, 경제기반을 파괴당하고, 육친이 살해되고, 자신의 육체가 감금과 고문과 강간에 의해서 상처 입은 사람들이 구체적으로 존재하고 있으며, 그와 같은 역사적 폭력으로 인해 상처를 입은 사람들이 요구하는 보상이라고 일반적으로 표현되는 것이 바로 이 위상이다. 여기에서 당사자란 대개의 경우 국민국가라는 정치적 실재이며, 실제적이고 구체적인 정책을 통해서 국가는 이 문제에 대처해야 한다.

두 번째는 '역사적 책임의 인식론'이라고 부를 수 있는 위상이다. 여기서의 이슈는 현재를 살아가고 있는 우리들이 과거로부터 무엇을 배우고 무엇을 알아야 하는가, 또 무엇을 기억해가야 할 책임을 지니고, (따라서 결과적으로) 무엇을 망각할 수 있거나 혹은 망각해도 좋을까라는 '지식'에 관한 것이다.

세 번째 위상은 '역사적 책임의 심리론'이라고 부를 수 있는 것이다. 여기에서의 주된 관심은 과거의 사건이 정신형성의 발전에 어떤 작용을 미칠까라는 점뿐만 아니라, 과거 기억에 대한 반응에 영향을 줄 수 있는 내적 감정의 문제이다. 즉 전쟁이 피해자뿐만 아니라 가해자의 마음도 병들게 한다는 일종의 지속적인 심적 외상(trauma)이 이 위상의 중심 과제이다.

과거와 대치하는 과정에서 이 세 가지 상이한 위상은 서로 연관되면서 필요불가결한 구성요소로 통합되어 있다. 그러나 전쟁책임에 관한 논쟁은 실은 이 세 가지의 위상이 교차하지 않는 씨름판에서 벌어지는 경우가 많다. 이 논쟁들이 이성의 충돌이라는 결과를 낳을 수 없는 이유는 그 논점이 서로 어긋나 위상이 교차하지 않는 데 따른 것이다.

《패전후론》은 철학·문학론을 이용하여 패전에 따른 인격형성의 의미와 관련하여 새로운 이해를 창출하기 위한, 즉 '역사적 책임의 심리론'의 위상에만 과중하게 초점을 맞춘 평론집이다. 일본사회가 안고 있는 '우리들=일본인'의 사자(死者)에 대한 애도와 관련하여 심리적인 결여를 문제시한 가토는, 동시에 일본국가가 '역사적 책임의 정치경제론'적 차원에서 전쟁책임의 문제를 옛날부터 계속 인식해왔다는 사실은 전혀 언급하지 않는다.

일본 정부는 전사자 및 상이군인에 대한 보상을 지불해왔으며, 또한 퇴역군인에 대한 연금도 현재까지 계속 지급해오고 있다. 패전 직후 미군정은 군인을 우대하는 군인은급(恩級) 제도야말로 군국주의적 침략정책을 지지한 제도이라고 해서 폐지했다. 그러나 일본 정부는 1952년 4월 '대일(對日)평화조약'의 발효와 동시에 군인을 우대하는 군인연금제도를 '전상자와 전몰자 유족 등 보호법(戰傷者戰沒者遺族等保護法)'을 통해 실질적으로 그것을 부활시켰다. 이 군인을 우대하는 국내의 개인 보상은 총액 40조 엔에 달한다고 한다.[1] 그러나 (원폭피해자를 제외한) 일반 전쟁 피해자에게 일본 정부는 1엔의 보상도 하고 있지 않다. 예를 들어, 일본 정부는 전시하에서 '위안부'로 징용된 여성들에 대한 책임을 실질적으로 회피해왔다. 《패전후론》은 그와 같은 '역사적 책임의 정치경제론'적 차원과 관련하여 책임의 선택적 인지라는 중요한 요소에 대해서 전혀 언급하고 있지 않다.

'책임'의 정치경제론, 인식론적 위상을 심리론적 위상의 차원으로 이행시키고자 하는 가토의 내적 모티브는 제1부〈패전후론〉의 발표 뒤에 이어진 가토 비판에 대한 반론에서 분명하게 표출된다. 단행본 《패전후론》은 3부로 구성되어 있다. 제1부〈패전후론〉은 잡지《군조》(群像)의 1995년 1월호에 발표되어, 그 뒤 적의가 넘치는 반응을 수없이 낳았다. 제2부〈전후후론〉(戰後後論), 제3부〈구술자의 문제〉는 적의가 넘치는 그 수많은 반응 안에서도 특히 철학자 다카하시 데쓰야와 문예평론가이자 문화사가인 가와무라 미나토(川村湊)의 비판에 답하는 의미에서 씌어진 글이다. 이 비판들과 관련한 가토의 반비판은 그 비판에 정면으로 대응하면서 적을 논파하는, 흔히 있는 반비판의 형식을 채택하고 있지 않다. 그는 철학과 문학이라는 삼림(森林)으로 통하는 우회로를 선택하면서 어느새인가 그에게 행해진 비판에 대해서는 예기치 않은 측면으로 반격하는 전법을 택했다.

가토가 지적한 (패)전후 일본의 모랄의 성실성에 관해, 가와무라 미나토는 지극히 타당한 의문을 던졌다. 제1부 〈패전후론〉에서 가토는 걸프전 당시 젊은 문학자들을 중심으로 제출한 '문학자의 반전 항의문'에 대해서 근본적이고 가열찬 비판을 했다. 가와무라의 논문은 그것에 대한 반론이었다.

가와무라는 먼저 가토의 '과잉된 결핍증의 유래'에 대해서 다음과 같이 의문을 제기한다.

패전부터 전후의 '비틀림'을 문자 그대로 체험한 미노베 다쓰키치(美濃部達吉)나 오카 쇼헤이(大岡昇平) 등 전전파(戰前派)나 전중파(戰中派)의 사람들과 완전히 똑같은 입장이나 상황에 스스로가 위치하고 있는 듯, '비틀림'이니 '원점(原點)의 오염'과 같은 표현을 자기 몸에 치장하는 것은 다른 의미에서 자기 기만에 빠져 있는 것이 아닐까?
    • 가와무라 미나토, 〈걸프전쟁의 비판공간〉, 《군조》, 1996. 6, 303쪽.

가와무라는 (가토와 마찬가지로) 자신이 '전후 태생'이라 해서 전쟁과 반전, 그리고 '원점의 오염'과 같은 문제에 전혀 관계없다는 주장을 하는 것이 아니다. 하지만 1990년대 일본에서 전사자들에 대한 추도에 전념할 것을 요구하는 '결벽증'이란 도대체 무엇일까.

거기에는 내가 '전후'에 있어서 바람직한 것이라고 생각하고 있는, 어떤 의미에서 무책임한 비윤리적(nonmoral) 유연성이 결여되어 있다.

• 같은 글, 304쪽.

가와무라의 지적은 전후 일본에서 개인을 형성하는 과정에 노골적으로 침입해온 국민적 윤리로부터 적어도 자유로워질 수 있는 공간을 개인이 획득했다는 정치적 사회적 선언이라고 해석해도 될 것이다.

가토는 이 가와무라의 지적을 언급하여 제2부 〈전후후론〉에서 재반론한다.

"가와무라가 전후에 있어서 '바람직한 것'이라고 생각하고 있는, '어떤 의미에서 무책임한 비윤리적 유연성'이란 것은 **진정** 무엇일까"[2]라는 말로 우회적인 접근을 시도하고 있다. 그리고 가와무라가 지적한 '비윤리'를 샐린저의《호밀밭의 파수꾼》과 다자이 오사무(太宰治)의 〈뚝따닥 뚝따〉에 등장하는 허구의 안티히어로를 통해 상징적으로 그려내고, 환멸적이고 허무주의적인 전후 정신의 일반에 관한 광범위한 묘사로 확산시킨다.

한편, 다카하시 데쓰야에 의한 가토 비판은 다음의 인용으로 상징되는 '우리들'과 '타자'의 문제로 집약할 수 있다.

가토는 결국, '일본의 3백만 사자(死者)를 애도하는 것을 선결의 문제로 삼고, 그 애도를 통해서 아시아의 2천만 명에 대한 애도와 사자에게 사죄하는 길'을 찾으려 한다.

• 다카하시 데쓰야, 〈오욕의 기억을 중심으로〉, 《군조》, 1995. 3, 180쪽, 강조 원문.

3. 애도하는 것이 아니라 생각하는 것

가토는《패전후론》제1, 2부 안에서 개인의 심성과 국민적 아이덴티티의 차이, 혹은 개인적 책임과 집단적 책임을 쟁점으로 삼지 않았다. 대신에 그는 제3부〈구술자의 문제〉에서 그 점에 관해서 논하고 있다. 그가 논의의 기점으로 삼은 것은 다카하시 데쓰야가 자신을 비판하기 위해 인용한 한나 아렌트의《예루살렘의 아이히만》이었다. 잡지《뉴요커》에 연재된 이 유명한 아이히만 재판기록은 몇 가지 점에서 크게 논쟁과 반향을 일으켰다.

첫째는 이 재판이 사실은 이스라엘에 의해서 하찮은 정치선전의 도구로 이용되고 말았다고 강력히 비판한 아렌트의 입장에 대한 반발이었다.

둘째는 나치스 지배의 유럽에서 유대인 공동체 지도자들이 취한 행동에 대해 아렌트가 가한 강력하고 신랄한 비판에 대한 반발이다. 왜겨우 수천 명에 불과한 나치 기관원이 그 당시 수십만 명에 이르는 유대인들을 강제수용소로 집어넣을 수 있었을까. 그것은 그 의도가 무엇이었든지 간에 나치스 지배 하의 주요 도시에는 반드시 존재했던 유대인평의회가 나치에 협력했기 때문이라고 아렌트는 정확히 지적했다.

셋째는 독일에서 옛 지도자층과 보수파, 그리고 군인들이 준비한 나치 전복을 위한 쿠데타 계획 및 레지스탕스운동을 아렌트는 해체·검증하여 비판했다. 실패로 끝난 이런 반히틀러의 책략이야말로 (패)전후 독일의 중요한 양심의 버팀목이었기 때문에 이 비판도 또한 커다란 반발을 불러일으켰다.

그러나 위의 세 가지 점과 더불어 아렌트의 글에서 가장 커다란 반발과 적의를 낳은 것은 다음 부분이었다. 그녀는 아이히만을 '진부한 악'의 구현화(具現化. embodiment of 'the banality of evil')라고 불렀다. 비판자들은 아렌트의 이 주장을 두고 홀로코스트라는 특이한 전율을 전혀 인식하지 못한 것이라고 하면서 강력히 반발했다. 지금 돌이켜보면, 이 부분에 대한 비판은 완전히 논점을 상실한 것이 분명하다. 왜냐하면, 특별히 사악한 사람들이 아니라 흔히 볼 수 있는 지극히 평범한 사람들도 이 '민족' 절멸의 진부함이 세속적 의무에 의해서 수행됐다는 사실이야말로 표현할 수 없을 정도로 무서운 것임을 아렌트가 발견했기 때문이다.

가토의 논고에서는 노먼 포드호레트, 대니엘 벨, 메리 맥커시 등 저명한 사람들이 참가한 '《예루살렘의 아이히만》 논쟁'의 전체상을 이해하기 쉽게 제시하고 있지 않다. 그 대신 가토는 한나 아렌트와 유대인 사상사연구자인 게르숌 숄렘(Gershom Scholem) 사이에서 벌어진 토론에 초점을 맞추는 방법을 선택하고, 이 두 사람의 토론을 전쟁의 기억과 일본의 관계에 관한 가토 자신의 논리에 원용한다.

게르숌 숄렘은 아렌트의 보고에 대해서 그녀는 '민족의 딸'임에도 불구하고 비극적 상황에 놓인 '동포'에 대한 동정을 완전히 결락시켰다고 비판하고, 특히 아렌트의 'flippant(가토는 '경박한', '주제넘은'이라고 번역하고 있다)'라는 표현에 나타난 무감정(heartless)의 거의 조소적(almost sneering)이고 사악한(malicious) 어조에 대해 강하게 반발했다. 그러나 아렌트의 자제심이 결여된 '경박한(flippant)' 어조란 실로 숄렘이 지적한 감정의 엄숙함으로 상징되는 민족적 공동체의 결합으로부터 보편성을 지닌 사상가로 그녀 자신을 자유로운 위치에 올려놓은 내적 투쟁이라고 가토는 시사한다. 가토는 이 아렌트 해석을 자신을 향한 다카하시 데쓰야의 비판에 대한 논박 무기로 삼는다.

《군조》(1995. 3)에 게재된 〈오욕의 기억을 중심으로〉라는 제목의 《패전후론》 비판논문에서 다카하시는 전시 하에 일본군에 의해서 성노예로서의 삶을 강요당한 여성들에게 초점을 맞추어 '사죄'와 '애도'의 문제를 고찰한다.

> 오욕의 기억을 보지(保持)하며 그것을 계속 수치스러워한다는 것은 그 전쟁이 '침략전쟁'이었다는 판단에서 모든 책임을 망각하지 않고 현재의 과제로써 항상 의식하고 있다는 사실을 의미한다. 이 모든 책임 가운데는 피침략자인 다른 나라의 사자(死者)에 대한 책임은 물론이고 침략자인 자국의 사자에 대한 책임도 또한 포함된다. **침략자인 자국의 사자에 대한 책임이란 사자를 향한 필연적인 애도일지라도 무엇보다 국제사회 안에서 그들을 '감싸는' 것이 아니라, 우선 침략자로서의 그들의 법적 정치적 도의적 책임을 물은 뒤에, 그들과 더불어 또는 그들을 대신하여 피침략자에 대한 사죄와 보상을 실행하지 않으면 안 된다.**

> • 같은 글, 182쪽, 강조 원문.

가토는 위의 지적에 대해서 '닭살이 돋는' 위화감을 느끼면서 육체적 혐오감을 드러냈다. 가토는 일본의 국민적 정신상태를 재통합(우선 통합되어 있었다는 '상상'의 가정이 전제되어 있다. 전후 일본의 정신상태를 '비틀림'으로 표현한 것은 그런 것이리라. '비틀리지 않고 똑바른' 것이 과거 어느 한 시기에 존재했다는 '상상'의 가정이 전제되어 있다)하기 위해서는 '애도'의 과정을 겪지 않으면 안 된다고 여기고, 그 상정의 범위에는 '일본인'이라고 불리는 깔끔하게 정돈된 집단이 부동의 전제로서 존재하고 있다. 이 전제는 내셔널리티를 공유함으로써만 과거의 특정한 사건에 균등하고 독점적인 '애도'를 해야 하는 것인가 하는 새로운 개념상의 문제를 제기한다. 거기에는 '애도'와 '수치'를 동시에 경험해야 할 "공동의 '우리들'"이라는 형태나 경계가 도대체 무엇인가 하는 해답 없는 의문이 가로막고 서 있다.

이 발화의 위치는 가와무라가 던진 집단적 '우리들'이란 (예를 들어) 아이누나 오키나와의 사람들도 포함한 것일까 하는 의문과, 혹은 다음과 같은 사이토 준이치(齋藤純一)의 물음에 대한 대답으로서는 취약하다.

> 제국의 가장 주변부로서 가혹한 역할을 강요받으면서 사할린에 버려진 윌타(Uilta), 니브히(Nivkh)와 같은 소수 민족의 사자(死者)들은 어느 쪽에 속하는 것일까. 설령 가토의 주장대로 주로 군인들인 '더러워진 사자'를 어떻게 대할 것인가를 중시하더라도 실제 살해와 강간을 행한 자와 그것을 거부한 자의 죽음을 '자국의 더러운 사자'라고 동일한 카테고리에 포함시킬 수 있는 것인가. 다양한 사자들을 집단적으로 정의하는 표상의 폭력성은 문제제기하지 않아도 괜찮은가.
>
> • 〈죽은 자에 대한 애도, 경험의 목소리〉, 《미스즈》 제440호.

가와무라와 사이토의 문제제기에 나의 견해를 덧붙인다면, 1945년 이후 일본 국적을 취득한 20만 명이 넘는 '재일' 한국 · 조선인들도 일본 국적의 취득과 동시에 과거에의 '애도'라는 국민적 의무를 가져야 되는가 하는 의문이다. 혹은 '반일본인'인 나의 아들(그는 '일본인'을 아버지로 두고, 영국에서 태어나 오스트레일리아에서 자랐으며 현재는 미국에서 살고 있다)은 아시아태평양전쟁에서 죽은 자들에 대한 '애도'를 절반만 유산 상속해야 하는 것인가? 그렇지 않다면 그 안의 '다른 절반'인 앵글로색슨계 선조가 세계적 규모에서 저지른 식민지 침략의 책임, 그가 자란 오스트레일리아와 현재 거주하는 미국에서 '백인(그는 절반의 '백인'이기도 하다)'이 선주민들에게 행한 헤아릴 수 없는 악행의 모든 책임을 지면서 일본인의 '애도' 책임도 100퍼센트 져야만 한다는 것인가?

제3부 〈구술자의 문제〉에서 가토는 이상의 공동체주의의 범위와 관련된 복잡한 문제로부터 자신을 떼어놓으려 기도하고 있다. 거기에서 가토는 한편에는 공동체(the communal)의 압력으로부터 공공체(公共體. the public)의 영역을 방어하는 한나 아렌트의 투쟁을 두고, 다른 한편에는 가토 자신이 의도하는 (패)전후 일본이 안고 있는 딜레마의 재검증을 두면서 그 양자가 암시하고 있는 유형들을 제시한다. 이 대비를 근거로 '더러운' 죽음에 대한 애도를 요구하는 가토는 민족주의적인 '공동(共同)'적 관계에서—그리고 보편성을 지닌 '공공'적 관계로부터도—죽은 자와 산 자를 해방시켰다고 주장한다.

그러나 가토가 주장한 일련의 언설에서는 이 '공공성' 또는 '비공동성'의 '애도'가 실제로 무엇을 의미하는 것인가를 충분히 전개하고 있다고 할 수 없다. 적어도 나에게는 애매하다. 가토는 한나 아렌트가 취한 위치—즉 그녀의 '공공'적 영역은 '애도'라는 사적인 과정을 포괄하고 있지 않다—와 분명히 구분되어 있다. 왜냐하면 제니퍼 링이 《사고의 정치적 결과》[3]에서 정확히 지적한 것과 같이, 아렌트가 추구한 것이란 실은 20세기 세계에서의 모랄 니힐리즘을 '애도'의 정치학 안에서가 아니라, '사고한다'는 행위가 지닌 정치학 안에서 해결하려는 것이었다.

4. 전쟁, 기억, 고베 사건

《패전후론》에 게재된 3부작의 논문을 다 읽고, 가토의 주장이 지닌 호소력에 나는 깊은 곤혹감을 느꼈다. 이 세 편의 논문은 각각 적의로 가득찬 비판을 받았지만, 그와 동시에 광범위한 독자를 획득하고 사회적으로 강한 영향력을 갖게 됐다. 이 세 논문에서 심원하고 중요하며 또한 민감한 명제에 가토가 오리지널한 방법을 제시했음은 의심하지 않는다. 가토의 언설은 독자에게 집중력을 요구하는 밀도가 높은 문체일 뿐만 아니라, 또한 독자에게 무거운 감정을 요구하는 종류의 논의이기도 하다. 가토는 무자비하게 전후의 정치질서에 대한 재검증을 요구했다. 이것은 전쟁에서 말로는 형용할 수 없는 고통으로 가득찬 무익한 죽음에 대한 때늦은 인식이며, 또한 50년도 지난 과거에 이미 죽은 자들을 '애도'하도록 요구했다. 그런 가토의 요구가 1990년대 일본에서 많은 독자를 확보했다는 사실은 놀랄 만한 일이다.

그러나 가토의 주장이 이렇게 사회적으로 수용된 이유는 1940년대의 사건에서 유래하는 것이 아니라, 오히려 1990년대 사건에서 파생한 것이 아닐까라고 나는 생각한다. 현재 일본사회는 위기의 모드에 있다. 보다 정확히 말하자면, 《호밀밭의 파수꾼》의 주인공 홀든 콜필드나 다자이 오사무의 〈뚝따닥 뚝딱〉에 등장하는 무명의 주인공으로 표상된 (패)전후의 허탈 모드가 현재 일본사회에도 마찬가지로 '익명의 허공(블랭크 아미노)'으로서 존재한다는 것이다. 좌익의 전통적 이상은 이미 용해되어버렸고, 패전 때부터 장기간 지속되어온 물질적 발전의 약속도 소멸해버렸다.

일본의 많은 지식인들이 보여준 1991년 걸프전에 대한 우유부단한 대응은 무목적과 허탈 모드에 빠져 있는 일본을 웅변적으로 상징한다. 걸프전쟁의 체험이 가토 노리히로나 역사수정주의자인 후지오카 노부카쓰(藤岡信勝)에게 과거로부터 이탈하는 도약대가 된 것은 정말로 흥미롭다. 후지오카는 걸프전쟁 때 그가 체험한 '수치스러움'이 일본의 역사교육을 수정하기 위한 십자군으로 자신을 이끌었다고 밝히고 있다. 또 가토의《패전후론》도 1991년 위기 때 이루어진 '문학자의 반전호소'가 지닌 '기만'에 대한 공격으로부터 씌어지기 시작한 것이다.

그러나 걸프만 위기에서 표출된 도덕적 비확실성(ethical uncertainties)은 보다 넓은 의미에서 (그런 것이 존재한다고 가정하자면) 세기말의 퇴폐적인 사악함의 한 양상에 지나지 않는다. 가토가 두 번째 논문에서 생생하게 묘사한 초도덕적 세계에 사는 무료한 젊은이들의 목적 없는 생태는 가령 기타노 다케시(北野武)의 영화《키즈 리턴》등에서 묘사한 10대의 폭력, 여중학생의 '원조교제', 혹은 그 뒤에 발생해 사회적으로 '공공'적 통찰을 제기한 고베(神戶) 중학생의 (표면상은) 무작위 살인사건과 같은 악몽의 소리 없는 메아리로 표현되고 있다.

일본의 젊은이들이 현대 사회가 안고 있는 문제, 혹은 일본사회 전체에 존재하는 (혹은 일부의 사람들이 믿고 있는) 이상의 소멸이 태평양전쟁에서 패배한 결과라고 파악하는 사고방식은, 억지를 부리자면 그 나름대로 정합성(整合性)을 지닌 것일지도 모른다. 하지만 그것으로 모든 것을 설명할 수는 없다. 그 직접적인 원인은 과거에 일어났고 또 현재도 계속 일어나고 있는 전지구적 규모에서의 경제적 사회적 변용 때문이며, 미약하나마 변화는 보이고 있지만 기본적으로는 불변한 일본의 정치제도와 관료제도 때문이며, 또한 견고하게 수성되어온 가부장제도 안의 '이에(家)' 또는 '가족'제도 때문이며, 이미 시대착오가 되어버린 억압적인 교육제도 개혁의 실패에 있음이 틀림없다.

　나는《패전후론》이 갖고 있는 독자에 대한 호소력을 이렇게 생각한다. 가토는 "소아기의 심적 외상(가토의 표현대로라면 전후의 '비틀림')"이라는 유일한 미해결의 문제를 추출해서, 현대의 불온하며 불안한 동요를 모두 거기로 회귀시키는, 독자들에게 일종의 국민적 정신치료법을 제공한 데 있지 않은가 싶다. 종교적 비유를 들자면, 가토는 이 평론집을 통해서 (패)전후 일본의 역사가 안고 있는 모든 오점을 총괄할 수 있는 '원죄'의 전망을 제공한 것이 아닐까.

　그것이 저자가 의도한 바든 아니든 상관없이 전쟁의 '더러운' 사자에 대한 '애도'를 요구하는 가토는 현대가 안고 있는 혼란스럽고 당혹스러운 사악함의 중압으로부터 '일본인'을 해방시키는 '배설의식'을 제공했다는 것이 나의 해석이다. 이런 의미에서《패전후론》은 복잡하기 그지없는 철학적 내용이다. 그럼에도 불구하고, "'우리들'의 사자에 대한 '애도'"라는 그의 메시지는 현대가 안고 있는 극히 혼란스럽고 복잡하게 교차하는 정치적 사회적 인식론적 딜레마를 비단 '악마퇴치의 한 의식'을 통해서 해소할 수 있다는 매혹적인 가능성을 제시한 것으로 받아들여지고 있는 것이다.

5. '애도'의 구성

　'애도'의 구성은 문제의 중요한 결절점일 것이다. 전쟁, 기억, 혹은 사죄 등에 관한 다른 많은 주장과 같이,《패전후론》도 또한 보편적인 도의의 추구, 국민적 역사의 정의, 그리고 개인적 차원의 기억(그것은 동시에 개인적 차원의 망각이기도 하다)이라는 문제들과 관련될 수밖에 없다. 그것들은 아렌트가 그 구별을 시도한 '공공'영역에서의 행동과 귀속, 그리고 기억과 같은 지극히 개인적인 '도피'처가 항상 경쟁하는 경계를 따라서 작동하는 것이기 때문이다. 그러나 아렌트의 《예루살렘의 아이히만》 이후, 이미 많은 문제를 안고 있던 이 경계선의 유지는 보다 어렵게 되어버렸다.

아시아태평양전쟁이 일본에 남긴 유산이란 공공적 정치행동, 집합적 아이덴티티와 그 책임, 개인적 기억과 그 감수성이 만나는 장소일 것이다. 그리고 그 유산은 사람들이 체험한 그것들이 가지는 위상의 교차점을 통해서만 처리 가능한 것이기도 하다. 이 교차점은 많은 곤란을 동반한 장소이기도 하다. 사죄, 보상, 배상이라는 정치 요구에 대해 기억이라는 계속될 작업으로부터 해방을 허락하지 않고 대응하는 문제. 국민적 과거의 기억이라는 그 **시민의 책임**과, 지구화하는 세계 안에서 인간의 역사를 기억할 **사람들의 책임**과의 관계 문제. '역사적 사실'의 추구와 과거의 회한 혹은 애도, 회고라는 감정과의 관계 문제. 가토는 이 복잡한 교차점의 문제를 제시하고 또한 논했다. 그러나 그가 '우리들'의 사자에 대한 애도를 강조한 점은 모든 것을 포괄하는 '국민적 정신상태'의 레토릭 안에서 이 문제를 포함하는 모든 이슈를 결국 너무나 쉽게 용해시키고 만 것이 아닐까.

《패전후론》을 읽던 중에 수도 캔버라에 있는 오스트레일리아 국립도서관에서 거행된 감동적인 의식에 나는 우연히 참가했다. 〈갇혀진 삶〉(Captive Lives)이라는 제목의, '탐보(Tambo)'라는 닉네임으로만 알려진 한 오스트레일리아 선주민(아보리지니)의 삶과 죽음에 관한 전시회의 개최를 기념하는 의식이었다. '탐보'를 포함한 7명의 오스트레일리아 선주민들은 그 거주지였던 팜 아일랜드로부터 1883년에 미국인 사업가 R. A. 커닝햄에게 유괴, 납치되어 미국의 바넘서커스단의 전시물이 됐다. 7명의 오스트레일리아 선주민들은 흉악하고 사악한 '반인간'의 식인종으로 취급되어 세계 각지에서 마찬가지로 유괴, 납치되어 온 기이한 '인종'들(또는 신체적 '기형'인 '백인'들)과 더불어, 기분 나쁘게 바라보는 공중(公衆)의 눈에 노출된 전시물이 됐다. 우리에 갇힌 채 짐차에 실려 공연지에서 또 다른 공연지로 운송되는 그(녀)들이 끊임없이 병마에 시달리고 심신의 상처를 입는 것은 당연한 일이다. '탐포'는 (아마도) 폐렴으로 1884년 2월 23일에 오하이오주 클리블랜드에서 죽었다. '탐포'의 아내(그녀도 서커스의 '전시물'이었다)는 부패한 육체로부터 혼을 해방시키는 전통적 의식을 치르기 위해서 '탐포'의 사체를 반환할 것을 애원했지만, 서커스단의 주인은 그 요구를 거부했다. '탐포'의 사체는 부패를 방지할 수 있도록 가공되어 지방의 박물관으로 팔려갔다. 그 후 얼마 지나지 않아 '탐포'의 아내는 다른 두 사람의 오스트레일리아 선주민 '전시물'과 함께 공연지인 독일에서 죽었다. 그리고 또 한 사람의 '전시물'은 1885년 파리에서 죽었다.

그로부터 1세기 이상이 경과한 1993년에 '탐포'의 유체(遺體)가 클리블랜드의 어느 사체보관소에서 아주 우연히 발견됐다. 그의 후예들이 '탐포'의 유체를 고향 팜 아일랜드로 가져와 매장했다. 오스트레일리아 국립도서관에서 거행된 〈갇혀진 삶〉의 전시회 오프닝에는 팜 아일랜드에서 온 '탐포'의 후예 여러 명이 참가했다. 그리고 의식에서는 그 가운데 한 명이《신약성서》〈마가복음〉의 주기도문을 그(녀)들의 모어인 왈가루(Walguru)어로 읽어 내려갔고, 또 한 명이 그것을 영어로 번역해 읽었다.

이 의식에 참가하는 동안 내가 생각한 것은 《패전후론》에서 가토가 주장한 것과 큰 관련이 있는, 우리들이 알지 못하는 사람들의 죽음을 '애도하는' 것이 가능할까 하는 문제였다. 〈갇혀진 삶〉의 의식에 참가한 대부분의 사람들(그것은 '중산계급'의 '백인'들이었다)이 거기에서 경험한 감정이란 분명히 '애도'라고 부를 수 있는 것이었다. 그리고 그 '애도'는 순정한 것인 동시에 실로 개인적 감정이었음은 의심할 여지가 없다. 그때까지 알 수 없었던 '탐포'의 죽음을 '중산계급'의 '백인'이 어떻게 애도할 수 있었던 것일까. 그것은 한 개인의 삶과 죽음을 직면했기 때문이 아닌가 하고 생각했다.

아시아태평양전쟁을 통해 목숨을 잃은 아시아의 2천만 명의 사자와 일본의 3백만의 사자, 혹은 나치의 홀로코스트에 의한 6백만 명의 유대계 사자, 그리고 유럽계 식민에 의한 30만 명에 이르는 것으로 추측되는 오스트레일리아 아보리지니의 사자들을 두고, 우리들이 가질 수 있는 감정이란 애도와 같은 것이 결코 아니라 충격적인 감각의 마비일 것이다. 그런데 그 무수한 죽음으로부터 '탐포'라는 이름의 삶과 죽음이 추출되어 우리들의 눈앞에 제시되면 그 무감각은 '애도'로 전환될 수 있다. 이것이 한 개인의 죽음과 얼굴 없는 무수한 국민적 죽음의 차이를 메울 수 있는 무명전사의 묘가 지닌 양면적인 힘이 아닐까. 무명전사의 묘란 어떤 차원에서는 공적 역사의 얼굴 없는 수백만의 사자를 대표하고, 또 다른 차원에서는 그 익명성이 바로 잃어버린 남편, 아들, 부친, 형제들을 대표하는(아마 잃어버린 아내, 딸, 어머니, 자매들을 대표하지 않는) 것으로 존재하는 것이다.

다만 강조해두건대, '애도'란 사자 개인의 얼굴을 인지하고 있는가에 의존하고 있을 뿐만 아니라, 그 개인의 얼굴과 우리들 자신의 관계성에 관한 인식에도 또한 의거하고 있다. 이것이 '애도'가 지닌 힘의 기원이 기도 하며, 동시에 위험 가능성이기도 한 것이다. '우리들'과 '타자' 사이의 관계성에 관한 인지 능력이란, 국민성, 인종성, 혹은 젠더와 같은 명료한 경계를 넘어서 그보다 훨씬 복합적인 것이다. 하지만 이 능력이야말로 개별적인 체험을 통해서 사회 안에서 개별적인 성격을 형성하는 것이며, 또 반(半)의식 하의 기억 혹은 희망, 두려움 등을 반영하는 것이기도 하다. 물론 이것은 애도가 억압되어야 할 감정임을 의미하지 않으며, 또한 '공공'의 장에서 지워야 할 것을 의미하지 않는다. 그러나 애도란 분명히 시간의 경과와 함께 그 성격의 변질과 이행이 가능한 공간을 필요로 한다.

오스트레일리아 국립도서관에서 거행된 장엄한 의식에 모인 많은 사람들은 죄와 수치를 느꼈기 때문에 '탐포'를 위해 애도할 수 있다는 주장도 가능하다. '더러운' 가해자인 '우리들'을 위한 애도일 뿐만 아니라, '깨끗한' '피해'자인 '그(녀)들'을 위한 애도였기 때문에 '중산계급'의 '백인'들이 애도할 수 있었던 것이다. 그러나 내가 말하고자 하는 것은 조금 다르다. 사람들은 '우리들'이 저지른 과거의 악행에 대해서 죄와 수치를 느낀다고 일반적으로 생각한다. 그러나 〈갇혀진 삶〉의 개회식에 참가한 나에게 다가온 압도적인 감정은 죄와 수치가 아니라 연루 (implication)였다. (이 책의 〈비판적 상상력의 위기〉 참조) 나는 그 전시회에서 보여준 가슴 아픈 사건은 '우리들'이 저지는 것이 아니지만, 사람마다 정도의 차이는 있겠지만 그 사건이 현재의 '우리들'을 만든 것이라고 생각한다. 서커스 포스터에 묘사된 비인간적 해설과 그로테스크한 이미지를 통해, 우리들이 지금의 우리들로 성장하는 과정에서 보고 듣고 경험한 무수한 언어의 이미지를 발견했기 때문에 바로 우리들은 애도한 것이다.

사죄는 과거 악행의 피해자를 대상으로 행해지지만, 피해자와 사죄자
가 공유하는 현재를 위해서 (사죄는) 존재한다.

라고 주장한 노마 필드의 말의 의미는 여기에 있다.[4]

그리고 죄와 수치가 지닌 '연루'의 의식에는 '더러운' 죽음과 '깨끗한'
죽음 사이의 구분은 없으며, '우리들'의 사자와 '그(녀)들'의 사자 사이
의 차별은 인정되지 않는다. 우리들이 살아가는 세계에서 존재하는 사
자의 목소리에 계속 대응하는 방법밖에는 없다. 그것은 애도와 사죄가
지금 우리들 자신의 인생에서 살아숨쉬는 과거 폭력의 망령을 향한 투
쟁과정의 일부분으로 존재하기 때문이다.

그러나 '애도'가 어떤 특정한 개인의 삶과 죽음에 의해서만 환기되는
경우, 혹은 개인적인 관계를 가지고 있는 사람에게만 환기되는 경우는
어떨까. 그때에는 '애도' 그 자체의 과정이 투쟁하는 결과가 된다. 왜냐
하면, 특정한 사자들은 항상 어떤 존재 혹은 어떤 집단에게 보다 많은
의미를 부여하기 때문이다. "전사자는 헛되이 죽도록 해서는 안 된다"
는 가토의 주장은 옳을지 모른다. 그러나 그것에 대한 '애도' 과정이 국
민적 정신상태를 통합할 것(즉 '비틀림'의 치유)이라는 가토의 상정은 너
무나도 현실감이 결여되어 있다. 가토가 주장하는 '애도' 과정은 사회
가 포섭해야 할 분단을 오히려 보다 복잡하고 화해 불가능하게 만들 뿐
이다. 이 분단 사이에서 끊임없이 투쟁하는 상호작용이 바로 우리 스스
로가 '우리들'의 '애도'의 의미를 지속적으로 재검증하고, 또 '그(녀)
들'의 '애도'가 우리들에게 의미를 갖게 하는 힘을 부여할 것이다. 바꿔

말하자면, 추도와 책임에 관한 논쟁이 추도와 책임을 (과거의 일이라고 덮어버리지 않고) 계속 지속시킬 수 있는 것이다.

미국의 연구자 제임스 영은 이미 '홀로코스트의 기념비'를 주제로 한 《기억의 구성―홀로코스트 기념비와 그 의미》(*The Texture of Memory : Holocaust Memorials and Meaning*, Yale University Press, 1993)에서 기억이란 이름의 영원한 딜레마를 고찰하며 다음과 같이 주장했다.

"역사적 사건에 대한 가시적 기념비를 계속해서 설립하는 그 과정이야말로 과거의 청산이라는 최종적 성명서가 되고, 망각의 출발점이 될 위험한 가능성을 항상 내포하고 있다."

나는 그것이 계속되는 가시적 기념비뿐만 아니라 과거의 악행에 대한 공식적인 사죄도 포함된다고 부연하고 싶다.

그 글에서 제임스 영은 기념비나 기념일에 대한 새로운 '기억' 표상의 대체를 제창했다. 그것은 '비고의(非故意)'로 논쟁을 유발하는 기념비와 기념일의 설치가 아니라, 기념비·기념축전 등이 지니는 '정상'적인 논리와 대항하며 '고의'로 논쟁을 일으키기라도 하듯 기획된 '대항기념비'이며 '대항기념일'의 설치였다. 가령 독일의 함부르크에 있는 '반파시즘 기념비'와 같이 낙서에 의해 기념비가 더럽혀지고 손상되는 것을 환영하는 듯한 기념비(그 때문에 이 기념비를 방문하는 사람들은 그 낙서를 통해 자신의 '내면의 편견과 차별'을 대치하지 않으면 안 된다), 혹은 시간이 경과하면서 기념비 자체가 마멸되어버리는 듯한 '대항기념비'의 설치이다.

제임스 영이 '대항기념비' 설립을 제창하는 데는 석재나 철강으로는 기억을 지속시킬 수 없다는 확고한 사상이 그 기저에 있다. 또 그것은 기념비에 대한 끝이 없는 그리고 계속 이행되는 미해결의 논쟁이야말

로 기억을 지속시키는 유일한 방법이라고 여기는 사상이다. 사자들에
대한 기억의 투쟁으로 가득찬 세계에서 애도하고, 생각하고, 행동하는
어려움과 관련하여 그는 다음과 같이 결론 내리고 있다.

'대항기념비'의 장점은 그 변용이 가능한 성질, 혹은 사회의 기억, 사
회 자체의 기억 형태에 도전한다는 점만이 아니다. '대항기념일'은 역사
적 시간에 적대적인 것이 아니라, 역사적 시간과 함께 기념할 것을 요
구한다. 그것은 기억이 계속 지속되는 것은 대개 역사적 시간 안에서
이루어짐을 인지하고 또 승낙한다. 기념비를 존속시키는 행동 안에서,
사람들과 역사적 기념표가 분절되지 않은 교차 안에서, 기념비화된 과
거의 빛 안에서, 우리들이 어떤 구체적 행동을 취할 것인가라는 역사적
시간 안에서 기억은 계속 지속될 것이다.

• 제임스 영, 《기억의 구성─홀로코스트 기념비와 그 의미》, 48쪽.

새로운 시장에 출하된 낡은 편견

오스트레일리아에서 본 이시하라 현상의 본질

1. 인종주의와 오스트레일리아의 정치적 정당성

2000년 4월 이시하라 신타로(石原愼太郎) 도쿄도지사가 육상자위대 의식에서 행한 훈시 내용을 둘러싼 논쟁을 읽으면서, 나는 오스트레일리아에서 인종주의가 고양된 1996년 이래 경험하지 못한 감정을 맛보았다. 그해 오스트레일리아에서는 이민과 그 인종적 범위에 관한 문제가 미디어에서 한창 논의되고 있었을 뿐만 아니라, 오스트레일리아에 존재하는 다수의 반차별단체를 통해 인종, 에스니티(인종성)에 근거한 차별과 관련한 소송이 격증하고 있다는 보고가 제출됐다. 예를 들어, 뉴사우스웰스주에서는 그해 연간 50퍼센트나 피해신고가 증가했고, 그 대부분이 비도시부에서 발생한 것이었다. 이 시기 인종주의적 사건은 언어에 의한 사소한 모욕에서부터 폭력사건에 이르기까지 다양했다. 피해자 중에는 일본에서 온 관광객과 교환유학생도 있었다. 그 (녀)들은 전혀 모르는 타인에게서 이유 없는 모욕과 증오의 대상이 됐던 것이다.

이런 인종주의의 고양은 그해 3월 오스트레일리아 연방회의 선거에서 시작됐다. 폴린 핸슨이라는 무명의 여성이 프리스벤 교외의 한 선거구에서 자유당의 공인을 받아 입후보했다. 선거운동 기간중 핸슨은 오스트리아 선주민 아보리지니를 중상모략하는 언동을 반복했다. 가령 그녀는 아보리지니를 제외한 모든 유권자를 대표할 생각이라고 공언했다. 이 그지없는 망언에 그녀는 자유당의 입후보자 명부에서 제외됐지만, 무소속으로 입후보하여 선거활동을 계속했고, 결국 많은 표를 얻어 당선됐다. 국회에서는 공격의 대상을 다른 주민으로 확대하여 핸슨은 첫 국회연설 때 현재 이민의 40퍼센트가 '아시아인'이라는 것을 거론하며, 오스트레일리아가 '아시아인'에 의해서 전복될 위험성을 주장하고, 이런 인종적 다양성은 사회적 혼란과 내란을 유발할 것이라고 지적했다.

국회의 극우 무소속의원인 폴린 핸슨은 단독으로는 오스트레일리아 정치에 거의 영향력을 갖지 못하게 마련이다. 결정적인 것은 그녀의 당선이나 혹은 아보리지니와 아시아계 주민에 대한 공격이 아니라, 오히려 정치가나 평론가와 미디어를 포함한 사회의 다른 분야에서 보여준 그녀의 발언에 대한 반응이다. 가장 중요한 것은 막 새롭게 선출된 보수당 존 하워드 수상의 대응이었다.

하워드에게는 폴린 핸슨에 대한 대응으로 선택할 수 있는 방법이 몇 가지 있었다. 그녀의 언동을 비판하든지, 아니면 완전히 무시하는 방법이 있었다. 그러나 실제 그는 그 둘 중 어느 쪽도 선택하지 않았다. 그녀의 입장을 적극적으로 지지하지는 않았지만 그녀를 비판하는 사람들에 대해서 '정치적 정당성(PC)' *이라고 매도하며, 정치적 언론의 자유를 억압하는 행위라고 공격했다. 이런 상황에서 옵서버의 대다수는 하워드가 적어도 핸슨의 주장에 어느 정도 동조하고 있다고 보았다. 이 새로운 수상의 정치적 위치는 일부의 보수파 미디어(특히 라디오 저널리스트)의 핸슨 지지와 더불어 그때까지 공언하기에는 너무 수치스러운 것이라고 감추고 있던 '외국인공포증(xenophobia)'의 추한 증상을 공공의 장으로 흘러들게 했다.

여기서 '정치적 정당성' 즉 PC란, 본래 사회적인 차별과 억압을 조장하거나 정당화하는 언어와 표현을 고치거나 금지하는 것을 뜻한다. 이를 통해서 사회적 차별과 억압을 철폐하고자 하는 것이지만, 그런 지나친 좌익적 운동을 도리어 '언어 사냥(특정한 언어의 사용을 금지하는 사회적 규제에 대해서 부정적인 의미를 지닌 표현—옮긴이)'으로 매도할 때 자주 사용된다.

2. 인간의 얼굴을 한 공포

폴린 핸슨의 당선과 하워드의 정치적 정당성(PC)에 관한 발언, 그로부터 파생된 사상(事象), 가령 일본인 관광객이 오스트레일리아의 해변에 서 있을 때 전혀 모르는 사람들로부터 이유 없이 모욕당한 사건. 이 글에서는 거기에서 도출되는 일련의 상관관계에 대해서 고찰해보고

---

* PC 즉 'political correctness'는 소수자나 인종과 성 등에 대한 편견과 차별이 없는 언어와 행동을 주장하며, 그 일환으로 편향된 용어를 추방하고 중립적인 표현을 사용하자는 운동이다. 일본에서도 과거 식민지 출신자나 피차별 부락민에 대한 차별 용어를 철폐하자는 그와 유사한 운동이 일어났다.

자 한다.

핸슨 지지자의 대부분은 오스트레일리아 농촌 혹은 비도시 지역의 출신자들이다. 대부분은 농민과 상점주인 등 자영업에 종사하거나, 영세공장에서 일하는 사람들이다. 하워드 정권이 들어선 1996년 이전에 정권을 쥐고 있던 노동당 아래서 오스트레일리아 사회는 큰 변화를 경험했다. 다문화주의와 아보리지니의 권리에 관해서 적극적인 정책을 추진해가는 한편, 노동당 정권은 신자유주의 경제정책을 실시하고, 재정면에서 규제 완화를 추진하고, 오스트레일리아를 세계시장에 개방했다. 그로 인해 특히 일부의 지역경제는 심각한 타격을 입게 됐다.

새로운 세계경제 안에서 농업종사자는 예측불능의 가격 변동에 농락당했고, 금융업자에 의한 농촌 재편성은 많은 농촌지역에서 은행 지점을 비롯한 서비스부문이 철수하는 사태를 일으켰다.(실제 은행은 아보리지니와 '아시아인'과 함께 핸슨 지지자들에게는 증오의 대상이다.) 작은 시골 마을에서는 실업률이 크게 증가했고, 점차 늘어나는 젊은층의 범죄와 자살에 대해 고심하고 있었다.

많은 사람들에게 이런 변화들은 심각한 불안감과 뭐라 분명히 말할 수 없는 공포감을 초래했다. 사람들이 느끼고 있던 그런 감정들에 대해 마땅히 존재해야 할 명확한 설명과 명료한 해결이 제시되지 않는 상황에서, 그 무언가가 하루하루의 생존을 위한 일상을 한층 심각하게 했다. 그 무언가는 미래를 더욱 불확실한 것으로 만들고 있었다. 폴린 핸슨의 주장이 사람들에게 호소한 것은 그녀가 그 '무언가'에 얼굴을 부여하고 가시화했기 때문이었다. 그리고 그녀가 사람들이 품은 공포감에 부여한 얼굴은 뿌리 깊이 존재해 있던 것이지만 흔히 거반 잊혀져 있던 기억과 공명하는 것이었다. 그녀의 지지자 중 대다수는 고령자이다. 그

(녀)들은 백호주의(白濠主義)정책이 시행되던 때에 성장기를 보냈다. 당시 아보리지니는 정부의 보호지에 거주하며 선거권도 없었다. 또한 '아시아인'은 오스트레일리아에 이주할 수 없었고, 저명한 정치가들의 인종주의적 발언의 대상이 되고 있었다. 그리고 당시 교과서의 대부분은 구태의연하게 유럽문명의 우월성을 주장하는 내용으로 가득했다.

과거 30년간에 걸쳐서 그것들이 모두 바뀌었다. 그러나 과거의 정령(精靈)은 아직도 살아숨쉬고 있다. 그것이 핸슨주의(Hansonism)에 의해서 깨어나 부활했고, 전지구화와 그 불만에 호응하여 새로운 레토릭과 융합해갔던 것이다.

핸슨주의는 격동시대의 혼란과 불확실성의 원인을 대단히 알기 쉽게 인간을 표적으로 삼아 설명했다. 비도시 지역에서 수익이 삭감된 것은 납세자의 세금이 태만한 아보리지니를 위해 헛되이 사용됐기 때문이며, 실업률이 증가한 것은 아시아에서 온 이민자들이 '우리들'의 일자리를 빼앗았기 때문이라고 했다. 또 범죄가 증가하면 그것은 중국계 검은 사회가 오스트레일리아에 마약을 반입해오기 때문이며, 주택을 구입할 수 없는 것은 일본의 비즈니스맨에 의해서 토지가 리조트용지로 매수됐기 때문이라고 주장했다. 이 같은 관점에서, 문제는 더욱 이해하기 쉽게 됐다. 왜냐하면 (가시화되지 않았던) 그 문제에 지금은 이름이나 얼굴 모두가 부여됐기 때문이다.

통화변동과 산업재편 등과 같은 추상적이고 이해하기 힘든 문제들을 제시하는 것이 아니라, 핸슨은 구체적인 이미지를 제시했다. '우리들'에게 강요된 불안과 공포는 외견상 다른 얼굴을 하고, 다른 언어를 사용하는 사람들의 탓인 것이다. 검은 머리에 엷은 검은 피부, 그리고 김이라든가 투란이라든가 나카무라와 같은 기묘한 성을 가진 사람들의 탓인 것이다. 이런 문제들이 지금까지 매스컴에서 명시되지 않았던 이유도 또한 동시에 분명해졌다. 그것은 정치적 정당성(PC)의 탓이었던 것이다. 미디어나 지식인들이 여론을 조작하고 '우리들'의 논의를 억압했기 때문이라고 그(녀)들은 주장했다.

물론 이 문제를 조금이라도 생각한 적이 있는 오스트레일리아 사람은 해변에서 하루를 즐기고 있는 일본인 관광객이 오스트레일리아의 안전을 위협하는 존재라고는 진정 생각하지 않는다. 그러나 인종주의는 그와 같이 '조금도 생각하지' 않는다. 인종주의는 막연히 잠재하고 있는 공포와 분노를 추출하여 일련의 단순한 스테레오타입으로 이끄는 것이다. 더구나 그 스테레오타입에서 외견과 의상, 이름과 같은 가시적인 상징을 부가한다. 물론 해변에 있는 여성을 모욕한 인간은 그녀가 일본 사람인지 타이완 사람인지 혹은 싱가포르 사람인지 알지 못했을 것이다. 그녀가 관광객이었는지 혹은 19세기에 이주해와 오스트레일리아에서 몇 세대에 걸쳐 거주하고 있는 중국계의 자손인지 몰랐을 것이다. 그(녀)들이 거기에서 본 것은 일군(一群)의 공포와 밀접한 관련이 있는 얼굴들이었다. 사람들은 그 일군의 공포가 '아시아인'이라는 포괄적인 개념에 관여하고 있다는 가르침을 받았다. 즉 아시아인이 우리들의 직장을 빼앗고 토지를 매수하며, 그 위에 오스트레일리아를 '전복'시키려 한다고. 그(녀)들은 아시아인의 얼굴을 보면, 마음속 깊이 감추어져 있던 말로 형용할 수 없는 모든 공포감, 그리고 자신만이 아니라 '모두'가 품고 있다고 믿는 공포감에 대항하는 용감한 대변자로 변신한다. 그(녀)들은 정치적 정당성(PC)를 주장하는 투사가 됐던 것이다.

3. 핸슨주의의 상흔

핸슨은 그 절정기에조차도 극히 일부의 지지 이상을 얻을 수 없었다. 절정기는 1998년에 왔다. 그녀가 이끄는 원내이션(One Nation)당이 퀸즐랜드주 의회에서 몇 석을 획득한 때이다. 그녀의 선거 기반인 퀸즐랜드주의 일부 농촌지역에서 핸슨 지지자는 유권자의 40~50퍼센트를 차지했으나, 연방 차원에서는 15퍼센트에도 미치지 못했다. 실제, 핸슨의 등장은 몇 가지 긍정적인 효과도 가져왔다. 인종주의 논쟁과 문화적 다양성의 문제와 관련하여 다양한 풀뿌리 사회운동을 낳는 계기가 됐던 것이다. 몇몇 사회운동단체, 가령 '인종적 공생운동'과 '선주권 인식과 화해를 향한 오스트레일리아인운동'은 핸슨의 정치적 실추 후에도 왕성한 활동을 전개하고 있다.

반면, 원내이션당은 파벌 간의 분쟁과 재정관리의 소홀로 분열했다. 폴린 핸슨 자신은 1998년 선거에서 국회의석을 잃고, 현재 오스트레일리아 경찰은 사실상 붕괴한 그녀의 당 재정운영의 난맥상에 대해서 조사중이다.(그리고 그녀 자신은 2002년에 정치활동에서 은퇴했다.) 그러나 핸슨 현상의 결과가 완전히 사라진 것은 아니다. 그녀가 펼친 운동의 결과로 초래된 반(反)아보리지니, 반(反)이민감정의 고양은 오스트레일리아 보수당 정권이 다문화주의정책을 지지하지 않는 한 요인이라고 할 수 있다. 또한 그것은 1970년대 초까지 실시되고 있던 아보리지니 동화정책의 비참한 사회적 영향에 관한 배상요구를 부정하는 현 보수당 정권의 무참한 실정에도 직접 연관되어 있다.

핸슨 현상은 또한 오스트레일리아와 일부 아시아 나라들의 국제관계에 확실한 악영향을 끼친 것과 동시에, 많은 사람들의 생활에 지속적인 영향을 끼쳤다. 오스트레일리아로 이주를 생각하고 있던 사람들은 폴린 핸슨 때문에 다른 지역을 선택했을 것이고, 오스트레일리아에 거주하고 있는 아시아계 주민 가운데는 해외이주의 길을 선택한 사람도 있었다. 또한 핸슨 현상의 와중에, 학교 교정에서 유명한 아보리지니 활동가의 조카인 초등학생에게 가솔린을 끼얹고 불을 붙여 온몸에 화상을 입히는 사건이 일어났다. 이 사건이 과연 핸슨이라는 존재가 없이 일어날 수 있었을까. 그녀에 대한 대중 미디어의 호의적 관심 없이 발생할 수 있었을까. 그리고 그녀의 존재가 야기한 열광과 그녀가 주장한 PC공격 없이 일어날 수 있었을까. 확실한 대답은 누구도 말할 수 없을 것이다. 그러나 예를 들어 뉴사우스웰스주 반차별위원회에 제출한 수백 명의 사람들에게 핸슨주의가 남긴 상흔은 아무리 시간이 지나도 완전히 치유되지 않을 것이다.

4. 도쿄도(都)의 계엄령

2000년 4월 9일 도쿄도지사 이시하라 신타로는 자위대 의식에 출석하여 이젠 유명해진 다음과 같은 훈시를 한다.

오늘날의 도쿄를 보고 있노라면, 불법 입국한 많은 '삼국인', 외국인이 대단히 흉악한 범죄를 저지르고 있습니다. 도쿄에서 일어나는 범죄의 성질이 옛날과 차별화되어가고 있습니다. 만약 커다란 재해가 일어났을 때에는 아주 커다란 소요사건마저 예상됩니다. 그런 상황입니다. 이에 대처하기 위해서는 도무지 경찰력만 가지고는 한계가 있습니다.

그렇다면 말입니다. 그때에는 여러분이 출동해주길 바라며, 재해구조뿐만 아니라 치안유지도 여러분의 중요한 임무로서 수행해 줄 것을 기대하고 있습니다.

이 발언은 곧바로 많은 정치가와 평론가, 미디어로부터 심한 비판을 받았다. 그러나 그 비판은 오로지 이시하라의 '삼국인'이라는 말의 용법에 집중됐다. 삼국인이란 일반적으로 일본에 거주하는 한국 · 조선인 및 타이완인의 영주권자에 대한 차별적 용어로서 해석되고 있다. 이런 비판에 대한 이시하라의 반응은 언설의 철회가 아니라 오히려 반격이라고 부를 만한 것이었다. 그는 일부의 보도기관이 그의 말을 정확하게 또는 전부를 인용하지 않았기 때문에, (특히 '삼국인'이란 말의 앞에 '불법 입국한'이라는 부분을 인용하지 않은 것에 대해서) 사람들에게 오해를 불러일으킨 결과를 초래했다고 비판했다.

이 시점에서는 편향된 입장과 행동으로 유명한 한 우익정치가에게 흔히 있는 불쾌한 실언이라고도 할 수 있을 것이다. 야마자키 마사카즈(山崎正和)는 잡지《론자》(論座)의 2000년 6월호에서 이시하라의 발언에 대해 "실제적인 위협은 느끼지 않는다"고 밝혔다. 야마자키는 심각하게 여겨야 할 점은 이시하라의 대중영합적인 정치성향이며, 그것이 복잡한 경제사회문제에 대한 해결책으로서 단순히 희화적인 정치에 함몰되는 것에 있다고 지적했다. 야마자키는 이시하라가 자위대에서 한 발언을 경시한다. 왜냐하면, 세계의 추세는 국가의 다문화화, 다민족화를 긍정하는 방향으로 나아가고 있으며, 일본 현행 헌법의 성격상 이시하라류의 편협한 견해가 일본정치의 주류가 될 수 없기 때문이라고 했다.

그러나 나는 야마자키의 이 낙관성에 의문을 갖고 있다. 이시하라 발언의 성격만이 문제가 아니라, 그 발언이 이루어진 문맥과 그것이 초래한 반응이 문제이기 때문이다. 이시하라 발언 이후 1개월도 지나지 않아 헌법기념일에서《요미우리신문》(讀賣新聞)은 최신의 일본 헌법개정안을 게재했다. 우연일지 모르지만, 개정안은 긴급사태에 있어서 정부, 경찰, 자위대에게 보다 큰 권력을 부여하고, 또한 긴급사태 때에는 특정의 인권을 "국민의 생명, 신체 또는 재산을 지키기 위해서 어쩔 수 없을 경우 법률이 인정하는 범위 안에서" 제한적인 긴급조치를 내릴 수 있다고 했다.[1]

이것은 모두 경제위기 속에서 일본이 전지구화의 거친 물결에 농락당하며, 예전에는 경험하지 못했던 높은 실업률에 어려움을 겪고 있는 때에 일어났다. 그것은 또한 사회불안에 대한 사람들의 걱정이 과잉되다 싶을 정도로 매스컴의 표적이 되고 있는 심각한 흉악범죄(합법 이민인지 아닌지를 불문하고 우연히도 외국인에 의해 저질러진 범죄는 거의 없었지만)에 집약되어 있던 때에 일어났다.

또한 이시하라 발언을 비판하던 당초의 사회 분위기는 그 후 이시하라를 지지하는 진영들의 반격에 의해서 다른 상황으로 전개됐다. 어느 신문보도에 의하면 조사대상의 70퍼센트가 이시하라의 '삼국인' 발언을 지지한다고 답변했다. 반면, 보수파의 논객들은 PC배제를 이유로 이시하라의 발언을 옹호했다. 그(녀)들이 전개하는 반론의 골자는 다음의 두 가지 중 어느 하나를(혹은 양자 병립해서) 반복하여 진술하고 있다.

첫째, 삼국인이란 용어는 점령시대의 전문용어로서 일본과 점령국 이외의 '제삼국'의 사람을 가리키는 것이므로 차별어가 아니다.

둘째, 이민(및 불법 입국 외국인)에 의한 범죄 수가 증가하고 있는 것은 사실이다.

첫째의 논점은 대표적인 극우잡지인 《쇼쿤!》(諸君)에 게재된 역사학자 하타 이쿠히코(秦郁彦)의 논문에서 상세하게 전개됐다. 하타는 이시하라 발언에 대해 각 신문에서 특정한 단어를 인용했는지 그렇지 않은지에 관해서 정밀히 조사했다. 또한 '삼국인'이란 말의 기원에 관한 역사적 조사에 의해서 이시하라를 지지하고 있다. 이 분석을 통해 이시하라 발언에 대한 비판은 단순한 '언어사냥'이라고 결론 내렸다.

나는 (많은 젊은 세대의 내 일본 친구들과 같이) '삼국인'이란 말을 이시하라가 사용할 때까지 들은 바가 없었다. 그러나 말이라는 것은 원래 사전적 어의로만은 환원할 수 없는 역사적 무게를 지닐 때가 있다고 생각한다. 사실, 몇 명의 이시하라 옹호자조차 '삼국인'이란 언어는 차별적 뉘앙스를 내포한다고 인정하고 있다. 예를 들어 도카이(東海)대학 교수로 인도종교를 전공하는 사다카타 아키라(定方晟)는 한 잡지에서 '삼국인'이란 말의 기원에 대해서 길게 논하고 있지만, (하타 이쿠히코와는 대조적으로) "이 말이 원래 의미에서 벗어나 모욕적 칭호로 사용된 것은 분명하다"고 결론 내리고 있다.[2] 그 위에 사다카타는 이시하라 발언 비판자에 대해서 그(녀)들도 스스로 차별적 용어를 사용하고 있다고 반비판했다.

'삼국인'이란 말은 차별 용어라고 명시하면서, 사다카타는 이어서 정치적으로 부적절한 언어를 전혀 사용하지 않고도 훌륭하게 불쾌하고 차별적일 수 있다고 지적했다. 불운한 말의 선택에도 불구하고 사다카타는 이시하라의 주장을 전반적으로 지지한다. 그에 따르면, 불법 입국한 외국인에 의한 범죄는 사실 증가하고 있고, 외국인은 실제 법질서를 위협하는 존재가 된다는 것이다. 그는 그것이 텔레비전에서 방영된

나고야(名古屋)시에 거주하는 외국인 마약판매인에 관한 특집 다큐멘터리를 통해서도 증명된다고 주장한다. "하나는 미국에서의 사건이고, 또 하나는 인도네시아의 사건이었다고 기억되지만," 외국인이 폭도로 변한 두 사건을 텔레비전 뉴스를 통해 본 적이 있는 듯하다고 말했다. 이와 같은 무책임한 리서치를 근거로, 연구를 직업으로 삼고 있는 사다카타 교수는 "일본인이 외국인에 대해 공포를 느끼는 것은 당연하다고 생각한다"고 자신 있게 단언했다.[3]

4. 이시하라 도지사의 프로이트적 실언

사다카타 교수의 놀랄 정도로 정열적인 외국인공포증에 대한 찬미는 차치하고, 그의 논의에서 특히 흥미로운 것은(하타 교수와 마찬가지로) 이시하라의 '삼국인'이라는 용어의 사용법과 외국인에 의한 범죄나 무질서가 마치 제각각 분리 가능한 별개의 것인 양 전개되고 있다는 점이다. 하지만 이 문제의 핵심은 이 양자가 통합되어진다는 것, 즉 이시하라의 입에서 (프로이트적으로 마치) 흘러나온 '삼국인'이란 말과 '불법 입국한 외국인'에 의한 흉악범죄의 증가가 결합되고 있다는 점이다. 만약 '삼국인'이라는 말이 '제삼국의 사람들(즉 미군정 시기 일본에서 연합국 국민이 아니며, 일본인도 아닌 주민)'을 의미하는 것이라면, 최근 외국인(불법 입국이든 아니든 상관없이)에 의한 범죄와는 분명 어떤 관계도 없다. 왜냐하면, '삼국인'이 곧 범죄를 저지를 '외국인'일 수 없기 때문이다. 그러나 이시하라의 용어법은 의식적이든 무의식적이든 흉악범죄가 '불법 입국한 외국인'과 서로 관련이 있고, 또 그 '불법 입국한 외국인'을 (삼국인이라는 말을 선택함으로써) 일본에서 태어나서 줄곧 거주해온 외국인을 포함하여 모든 외국인과 결합시키면서 하나로 뭉뚱그려진 망상적 이미지로 제시했다.

환언하자면, 그것은 핸슨주의가 오스트레일리아에서 환기시킨 정황과 흡사하다. 폴린 핸슨과 그녀의 지지자들은 아시아인, 아보리지니, 비백인의 전반을 포괄한 '얼굴'을 창조, 날조했다. 그리고 그(녀)들은 거대한 전지구화의 흐름, 그것과 병행하는 사회변화에 의해서 야기된 불안을 그 '얼굴' 탓으로 돌렸다. 그렇게 해서 불안이 가시화됐다. 마찬가지로 이시하라와 그의 지지자들은 '이질적인 얼굴(그것은 외관, 말투, 이름과 같은 표시에 의해 종합적이고 혼성적으로 작성된 것이다)'을 제시함으로써 현재 일본사회가 처한 어려움에 대한 병리적 원인을 가시화시켰다. 옛 세대에게도 거의 잊혀진 인종주의적 표현을 통해, 핸슨과 같이 이시하라도 현존하는 외국인공포증의 증상에 융합하는 '이물(異物)'의 존재를 제시했다. 차별적 의미를 포함하면서도 본래 '장기 체재하는 합법적 외국인'만을 지칭해야 할 '삼국인'이란 말이 여기에서 '불법 입국한 외국인'이라는 말로 전환됐다. 그 위에 (사다카타 등의 주장에 의해서) 자연재해가 발생하면 폭동을 일으킬 '외국인'이 오늘날 발생하고 있는 흉악범죄의 공포에 직접 결합시켜 묘사됐다. (1923년에 일어난 관동대지진 당시 인종주의에 근거한 집단적 히스테리를 상기코자 한다.)

많은 사람들이 느끼는 경제불황이나 사회불안, 그리고 급격한 변화의 시대를 경험하는, 실재하면서도 막연한 공포를 이용했다는 점에서 그 전략은 지극히 추악하다. 공포나 불안감의 진정한 원인을 찾지 않고, 오히려 공포를 가시적 희생양 쪽으로 유도한다. 이 전략은 별반 새로운 것이 아니다. 이 전략은 1930년대 독일에서 이미 극한적으로 실행된 바 있다. 한편에서 급속한 경제변화가 경제생활의 기반을 뒤흔들고, 다른 한편에서 국제적으로 인구이동이 증대하고 전지구화가 진행되는 오늘날, 이미 낡아빠진 희생양 전략이, 혹은 그와 유사한 형태가 지구적 규모에서 분명 부활하고 있다. 오스트레일리아와 일본뿐만 아니라, (J. 하이더가 대두되는 것을 본) 오스트리아와 (엘 에히드의 폭동이 일어난) 스페인을 비롯해, 세계 각 지역에서도 발생하고 있다. (2001년 9월 11일 이후는 이슬람이, 그리고 부시에 의해서 '악의 축'으로 지목된 세 나라가 그 최대의 희생양이 되고 있다.) 오스트리아는 슬라브 민족을 공포로 간주하고, 스페인은 무슬림 아프리카를 두려워한다는 종래의 스테레오타입이 지구적 규모에서 공포스러운, 불법이민, 범죄, '정치적 정당성', '코스모폴리탄적 엘리트' 등의 용어와 결합되고 새롭게 포장되어 부활했다.

5. 미래를 탈환하다

이시하라 발언의 문제점은 반역하는 외국인을 평정하기 위해서 실제로 그가 자위대를 출동시킬 가능성에 있지 않다. 야마자키 마사카즈가 지적한 것처럼, 다행히도 그런 일은 일어나지 않을 것이다(라고 기도한다). 정말로 위험한 것은 이시하라 발언에 의해서 (그리고 그의 발언 이상으로 하타와 사다카타 등의 반응으로) 지금까지 수십 년에 걸쳐 형성되어온 다양성 수용의 프로세스가 거꾸로 되돌려질 수 있다는 점이다.

일본에서는 1950, 60년대부터 외국인 거주자의 법적 권리가 적게나마 분명 확대되어왔다. 또한 최근 이민수용에 관한 여러 장애의 일부를 철폐하기 시작했다. 이런 변화들은 모두 완만하기는 하지만 일본이 과거나 현재에도 실은 다양성을 지닌 사회였다는 사실 인식과 더불어 진행되고 있다. 1973년에 내가 처음 일본에 왔을 때, 도쿄와 같은 도시에서조차 아이들은 나 같은 서양인의 얼굴을 보면 희한하다는 듯 손가락질을 했다. 지금은 나 같은 외국인도 그저 당연한 듯이 받아들여지고 있다. 그러나 이 작은 변화야말로 '차이'의 수용과 관련한 보다 광범위한 프로세스의 일부였다. 그것은 서양인의 얼굴이 유발하는 무례한 웃음과 같은 것보다 훨씬 심각하게 '다른' 체험을 해온 '차이가 존재하는' 집단·공동체의 수용과 관련한 프로세스이다.

이시하라와 그 지지자는 기만적이며 이데올로기적인 의미를 내포하는 정치적 정당성(PC)과 같은 언어를 내세우며, 많은 사람들이 무사히 매장했다고 믿어온 인종주의적 편견을 다시금 파헤쳐서 지금 그 부활을 시도하고 있다. 지금 이시하라 발언에 의해서 일본에 거주하는 모든 사람들(많은 해외 거주자도 포함하여)이 '삼국인'이라는 차별적 용어를 알게 됐다. 이시하라 도지사의 생각에 힘을 얻어서 《세이론》이나 《쇼쿤!》 등의 우익잡지에 기고하는 사람들은 외국인에게 공포를 느끼는 것은 옳다고 독자를 교화하고 있을 뿐만 아니라, '외국인 거주자'에 의한 범죄라는 썩어빠진 '가공의 전설(urban myths)'을 선전하며 독자를 유혹하고 있다. 핸슨주의가 오스트레일리아에서 선주민과 이민의 권리를 위해서 계속되어온 고통의 도정(道程)을 가로막거나 혹은 거꾸로 되돌려놓았던 것과 같이, 이시하라 현상(Ishiharaism)도 또한 보다 다양하고 공정하며 공평한 일본을 만들어가는 기나긴 투쟁을 저해하려 하고 있다.

이시하라 현상은 도쿄의 문제인 동시에 실은 전지구적인 문제이기도 하다. 이시하라는 새롭게 전지구화된 시장에서 낡은 차별적 편견을 팔려고 애쓰는 재포장업자이다. 이 문맥에서 볼 때, 필요한 것은 로컬적인 동시에 전지구적 차원의 대응이다. 이시하라와 그 지지자의 견해에 대한 반격은 세계의 다른 지역에서 부활하고 있는 인종주의에 대한 반격의 경험 안에서 찾아갈 필요가 있다. 특히 편견과 싸우는 국제적 풀뿌리 사회운동의 경험이 참조될 수 있을 것이다. 동시에 그 반격은 21세기를 사는 도쿄의 주민들이 안고 있는 실재의 특정한 문제를 제시하면서 이루어져야 할 것이다. 그것은 사람들이 가지고 있는 공포와 불안에 대해서 이시하라가 부착하려고 한 만화적인 '얼굴'을 거부하고, 사람들이 공포나 불안의 기원에 대치할 수 있는 제시여야 한다.

무해한 군주제로서 천황제는 지속될 수 있을까
영국 군주제와의 비교

1. 전후 영국의 무관심

내가 공화주의자가 된 것은 처음 일본에 왔을 때이다. 1950년대부터 1960년대에 걸쳐 교묘하게 창조된 영국의 왕실신화 안에서 성장한 나에게는 일본과 같이 영국에서 멀리 떨어진 장소=외부에서, 비로소 일련의 왕실신화를 지탱하는 사상적 토대가 무엇인지 보이기 시작했던 것이다. 신비로운 왕실의 이미지, 나는 그런 이미지 안에서 자랐지만 그것이 외경심과 같은 두려움이나 애국심을 불러일으키는 것은 아니었다. 오히려 무해한 군주제라고나 해야 할 신화였다. 그것은 영국의 왕실일가를 둘러싼 전례의식(典禮儀式), 가령 버킹검 궁전 밖의 위병 교체나 엘리자베스 2세 여왕의 크리스마스 연설과 같은 독특한 역사적 전통(그 같은 전통의 대개는 실제 창조된 지 불과 1세기도 안 된 것임에도 불구하고)의 비범하고 기세 넘치는 부분만을 묘사해냈다.

내 가족은 다른 여느 중산계급의 가정과 마찬가지로, 왕권에 대해서 열렬한 충성심을 표하는 것이 오히려 속악적이고 바보스런 짓이라고 여겨온 듯싶다. 잡지에 왕실 일가와 그 애완견(코기견)의 사진을 게재하면 특히 중년 여성들에 의해서 잡지 판매부수는 증가했지만, 많은 사람들은 왕실 일가의 생활과 그것을 구성하는 개개의 성격 등에 관해서는 무관심했다. 이 같은 무관심은 엘리자베스 2세가 공적인 의무를 정확히 잘 수행했지만, 한편 그것이 대서특필할 만한 성격의 것이 아니었기 때문이다. 초등학교 때, 나는 학교 행사의 하나로 마가렛 여왕 결혼식에 대한 뉴스영화를 보러간 적이 있었다. 그 영화가 무엇보다 오래도록 내 머릿속에 남긴 것은 상류계급의 코믹한 발음 악센트였다. 친구와 나는 그 후 몇 주 동안이나 그녀의 발음을 흉내내며 재미있어했다.

그렇다고 해서, 외경심과 열광적 반응의 결여가 무해한 군주제라는 신화를 결코 약화시키는 것은 아니다. 이 같은 흐름은 왕실의 존속에 대해서 진지하고 비판적인 논의를 용이하게 하기보다 오히려 곤란하게 만들었다. 이런 군주제의 이미지는 아름다운 이인(異人)으로서의 영국 국민이라는 자기 규정을 욕망하는 대중의 자기 기만과 완전히 일치했다. 우리들이 믿도록 조장된 영국, 거기에서는 국가의 사회질서가 논리적이거나 합리적이지 않다. 논리적이고 합리적인 국가 사회질서의 예는 독일의 경우가 적합하다. 근대 민주제의 위대한 예외, 즉 군주제를 비롯해서 귀족원의 존재나 성문헌법을 갖고 있지 않다는 사실은 오랜 역사의 당연한 귀결로써 인식됐다. 영국의 제도들은 혁신적이지는 않을지 몰라도 많은 시련을 극복해왔을 뿐만 아니라, 그것들은 지금까지도 기능하고 있다. 또한 군주와 관련된 의식(pageant)은 관광객의 마음을 사로잡고, 군주제를 통해 획득된 국가 브랜드의 이미지는 그렇지 않은 미국인이나 다른 외국인에게 롤스 로이스부터 백스타스(Baxters)

의 스프에 이르는 온갖 상품을 파는 데 도움이 되고 있다.

이와 같은 너그러운 비논리와 사랑이 넘치는 무관심은 군주제가 정치논쟁의 초점이 되는 것을 극히 곤란하게 하고, 여왕을 심각한 논쟁의 장에서 제외시키는 요인이 됐다. 이런 상황에서 군주제 폐지를 주장하는 것은 산타클로스의 금지를 요구하는 것처럼 소용없는 짓일 뿐이다. 즉 천진난만한 것으로 취급되기에 충분한 전통의 상징에 대해 청교도적인 정치적 과잉 반응을 드러내는 것에 불과하다. 이런 영국 사회에서 공화주의의 의미를 행동으로 실천한 것은 노동당의 토니 벤 의원을 포함해 좌파 중에서도 극히 일부의 정치가에 지나지 않았다. 1960년대 후반의 학생운동세대에게도 베트남전쟁에 대한 맹렬한 반대와 영국 군주제의 존속에 대한 무관심은 별반 무리 없이 공존할 수 있었던 것이다.

2. 신화의 해체

1970년대 초 처음 일본에 왔을 때, 나는 앞서 말한 영국의 학생운동세대와는 대조적으로 일본의 학생운동세대가 천황의 존재나 '천황제'라고 불리는 신비로운 존재를 정치논쟁의 중심에 두고 있음을 알고 흥미를 가졌다. 일본에서 이와 같은 논쟁을 경험하면서 나는 영국 군주제의 정치적 의미를 새롭게 인식하고, 영국 군주의 상징적 지위를 무해한 의식(pageant)으로 태평하게 받아들여온 스스로에 대해 놀라움과 당혹감을 느꼈다. 무해한 군주제의 이미지가 제한된 역사적 지정학적 상황에서만 유효한 신화라는 점은 바깥에서 보면 금방 분명해지는 것이다. 예를 들어 그것은 내가 자란 제2차 세계대전 이후 남잉글랜드의 비도시부에서는 잘 기능하고 있었지만, 북아일랜드에서는 그렇지 않았다. 북아일랜드에서는 여왕의 초상화나 유니온 잭(영국 국기)이나 중산모자와 같은 '무해한' 국가의 상징들은 17세기 잉글랜드가 아일랜드와의 전쟁에서 승리한 후, 그 기념으로 청교도의 우위를 주장하며 카톨릭계 주민의 거주지역을 행진하는 호전적 그룹의 상징(regalia)으로 인식되고 있다.(당시 아일랜드 국기를 게양하는 행위는 범죄였다.) 우리 옆집의 홍차 캔에 장식된 말을 탄 여왕의 초상화는 분명 화려하면서도 친근한 것이었지만, 하찮은 장식에 불과할 뿐이었다. 그러나 똑같은 초상화가 '유색' 이민자와의 투쟁에 에너지를 쏟고 있으며 회원이 날로 증가하는 극우단체의 사무소에 화려하게 장식됐을 때는 전혀 다른 의미를 지니게 된다.

　마찬가지로 제2차 세계대전 이후, 부드러워진 영국 군주제를 둘러싼 이미지는 특별한 역사 상황에 있어서만 과시될 수 있는 것이기도 했다. 부드러운 왕실에 대한 무비판적인 수용은 실은 근대에 들어서면서 생겨난 일종의 도피 현상으로서, 일시적인 상황의 조합에 의해서 우연히 생겨난 것에 지나지 않는다. 이와 같은 일시적인 상황에는 1950년대와 1960년대에 제국이 급격히 몰락하는 한편, 국내 경제가 비교적 번영한 기간이기도 했다는 사실이 포함되어 있다. 조지 6세 치하(1936~52)에 왕실문제에 있어서 미디어 대책의 효과적인 제도화는 20세기 중엽 군주제의 비정치화에 도움이 됐다. 무해한 군주제라는 신화가 얼마나 근대적인 현상인가는 영국 국민이 왕과 여왕에게 취해온 태도를 살펴보는 것만으로도 알 수 있다. 예를 들어, 거의 19세기 전반에 걸쳐서 영국의 신문은 항상 왕실의 도덕문제를 공격했다. 대중지는 당시 '프린스 오브 웨일스(뒷날 에드워드 7세)'의 도박벽과 부도덕한 생활을 시종 공격했고, 한편 대중은 빅토리아 여왕이 징세로 거두어들인 막대한 부에 대해서 '그녀는 그 돈으로 무엇을 하고 있는가'라는 문구의 낙서를 벽에 했다.

1970년대 이후, 성(性)과 재정을 둘러싼 영국 왕실의 윤리문제가 미디어로부터 새롭게 주목을 받게 되고 주도면밀하게 구축된 군주제의 비정치화가 붕괴하기 시작하자, 이 문제가 다시금 관심을 끌게 됐다. 군주제에 대해서 대중이 새롭게 적개심을 갖게 된 데는 여러 이유가 있겠으나, 중요한 원인 중 하나는 왕실이 자기 목적을 위해서 미디어를 이용하려고 한 데 있다. 이 점에 관해서 1969년 찰스 왕세자의 '프린스 오브 웨일스' 칭호 수여식을 둘러싼 공적인 미디어의 장면 연출은 하나의 분기점이 됐다. 이 의식은 대부분이 만들어진 전통이었다. 보도에 따르면, 이것은 예측가능한 미래에 왕세자가 왕이 될 가능성이 거의 없기 때문에 그를 위안하기 위해서 꾸며진 의식이었다고 한다. 같은해 왕실은 처음으로 자신들의 생활을 다룬 BBC 방송의 다큐멘터리 제작에도 관여했다. 단기적으로는 이 같은 미디어 전략이 군주제의 대중적 수용을 강화한 듯 보였다. 《윈저 왕조의 흥망》(*The Rise and Fall of the House of Windsor*)의 저자 A. N. 윌슨은 그 책에서 2천 5백만의 시청자가 BBC 다큐멘터리 〈로열 패밀리〉를 보았다고 적고 있지만, 이 숫자는 3년 전(1966) 영국이 우승한 월드컵 결승전의 시청자수인 3천만에 결코 뒤지지 않는 것이었다. 그러나 장기적으로 보면, 그로 인해 왕실 일가와 왕실고문단이 숨기고 싶은 자신들의 생활을 미디어의 주목으로부터 따돌리면서 결과적으로 자기 목적을 위해서만 미디어를 이용하는 것은 힘들게 됐다.

3. 대처주의와 영국 군주제

대처주의(Thatcherism)의 도래는 미디어와 군주제의 관계에 변화를 초래했다. 하지만 이것은 영국에서 사회변동이 두드러지게 일어난 시기와 우연히 일치한다. 마가렛 대처와 후계자 존 메이저의 신자유주의 정책으로 인해 영국에서는 부유한 자와 가난한 자 사이의 격차가 벌어졌고, 고용의 안정이 위협받았으며, 사회복지로부터 배제된 것을 알아차린 사람들 사이에서 사회불안이 점차 심화되어갔다. 얄궂게도 대처 시대에 사회적 억압의 상징적인 분출구 중 하나는 '프린세스 오브 웨일스', 즉 다이애나라는 왕실과는 전혀 어울리지 않는 인물이었다. 자기 표현욕이 강하고 신경질적이며 특권적인 젊은 이 여성은 타블로이드판 미디어 안에서 왕실의 억압적인 관습에 도전하는 용감한 '부외자(部外者)'로 형상화됐다.

그리하여 다이애나 왕세자비는 격한 노동과 저임금에 혼란스럽고 지친 '우리들'의 상징으로서, 다른 왕실 일가가 표상하는 냉혈적이고 무자비한 기성 권력사회의 '그(녀)들'과 영원히 싸워나갈 인물로 여겨질 수 있었다.

이 미디어의 은유적인 연출에 대중들이 호응함으로써, 만약 그렇지 않으면 보수당 정부의 정책에 더욱 효과적으로 대항하고, 또 그것이 정치적 행동으로 분출됐을 에너지가 다른 방향으로 일탈해갔다. 그러나 동시에 다이애나 현상은 군주제와 관련한 공적인 논의나 비판을 가능케 만들었다. 10년 전에는 질문할 수도 없었던 문제가 지금은 타블로이드판 신문과 정통적 미디어 모두에서 공적으로 보도될 수 있게 됐다. 도시계획부터 핵무기문제까지 모든 영역에 대해서 공적인 코멘트를 하는, 도무지 알 수 없는 성격이 왕실 일가에게 부여됐는데도, 군주제가 진정 정치영역 밖에 존재한다고 생각할 수 있을까. 만약 정치영역 밖에 존재하지 않는다면, 그녀의 정치적 성명이 선거 때를 통해 (불)신임될 수 있는, 즉 대통령제처럼 국가원수를 두는 편이 훨씬 좋은 제도가 아닐까. 여왕은 세계에서 가장 유복한 여성 중 한 사람일 것인데 그럼에도 불구하고 가령 외무부에서 막대한 예산을 제공받아 고가의 해외여행을 하는 왕실 일가는 납세자에게 그에 보상할 만한 충분한 봉사를 하고 있을까. 국가 예산으로부터 다액의 기부금을 받으면서도 1990년대 중반까지 전혀 세금을 내지 않던 일가의 개인 자산에 대해서 대중은 더욱 알 권리가 있는 것은 아닐까. 군주제의 폐지가 진정 내셔널한 아이덴티티의 기반을 파괴하는 것인지, 혹은 그것이 예를 들어 의회가 뒤늦게나마 세습귀족을 없앤 것과 같이 역사적 흐름의 작은 한 단면에 불과한 것은 아닐는지?

다른 영국연방 지역에서는 앞서의 의문들이 한층 더 절박한 문제로 다가오고 있다. 내가 지금 살고 있는 오스트레일리아에서는 2만 킬로미터나 떨어진 곳에 살면서 거의 내방(來訪)하지 않는 군주를 받들고 있다. 영국 군주제를 인정하고 있는 다른 영국연방 국가들과 마찬가지로, 오스트레일리아에서는 여왕이 방문했을 때 그녀를 영접하는 내빈들이 결단코 그녀를 오스트레일리아의 상징으로 여기지 않는다. 오히려 영국이라는 외국세력, 통상상 자국의 라이벌 국가를 대표하는 사람으로 여긴다. 그런 국가원수가 오스트레일리아에는 있다.

1999년 11월 오스트레일리아에서는 앞에서 말한 바와 같은 경위에 의해서 군주제를 지속할 것인가 공화제로 전환할 것인가를 둘러싼 국민투표가 실시됐다. 비록 군주제 지지파의 주장이 승리를 거두었지만,

그것은 단지 공화주의파 진영에서 대통령 선출방법을 둘러싸고 의견이 나눠진 결과일 뿐이다. 국민투표가 있던 그 주에 실시한 여론조사에서는 국가 원수로서 여왕의 존속에 실제 찬성했던 비율은 9퍼센트에 지나지 않았다. 개혁은 거부됐는데, 그 이유는 국민투표에서 대안으로 제시된 공화제의 모델이 유권자의 대다수가 바라던 대통령의 직접선출 방식이 아니라, 의회에서 선출하는 방식이었기 때문이었다.

4. 근대 군주제의 재구축

어떤 군주제라도 서로 공통적인 특징이 있다. 가장 주목해야 할 특징은 제각각의 특이성을 주장한다는 점이다. 바꿔 말하자면, 헌법 양식에 의해서 비교할 수 있는 공화제와는 달리, 군주제는 유닉크한 역사적 전통이 구현된 것이라고 주장한다. 어떤 군주제도 '우리들의' 왕이나 여왕이나 황태자나 천황은 타자의 기준과 전통으로는 가늠할 수 없는 것이라고 하면서 비교분석에서 제외된다.

이상의 내용은 세계에 존재하는 군주제의 대개가 실제로는 근대 이후에 만들어진 것임에도 불구하고, 사실일 것이다. 예를 들어 네덜란드의 군주제는 1813년에 확립됐고, 벨기에와 노르웨이의 군주제는 각각 1831년과 1905년에 확립된 것이면서, 왕통은 고대의 국가적 전통의 계승 혹은 부활이라고 주장한다. 이와 같이 군주제는 근대 국민국가형성에 있어서 지구적 규모에서 일어난 현상인 동시에 그 국민국가형성을 위해서 총동원되는 지역적 신화나 역사적 전통의 정통성을 상징하는 것이 되기도 했다. 가령 영국과 같이, 단기간의 예외를 제외하면 수세기에 걸쳐서 군주제(보다 정확히 말하자면 복수의 군주제가 병존)가 존속해온 장소에서도 근대 국가형성에 왕실의 상징성과 관련한 근본적인 재구축이 이루어졌다. 18세기 후반까지 대다수의 사람들은 왕실에 대해서 대중이 지닌 존경심(예를 들어 왕이 접촉하면 특정한 병이 낫는다는)과 실물의 왕 사이에 존재하는 차이를 알면서도 문제삼지 않았다.

그러나 19세기에는 제국을 상징하는 휘장 혹은 국민적 상징으로 즉각 떠올릴 만한 인간으로서 군주를 재창조하려는 의식적인 노력이 이루어졌다. 예를 들어 빅토리아 여왕의 치세 후반에 정부와 왕실고문단은 인물로서의 여왕을 주역으로 앉히는 대규모의 이벤트를 통해 빅토리아 여왕의 대중적 인기를 회복하려고 노력했다. 한편, 1877년 빅토리아 여왕의 인도황제 즉위선언은 군주제를 영국 식민지 확대의 대표적인 상징으로서 자리매김하기 위한 시도였다. 또한 한편에서 여왕의 이미지를 국민적 아이덴티티의 구현체로서 구축하기 위해서, 빅토리아 여왕의 왕위계승 60주년을 기념하는 이벤트를 거행했다. 대규모 수송과 신문 유통의 도래, 또한 국민의 축하를 대대적으로 기념하는 새로운 형식이 즉위 60주년을 국민적 축전으로 만들었다. 이 축전은 일반인의 일상생활에까지 영향을 끼쳤다. 어느 마을에서나 깃발과 여왕의 사진으로 장식한 공공시설을 볼 수 있었고, 비교적 싼값의 즉위 60주년 기념품이 나라의 모든 가게에서 팔렸다.

5. 국민적 상징과 글로벌 스탠더드로서의 황제

근대 일본에 통치자의 역할이 다시 근본적으로 재구축된 것은 분명하다. 후지타니 다카시가 그의 저서《눈부신 군주제》(*Splendid Monarchy*, Berkeley, University of California Press, 1996)에서 선명하게 논한 바와 같이, 근대 국가형성의 중심문제로서 메이지(明治) 천황의 이미지는 고유한 비전(秘傳)의 의식과 군주제와 관련한 외래의 '전지구'적 이미지를 합성하여 주도면밀하게 창조된 것이었다.

일본에서는 군주를 나타내는 용어로서 일본어의 '텐노(天皇)'와 영어의 '엠페러'가 전략적으로 선택됐다. 이 전략은 재창조된 전통이 근대세계에서의 일본의 역할과 관련한 전망을 어떠한 방향성으로 정할지를 결정했다. 신으로서의 초월성과 기원을 환기시키는 '텐노'라는 용어는 그때까지만 해도 메이지 천황의 선조를 지시하는 다양한 용어 중 하나였다. 근대 군주제를 정식으로 채용하면서 일본의 관료들이 일본어 이외의 다른 나라의 왕이나 황제를 뜻하는 용어를 선택한 점은 주목할 만하다. '엠페러'가 정식적으로 폐기되는 1930년대까지 외교면에서는 '텐노'와 '엠페러'라는 두 용어를 상황에 따라 적절하게 사용하는 것이 인정되어 있었다.

한편, '엠페러'라는 용어는 로마제국을 유추시키면서 황제를 자칭한 나폴레옹의 확장주의 이래 유럽에서 새롭게 사용되기 시작하여, 빌헬름 1세 시대의 독일제국 통일과 빅토리아 여왕의 '인도황제' 참칭에 의해서 다시 활성화됐다. 흥미롭게도 19세기 중엽까지 일본에 관해 씌어진 유럽의 저서에서 '엠페러'라는 표현은 오로지 '쇼군(將軍)'을 표현하기 위해서 사용됐고, 이 '쇼군'은 지방을 통치하는 '왕(다이묘. 大名)'으로 이해하고 있었다. 교토의 중심부에 있던 정신적 형상은 유럽의 관찰자들에게 수수께끼 같은 존재='다이리(內裏)'로 여겨지거나, 때로는 (교황과 같은) 종교적 존재='법왕(法王)'이라고 불렸다. 페리 제독의 대일(對日)사절들에게조차 혼란이 있었다. 페리는 '엠페러'에게 보낸 필모아 대통령의 유명한 친서를 갖고 있었다. 프랜시스 호크스가 편찬한 페리 항해일지에서 장군을 가리키는 말로 '엠페러'라는 용어를 늘 사용한 데서 알 수 있듯이, 서한의 수취인이 누구인가에 대해서는 혼란이 있었다.

이렇게 19세기의 '덴노'='엠페러'의 창출은 군주제라는 국제 시스템 안에서 일본 통치자의 거처를 바로 발견하고, 또 그 특이성을 쉽게 제시해주었다. 즉 '진정한' 일본어 칭호를 가지고, 진정으로 중요한 인물이 확고하게 존재하고 있으면서, 그것은 특수하며 번역 불가능한 것이었다. 덴노=엠페러라는 등식은 실로 19세기 국민국가의 '글로벌 스탠더드'에 일본을 편입시켰고, 또한 그 같은 '글로벌 스탠더드'는 국민적 특이성을 표상하기 위한 매체로서 이용됐다.

가령 19세기 중엽이 세계적으로 군주제 이미지의 재구축을 둘러싼 결정적인 시대였다고 한다면, 20세기 중엽에 대해서도 마찬가지로 표현할 수 있다. 제2차 세계대전이라는 사건과 제국영토의 상실을 통해서 많은 왕실은 퍼블릭(public, 공중, 공민)과의 관계를 둘러싸고 전혀 새로운 기술을 채택해야 했다. 전후 영국에서는 보다 숭고하며 명료한 왕실의 제국적 이미지가 무해한 군주제라는, 내가 자란 시대의 이미지로 치환됐다. 일본에서는 전후 미점령군의 적극적인 후원을 받아가며 영국과 같은 토양으로 전후 군주제를 바꾸려고 노력했다. 존 도워가 그의 저서《패배를 껴안고》(敗北を抱きしめて, 岩波書店, 2001)에서 밝히고 있듯이, 히로히토(裕仁)의 이미지는 대대적으로 선전된 국내 순행과 '일반국민'과의 접촉을 통해서 주도면밀하게 재창조된 것이다.(그가 히로시마를 방문했을 때, "여기는 심한 피해가 있던 듯하다"라고 말했다. 이 말은

전후 군주제에서 천황의 정치적 무관심을 보여주는 기억될 만한 발언으로 주목받았다.)

그렇지만, 이와 같이 천황제를 무해한 군주제로 재구축하려는 시도는 히로히토 천황이라는 인물이 군부의 확장주의 기억과 전쟁책임의 문제로부터 자유로울 수 없는 관계에 있었기 때문에 항상 좌절됐다. 군주제를 비정치적이며 은혜로운 상징주의적 토양으로 대치하려는 점령정책의 성공은 히로히토의 사망(1989)과 함께 아키히토(明仁)가 직위한 이후에도 10년을 더 기다리지 않으면 안 됐다.

6. 일본의 무해한 군주제

일본의 젊은 세대에게 쇼와(昭和. 1925~89) 말기는 어릴 적 아련한 기억에 지나지 않을 것이다. 이들에게 오히려 천황의 역할은 내 어린 시절에 엘리자베스 여왕의 역할과 서로 닮은 것 같다. 바꿔 말하자면, 이 인물은 젊은 세대로부터 관심을 받은 바가 거의 없으며, 그(녀)들은 이 인물에 대해서 어떤 감정도 갖고 있지 않지만, 국민생활에 있어서 막연하나마 장식적인 역할을 다하고 있다고 생각하는 것이다. 이 인물은 때때로 인기있는 스포츠 이벤트와 같이 공공의 장면에서 생기는 즐거운 감정을 방불케 한다. 이 이미지야말로 정부나 궁중이 추구하는 대중문화의 상징(예를 들어 인기 스포츠선수나 인기 가수)과 천황이 결합하도록 발명된 전통 또는 새롭게 연출된 의식을 통해서 만들어진 것이었다.

그러나 천황제를 무해한 군주제의 토양으로 완벽하게 바꾸어놓으려는 노력에는 많은 불확실성이 가로놓여 있다. 일본의 천황은 영국 왕실과 다르게 화려한 사람들에게 향해진 미디어의 비판적 주목을 피하면서, 대중문화의 우상들과 어깨를 견주어 시종 인기를 획득할 수 있는 것일까. 근본적으로 경제와 사회의 재편이 진행되는 시대에 공공의 책임에서 천황의 역할을 면책하는 것이 가능할까. 비용과 수익이라는 문제가 일본의 많은 제도에 대해서 근본적인 변화를 강요하고 있는 이때, 천황제만을 공공의 논의에서 제외할 수 있을까. 고실업율과 사회적 불안이 증폭되고 있는 경제불평등의 시대에서 정치성을 띠지 않은 군주제라는 신화가 과연 일본에 뿌리내릴 수 있을까. 무해한 군주제로서 천황제는 계속 지속될 수 있을까.

현대 일본에서의 이민과 시민권
'표면적 다문화주의'의 극복을 위하여

　1999년도 저물어가고 있을 때, 한 장의 광고가 일본의 지하철이나 통근 전철 안에 등장했다. 그것은 '세(稅)를 아는 주간'을 알리는 국세청의 홍보 광고였다. 이 광고에서 눈길을 끄는 것은 일본 국적을 막 취득한 브라질 출신의 축구선수 라모스 류이가 웃고 있는 사진이었다. 그 사진 옆에 적힌 문구에서 라모스는 자신과 같이 선량한 일본 국민은 그 의무인 세금을 기한 안에 수납해야 한다고 권장하고 있었다.

　나는 이 광고가 현대 일본에 있어서 이민과 국적의 이슈와 관련한 중요한 패러독스를 여실히 보여주고 있다고 생각한다. 어떤 의미에서 이 광고는 일본이 사회적 문화적 측면에서 다양성을 인정하는 방향으로 나아가려는 의지를 보여주고 있다. 일본 국세청은 국민의 의무에 대해 호소하는 컨텍스트 안에서 '외국인'의 얼굴을 이용하여 납세의식을 환기하려는 것뿐만 아니라, 일본사회가 다문화의 양상을 띠어가고 있는 점을 전하려고 한 것이다. 그러나 그 한편에서 이 같은 국적과 납세의 그럴싸한 조합 안에는 그다지 쾌적하다고 말할 수 없는 메시지도 포함되어 있다. 이 광고는 일본 국적을 갖고 있지 않더라도, 일본에서 생활하며 일하고 있다면 세금을 내지 않을 수 없다는 명백한 사실을 얼버무리면서 대강 다음과 같은 숨겨진 메시지를 전달하려고 했던 것인지도 모른다. 그 메시지란 즉 겉모습이 '외국인'이라도 일본 국적을 갖고 있다면 더욱 모범적이고 충실하게 법을 존중하는 납세자여야 한다는 것이다.

1. '1899년 체제'에 대한 도전

시민권(citizenship), 주권(sovereignty), 국민국가(nation state)와 같은 근대의 개념에 대한 근본적인 도전 가운데는 지구적 규모에서 인구이동의 증가로 인한 것이 있다. 1990년대 초기에도 대개 8천만 명의 사람들(세계 인구의 1.5퍼센트)이 출생국 이외의 땅에서 생활하고 있었다고 한다. 오늘날 그 수는 대략 1억 2천만 명을 넘는 것으로 추정되고 있다.[1] 각국 정부나 국제기관은 가속화되는 인구이동에 대해 시대착오적인 법률이나 협정, 개념을 적용하는 데 급급하고 있다. 한편, '불법이민'의 증가와 '외국인범죄'의 상승 때문에 일어난 공황(패닉) 상태에 대한 미디어 보도는 많은 나라들에서 강력한 정치력을 행사하고 있다. 이런 가운데 오랜 동안 제한적 색채가 강한 입국관리정책을 실시해온 일본은 국경을 넘는 사람들의 이동이 사회생활의 불가결한 요소가 되어가는 세계의 흐름에 어떻게 대처하고 있을까. 이 문제에 답하기 위해서는 먼저 이민과 시민권 정책을 둘러싼 일본의 역사적 배경에 대해서 설명해둘 필요가 있다.

자유민주당 지배를 중심으로 한 패전 후 정치질서는 통상 '55년 체제'*라고 불려왔다. 또한 연구자 중에는 지금과 같은 보수계 정당연립 내각이 성립한 해를 가리켜 오늘날 일본의 정치질서를 '1999년 체제'라고 부르는 사람도 있다.[2] 이런 명명법에 따른다면, 일본에서 이민과 국적을 둘러싼 구조를 '1899년 체제'라고 불러도 좋을 듯싶다. 이 명명법을 사용함으로써, 오늘날의 이 구조도 메이지시대의 국민형성과정의 흔적이라는 점을 확실히 해줄 것이기 때문이다.

19세기 중엽에 일본은 서양 열강으로부터 강요된 불평등조약을 철폐함으로써, 국제질서 안에서 보다 독립된 참가자로서 그 새로운 지위에 걸맞게 여러 국내법들을 정비할 필요가 있었다. 그 중에 1899년에 발효한 최초의 국적법과 함께 그 3개월 후에 공포된 칙령 제352호, 처음으로 이민을 관리하는 일련의 법령이었다. 이 국적법과 이민규제법은 그 이래 몇 차례나 개정됐지만, 1899년판의 기본 원칙은 수정되지 않은 채 존속됐다.

'1899년 체제'는 메이지시대 후반의 국내·국제 환경을 짙게 반영한 것이었다. 1890년대 중엽 일본은 청일전쟁에서 승리하고, 최초의 식민지인 타이완을 획득했다. 일본이라는 국민국가는 국제적인 이민의 증가와 외국인공포증의 고양으로 특징지을 수 있는 국제체제(오늘날의 세계 질서에 상당하는) 안에 새롭게 참여한 강국이었다. 당시 미국과 (연방 성립을 앞두고 백호주의정책으로 기울고 있었던) 오스트레일리아와 같은 나

---

* 일본에서 1955년에 성립한 여당인 자유민주당과 야당인 일본사회당의 양당 중심의 정당체제를 말한다. 이 '55년 체제'는 자유민주당의 분열로 1993년 총선거에서 야당이 승리한 뒤 호소가와 모리히로(細川護熙) 정권이 들어설 때까지 지속됐다.

라에서는 중국으로부터의 이민증가가 논쟁의 대상이 됐다. 이런 상황에 대응하여 메이지 정부가 도입한 이민·시민권 정책은 중국인을 중심으로 한 비숙련 노동자의 유입을 막고, 국가에 대한 충성에 '의문이 가는' 사람들을 규제할 목적을 갖고 있었다. 그 결과, 예를 들어 1899년의 국적법은 청일전쟁 전에 작성된 당초의 초안보다도 규제 정도가 훨씬 심한 것이었다.[3]

1899년 체제는 일본 국적을 혈통주의—즉 국적이란 (주로 아버지에게서) 대대로 계승되는 것이며 개개인이 태어난 장소에 의해서 결정되는 것이 아니라는 원칙—에 기초한 것이라고 규정하고 있다. 이 최초의 국적법은 오늘날에도 잔존하고 있으며, 일본 국민은 이중 삼중으로 국적을 지녀서는 안 된다는 사고방식에도 깊게 작용하고 있다. 한편, 이민에 관한 칙령은 극히 제한된 분야의 특수한 기능을 지닌 외국인만이 일본에서 생활하고 일할 수 있다는 배타적 성격이 강한 기준을 설정하고 있다.[4] 1899년에는 '일본인'이라는 정의에 영속적인 영향을 미치게 되는 몇 가지 다른 정책도 도입됐다. 그 중에는 대략 1세기에 걸쳐서 진행된 일본열도 북부지역의 선주민인 아이누 민족에 대한 동화정책의 토대가 된 '구토인(舊土人) 보호법'이 있다.

태평양전쟁에서 일본이 패배한 후, 메이지시기에 창설된 정치·사회제도의 대개가 근본적으로 개정됐으나, 국적의 정의에 관해서는 1899년 체제의 대부분이 수정되지 않은 채 존속됐다. 1950년에 개정된 국적법은 1899년판(1916년과 1924년에 소폭 개정된 내용에서도 근간을 이루고 있다)을 모델로 삼고 있다. 전후 입국관리정책은 기본적으로 칙령 제352호에 의해서 정해진 틀을 답습한 것이다. 단지 일본의 해외 식민지 상실과 더불어 중대한 전환이 생겼다.

과거 제국일본의 식민지 신민은 (극히 소수의 예외를 제외하고) 정식으로 일본 국적을 갖고 있었다. 하지만 일본 국적을 가졌다고 평등한 권리가 주어진 것은 아니었다. 타이완이나 사할린과 같은 식민지에서는 1899년의 국적법을 현지의 사정에 맞추어 수정한 개정판이 도입됐다. 제국 전체를 통해서 국외의 영토, 즉 '외지' 출신의 제국신민과 일본 본국, 즉 '내지' 출신의 제국신민을 구별하기 위해서 호적제도가 이용됐다. 태평양전쟁이 종결된 시점에서 한반도 출신자를 중심으로 한 대략 2백만 명의 식민지 신민이 일본에서 생활하고 있었고, 그 대다수가 종전 후 곧 출생국으로 귀환했지만, 약 70만 명은 일본에 남았다. 전후 미군정기 동안에 일본 당국은 식민지 출신자에 대해서 한편에서는 그(녀)들의 생활에 사법권을 행사하면서도, 다른 한편으로는 일본 국민으로서 그(녀)들의 지위를 부정하는 법적 조치를 취하는 모순적인 정책을 채택했다.[5] 이런 사실을 보여주는 적절한 예는 1945년 이전 '내지' 호적을 가진 사람들에게만 선거권을 제한한다는 조항으로, 이것은 전후 새롭게 제정된 선거법에 첨가된 것이었다.

한편, 과거 식민지 신민은 1947년에 새롭게 제정된 외국인등록법(그(녀)들은 이 단계에서는 정식 '외국인'이 아니었지만)에 따라서 등록이 의무화됐다. 이윽고 1952년 샌프란시스코조약에 의해서 일본이 과거 식민지의 독립을 승인한 후, 정부는 옛 식민지 신민의 일본 국적을 일방적으로 박탈했다. 그러나 이 조치는 "누구도 자의적으로 그 국적을 박탈해서는 안 된다"고 한 1948년의 '세계인권선언' 제15조에 위반된다는 사실을 지적해야 할 것이다. 따라서 일본에서 여성이 선거권을 획득하게 된 것처럼, 시민권의 내용은 전후 정치개혁에 의해 실제로 심도를 더해갔지만, 한편 시민권의 은혜를 수혜한 사람들의 범위는 국적에 관한 온

갖 규제로 인해 더욱 좁아졌다. 1899년 체제의 제한적 성격은 (완화되는 것이 아니라) 오히려 강화됐던 것이다.

그러나 과거 20년 동안에 이 체제는 여러 방면에서 흔들리기 시작했다. 국제적인 인권체제의 확대와 국내 시민운동의 확산과 더불어 시민권이나 이민정책에는 점진적인 변화가 일어나기 시작했다. 1985년부터 정부는 유엔 여성의 해 10년간에 대한 공식적인 대응조치로 국적법을 개정하고, 일본 국적이 (어머니 쪽이 아니라)[6] 아버지로부터 계승된다는 가부장제적인 전제를 철폐했다. 1983년 국제이민조약에 가맹함과 동시에 일본도 소수의 이민 수용을 개시하기 위하여, 정부는 그때까지 외국인 영주권자가 사회보장과 연금제도에 가입하거나 공영주택에 응모하는 것을 가로막던 사회제도를 고치지 않으면 안 됐다.[7] 세계 및 국내 선주민의 권리운동은 일본 정부에게 아이누 민족의 고유한 전통을 인정하도록 요구했다. 그 결과, 1997년 동화주의적인 '구토인보호법'은 대략 1세기 만에 철폐됐고, 그 대신 아이누 문화의 보존과 계승을 위한 한정적인 지원을 규정한 법률이 실시됐다.

1990년대 초엽까지 일본 국적이 없었던 영주권자의 제3세대─패전 이전에 일본에 온 조선과 타이완 출신자의 자손─가 성년이 됐고, 옛 식민지 국가로부터의 외교적 압력도 있고 해서, 정부는 '특별영주권자'라는 새로운 범주를 설정하여 이 변칙적인 상황을 어느 정도 개선하려고 했다. 이에 따라서 '재일' 한국·조선인이나 타이완인의 사회보장이 확대됐고 재입국권이 인정됐다. 1992년에는 강한 비난의 대상이었던 영주권자에 대한 강제적인 지문날인제도도 장기간에 걸친 열렬한 투쟁의 결과로 철폐됐다.(다른 모든 외국인의 등록 카드에 지문을 사용하는 것은 2000년에 최종적으로 철폐됐다.) 그러나 외국인 영주권자에 대한 다른 형태의 구조적인 차별은 아직 남아 있으며, 그 중에서도 가장 중요한 것은 선거권 등 여러 형태의 공직에서 배제하는 것이다.

2. 인구 구조가 다른 세계를 넘어

국내 및 국제적인 인권운동이 1899년 체제를 흔드는 한편, 이 체제에 대한 한층 강력한 도전이 일본 인구 구조의 근본적인 변화에 의해서 생겨나고 있다. 이 점에 대해서 일본에서 일어나고 있는 상황의 변화는 (조금 극단적인 예이긴 하지만) 전지구적인 흐름의 한 예에 지나지 않는다. 하딩이 지적한 것처럼, 오늘날의 세계는 이전보다 한층 두드러지게 서로 다른 인구 구성을 지닌 국가나 사회로 분단되어가고 있다. 즉 "젊어서 죽을 것인가, 아니면 나이 들어 죽을 것인가가 늘 태어난 장소에 따라 규정되고 마는 경우가 한층 분명해지고 있다." 그 결과, 가난한 나라에서 풍요로운 나라로 이동한 젊은 이주자들은 '최초의 분기점(천지 창조 신화에서 카오스가 하늘과 땅으로 분기한 시점)'을 건넜다. "한편에서는 젊은이가 거듭 사라지면서 다른 젊은이들로 대치되어 영원히 젊은이들만의 세계인 곳이 있다. 여기에서는 젊은이들이 노인을 집어삼키는 듯 보인다. 또 한편에서는 숙년자와 고령자의 커다란 무리가 수명의 한계를 늘려서 죽음에 이르는 시간을 미루고 있지만, 그(녀)들이 살아온 풍경을 원래대로 돌리거나 재현하거나 할 수 없는 세계. 즉 여기에서는 노인들이 젊은이들을 집어삼키기 시작하고 있다."[8]

과거 반세기 이상에 걸쳐서 일본은 인구 피라미드의 극적인 변화를 경험해왔다. 전후 베이비붐이 정점에 이르렀을 때, 1년에 대략 270만

명의 아이들이 태어났지만, 1997년에 이 숫자는 120만 명 이하로 줄었다. 인구의 급속한 고령화에 따라서 2050년에는 65세 이상의 노인 한 명에 대해서 취업자의 비율은 1.7퍼센트 이상으로 떨어진다고 한다(1995년 단계에서는 4.8명).[9] 이런 배경에 대해서 일본사회는 이미 섬유산업, 외식산업, 외국어교육, 컴퓨터 프로그래밍, 성산업, 건설업, 기계제조업, 오락산업 등 광범위한 직업 분야에서 상당한 수의 이민을 흡수하기 시작했다. 1985년의 단계에서 일본에는 85만 612명의 등록 외국인 거주자가 있었지만(인구의 0.7퍼센트), 1998년에 이르러 이 숫자는 151만 2,116명으로 상승했다(인구의 1.2퍼센트).[10] 이 가운데 대다수는 라틴아메리카, 특히 (출입국관리 및 이민인정법에 근거하여 특별조치의 대상이 된) 브라질과 페루의 일본인 이민자 자손이었지만, 중국이나 필리핀과 같은 나라에서의 이민도 1980년대부터 1990년대에 걸쳐서 급격히 증가했다.

현재의 이런 변화는 제한적 색채가 강한 메이지시대의 입국관리체제를 근본적으로 수정하지 않은 채 나타난 것이다. 정부는 이민 일반에 대한 문호를 크게 개방하기보다도, 특정한 집단에 좁은 문을 개방한다는 점진적인 개혁방침으로 일관하고 있다. 그 가운데 일본계 페루인이나 일본계 브라질인이 하나의 집단을 형성하고 있다. 또 하나의 집단은 2년간의 '연수' 후 1년간의 '기능실습'이 인정되고 있는, 대략 4만 명에서 5만 명에 이르는 아시아국가 출신의 사람들이다. 이 '연수'제도의 목적은 해당 취업자 나라의 기술수준을 향상시키는 것이었다. 하지만 실제로 이 프로그램이 집중적으로 시행되는 부문은 일본인 노동자를 고용하기 가장 어려운 산업이다. 과거 20년 동안 일본경제에서 특정 분야의 고용은 비자기간이 끝난 외국인 노동자나 그 외 '불법체류자'에게 크게 의존하고 있었다. 1998년 단계에서 그 수는 대략 27만 명 정도에 이르는 것으로 추산되고 있다.[11]

　정부는 급속도로 진행되는 고령화로 인해 근본적인 개혁을 단행하지 못해, 이런 점진적인 해결방법을 택할 수밖에 없었는지 모른다. 최근 유엔의 보고서에 따르면, 일본은 취업인구를 유지하기 위해서 앞으로 60년 이상에 걸쳐 해마다 6만 명 이상의 외국인 노동자를 고용할 필요가 있다고 한다.[12] 물론 장래 노동수요의 전망은 경제성장과 경제구조, 고용조건, 특수기능자 조달의 문제 등과 같은 일련의 복잡한 예측에 좌우된다. 그러나 많은 정치가나 관료, 연구자들은 이민을 둘러싼 문제를 해결하기 위해서 새롭고 근본적인 접근방법이 필요하다는 것을 인정하기 시작한 듯하다.

　예를 들어, 2000년 3월에 간행된 법무장관의 '제2차 출입국관리 기본계획'은 전지구화나 출생률의 저하, 인구의 고령화라는 관점에서 이민정책을 재고할 필요성을 제기하고 있다.[13] 정부가 임명한 간담회의 멤버들이 작성하여 2000년 초에 간행된 '21세기 일본사회의 비전'은 더욱 진보적인 견해를 내놓았다. 이 간담회의 보고는 다음과 같이 제안하고 있다. "전지구화에 대응하고 일본의 활력을 유지해가기 위해서는 21세기에는 많은 외국인이 일본에서 쾌적하게 살 수 있는 종합적인 환경을 만드는 것이 불가피하다. (중략) 일본을 민족적으로도 다양화하는 것은 일본의 지적 창조력의 폭을 넓히고, 사회의 활력과 국제 경쟁력을 높이는 수단이 될 수 있다."[14] 이것은 정부에 대해서 일본에서 일하면서 살아갈 수 있기를 원하는 외국인을 대상으로 새로운 '이민정책'을 시행하자는 제안이었다. 기존의 정책은 통상 '이민정책'이 아니라, '출입국관리정책'이라 일컬어진다. 이 용어는 정부가 스스로의 역할을 국경을 넘어온 사람들의 이동에 대해서 엄격히 감시하는 문지기로밖에 인식하지 못하고 있음을 명백히 드러낸 말이다.

그러나 구체적인 제안이라는 점에서 보면, 정책 변경에 관한 공식적인 성명은 좀더 신중해진다. '21세기 일본사회의 비전'은 외국인에게 '일시에 문호를 개방하'는 것에 대해 계속 경고하고 있으며, 새로운 '이민정책'의 구체적인 제안이라는 점에서는 대단히 빈약한 내용으로 구성되어 있다. 한편, 이민 확대에 대한 법무장관의 구체적인 제안은 '연수'제도를 농업이나 서비스 분야, 더 나아가서는 고령자의 간병인 분야에까지 확대하는 계획 이외에 별다른 진전을 보이지 않고 있다.[15]

3. '민족적 동질성'에서 '표면적 다문화주의'로

상품과 돈, 정보가 전지구적으로 이동하는 시대에 사람만을 국경의 틀 안에 가둘 수 있다는 상상은 무의미하다. 마이켈 하트와 안토니오 네그리가 밝히고 있듯이, "대량 이민은 생산을 위해서 필수품이 됐다."[16] 실제 일본의 근대사를 통해 볼 때, 대량 이민은 항상 필요해왔다. 그러나 과거에는 이 같은 이민이 일본의 농촌에서 공업지대로, 식민지에서 종주국 일본으로, 혹은 종주국 일본에서 만주와 같은 식민지의 변경으로 노동자가 이동하는 것이었지만, 오늘날에는 주로 외국인이 일본으로 유입되어오고 있다.[17] 여기에서의 문제는 진정으로 일본이 이민에 대해서 문호를 활짝 열 것인가 말 것인가가 아니라, 어떤 문호를 누구를 향해 열고 또 그 문호가 열렸을 때 이민자들에게 어떤 생활이 기다리고 있는가라는 점이다.

저임금 노동자를 인정하는 방법으로 '연수'제도와 같은 시스템을 이용하면서 엄격한 입국관리라는 형식을 유지하려는 노력은 독일의 '가스트 아르바이터(외국인 노동자의 의미)'제도(즉 이민이란 어디까지나 '노동자'를 가리킨다고 엄밀히 규정하고, 계약이 끝나면 귀국할 노동력이라고 여긴 제도)가 초기 단계에서 드러낸 문제를 반복할 위험성이 있다. 이 같은 정책은 수입국(受入國) 측의 정부가 시민권이 없는 외국인이라도 단순한 노동력이 아니라, 사회적 의욕이나 가족이나 건강문제를 비롯해 주택 · 교육 · 오락 등에 관한 욕구를 가진 사람들이라는 절대 피할 수 없는 사실과 대면하는 것 자체를 뒤로 미루어버리겠다는 것이다. 또한 이민자를 고령자의 간병을 위한 저임금 노동자로 고용하는 것도 간병인이라는 직업의 스테레오타입(뿌리 깊은 성별 역할 분담에 의해 여성이 최저한의 보수를 받고 하는 일이라는 뿌리 깊은 고정관념)을 온존시키고 만다. 이런 의미에서 현재진행중인 점진적인 접근방법은 무엇보다 다양하고 유동성 있는, 공평한 사회에 대한 전환 가능성에 관한 진지한 논의를 촉구하는 대신에 기존의 사회적 불평등을 지탱하는 데 공헌하고 말 것이다.

하지만 이런 문제를 둘러싼 논의는 필요하며, 또 '입국관리'라는 좁게 제한된 경계선을 돌파해갈 필요가 있다. 법무성에서조차 "외국인에 대한 사회적 인식과 관심이 높아지고, 그 수적 증가와 활동범위가 확대됨에 따라서, 출입국 관리행정에서 요구되는 바가 금후 일본에서 일본인은 외국인과 어떻게 공조해 갈 것인가에 대한 미래상을 제시하는 것"이라고 밝히고 있는 것도 마찬가지라고 할 수 있다.[18]

실제 일본에서 최근 전개되는 양상은 공존, 다양성, 포섭, 배제와 같은 다양한 '미래의 이미지'가 이미 형성되고 있음을 시사하고 있다.

대중문화 차원에서는 다양한 '외국인의 얼굴(그리고 이름이나 악센트)'

이 일상생활이나 미디어에 등장하고 있다. 뿐만 아니라 공적으로는 이런 다양성을 수용해가려는 방향이 분명히 존재한다. 라모스 류이가 나오는 세금 광고는 한 예에 지나지 않는다. 1999년 11월에 천황 직위 10주년을 축하할 때, 축하행사에 초청된 사람들 중에는 인종적으로 일본인이 아닌 유명 스포츠선수도 포함되어 있었다. 다양화의 또 다른 측면은 천황이 오키나와문제나 오키나와의 역사와 문화에 대해 대단히 많은 시간을 할애하여 언급한 회견에서도 알 수 있다.[19] 오키나와의 독특한 문화는 2000년 7월에 규슈 · 오키나와에서 개최된 선진국 정상회담에서도 전시 · 공연되었다. 1997년 아이누문화진흥법도 일본이 민족적 문화적으로 동질하다는 공식적 이데올로기로부터 뒤늦게나마 이탈할 수 있다고 생각할 수 있는 예이다.

그러나 최근의 내셔널 아이덴티티에 관한 공적인 표명에서 보이는 이런 전환은 기껏해야 '표면적 다문화주의(혹은 외형상의 다문화주의)'로의 이행일 뿐이라고 보일지도 모른다. 결코 이 말을 폄하하여 사용할 생각은 없다. '표면적'인 양상도 중요하다. 그리고 실제 일본은 단일민족이었던 예가 없기 때문에 다양성은 부정되기보다도 인정되어야 할 것이다. 어쨌든 이 '표면적 다문화주의'라는 말이 다양성의 의미를 갖고 있더라도, 그것은 어디까지나 엄격한 조건에 들어맞는 제한된 내셔널 아이덴티티의 존재양상을 설명하기 위해 사용된 것이다. 엄격한 조건에 들어맞는 바람직한 다양성이란, 첫째, 정치나 평범한 일상의 세계와 동떨어진 심미적인 틀로서의 '문화', 즉 좁은 의미에서의 문화라는 틀에 가둘 수 있는 것으로 여겨지고 있다. 예를 들어, '아이누문화진흥법'은 아이누의 말, 노래, 춤, 옛날이야기의 보존 · 전승을 지원하려는 것이지만, 사회적인 권리나 시민권을 둘러싼 아이누의 투쟁기억을 남기려는 것은 아니다. 둘째, 관리 가능한 특정의 형태나 공간에 전시될 수 있는 것에 한정된다. 오키나와 음악은 7개국 정상회담에 부수하는 축제 안에 포함될 수 있었고, 타이의 춤은 현지의 다인종 축제에 여흥이 될 수 있었다. 그러나 예를 들어, 도시의 거리에서 록음악을 연주하는 나이지리아 남성 그룹의 경우라면 양상은 전혀 달라진다. 셋째, 기존 제도의 구조적 변화를 강요하지 않고, 표면적인 장식에 머무는 조건에서 그 다양성은 수용되어진다.(이 점에 대해서는 뒤에 다시 논의하기로 한다.) 넷째, 외견상 '이질적인' 인간의 경우, 눈에 보이는 형태로 그 자신이 일본에 대한 충성심을 보여주는 한에서 문화적 다양성은 허용된다. 적어도 그런 압력을 점차 강화하는 것과 관련되어 있는 것이다. 따라서 라모스 류이는 법률을 준수하는 모범적인 납세자의 역할을 하는 조건에서만, 대표적인 일본 시민으로서 정부 스폰서의 컨텍스트 안에 등장하고 있는 것인지 모른다. 좀더 일반적으로 말하자면, 현대 일본의 '표면적 다문화주의'에서는 특정한 형태의 '문화적 다양성'을 인정하는 것과 국민국가를 통합하는 복수의 상징들에 대한 충성심을 요구하는 것이 결합되어 있다. 따라서 천황 직위 10주년 축하의식과 문부성에 의해 학교나 대학에서 국기 게양과 국가 제창을 촉구하는 캠페인이 동시에 거행되는 것은 일단 우연이 아니다.

　그러나 '표면적 다문화주의'의 등장은 일본에서 이민, 시민권, 내셔널 아이덴티티와 같은 문제에 대한 일련의 복잡한 반응 가운데 하나에 지나지 않는다. 앞으로 수십 년 동안 일본사회의 성격은 정치영역에서 이런 다종다양한 반응들이 상호작용하는 과정을 통해 결정적으로 좌우될 것이다. 장래의 방향성을 규정하기에 앞서, 이 다종다양한 반응들을 명시하는 데 유효하며, 또한 문화적 다양성에 대한 행정적 차원의 대응방식 중 특이한 점을 보여주는 두 가지 문제에 관해서 간단하게 살펴보고자 한다.

4. 영주권자와 선거권

표면적 다문화주의는 기존의 이해관계와 거의 충돌하지 않고, 기존 제도의 근본적인 재고를 독촉하지 않기 때문에 저항다운 저항에 부딪히지 않아왔다. 그러나 일정한 문화적 틀을 넘어서 논의하려면, 그것은 더욱 뿌리 깊고 강고한 문화적 이데올로기적 장애에 가로막히게 된다. 이런 장애는 가령 현재 진행되고 있는 외국인 정주자에 대한 지방 참정권 확대를 둘러싼 논의에서도 나타나고 있다. 일본에 거주하고 있는 외국인의 비율은 여전히 극소수이지만, (스페인이나 핀란드와 비슷한 정도이고, 스위스나 독일의 수준을 훨씬 밑도는) 일본은 다른 나라들과 마찬가지로 일본 국민이 아닌 장기 거주자의 존재를 인정하지 않으면 안 되는 상황이 되어가고 있다. 또한 일본에서도 다른 나라들과 같이, 외국인 정주자의 존재는 모든 권리가 국적의 유무와 불가분의 것이라고 여겨지는 기존의 민주주의 모델에 대해서 근본적인 도전으로 받아들여지고 있다.

일본의 경우, 이 문제는 여러 역사적 요인에 의해서 복합적인 양상을 띠고 있다. 제2차 세계대전 이후, 구(舊)식민지 신민이었던 대략 70만 명 정도의 '재일' 한국·조선인과 타이완인이 일본 국적을 박탈당하여 외국인으로 분류됐다. 그 결과, 일본에서의 참정권(패전 이전에 일본에서 거주하던 조선·타이완 출신자가 과거 가지고 있던 권리)을 잃고 말았다.

대다수의 경우 일본어를 모어로 사용하고, 생활의 전부를 일본에서 영위하는 '재일' 제2·제3·제4세대가 성장함에 따라서, 이 상황은 분명 비정상적으로 되어가고 있다. 그러나 현재 이 사람들이 참정권을 획득하는 유일한 수단은 귀화해서 일본 국적을 취득하는 것뿐이다.

이와 같이 어느 정도의 사람들이 귀화를 통해 일본 국적 취득의 수단을 실제 선택했다. 아시아태평양전쟁의 종결 이후 대략 25만 명의 사람들(그 다수는 한반도 출신의 사람들)이 귀화하여 일본 국적을 취득했다. 최근에는 귀화 절차가 다소 간단해졌지만, 일본의 귀화신청은 여전히 시간이 걸리는데다가 프라이버시를 침해하는 일도 많다. 성격 체크 외에 금전상의 사정이나 일에 대한 의욕, 친구나 가족 관계 등에 대해서 상당히 엄격하게 조사를 받는다. 더 중요한 것은 일본의 국적법이 귀화하려는 사람들에게 이전에 가지고 있던 국적을 포기하도록 요구하고 있다는 점이다. 특히 많은 한국·조선인 영주권자는 식민지시대의 기억 때문에 이런 절차를 밟는 것에 난색을 표하고 있다.

지금도 계속되는 참정권의 박탈을 해결하는 하나의 명확한 방법은 적어도 외국인 정주자에게 어떠한 형태로든 참정권을 부여하는 것이다. 그것은 세계의 많은 나라들이 채용하고 있는 방법이다. 예를 들어, 오늘날 스웨덴, 덴마크, 네덜란드, 아일랜드, 뉴질랜드에서는 영주권을 가진 모든 사람들에게 지방선거의 참정권을 인정하고 있으며, 프랑스, 독일, 영국 등 많은 나라에서는 조건을 갖춘 영주자에게 이 권리를 부여하고 있다.(뉴질랜드는 영주권자에게 국정선거의 참정권도 부여하고 있다.)[20] 일본에서는 1990년대 초 이래 지방선거의 참정권을 외국인 영주권자에게 확대하는 움직임이 있었고, 1998년 시점에 일본 지방자치체의 40퍼센트 이상이 이런 확대 움직임에 찬성하는 결의를 채택했다.

1995년 2월에 일본 최고재판소(한국의 헌법재판소에 해당함-옮긴이)는 정주외국인에게 지방선거에 참정권을 부여하는 것이 합헌이라는 판결을 내렸다.[21] 그러나 공직선거법에는 이와 같은 변화를 반영한 개정이 아직 이루어지지 않고 있다.

1999년 이후 일본 정부는 수차례나 법 개정을 단행할 의지를 분명히 표명했다. 하지만 이 문제에 관한 의회의 논의는 다시 중단되어 뒤로 미루어졌다. 의회의 우유부단한 태도는 외국인 거주자에 대한 지방참정권의 부여라는 문제를 둘러싸고 일본의 정치가들 사이에서 커다란 균열이 있다는 사실을 반영하고 있다. 현재 연립정권을 구성하고 있는 공명당(公明黨) 및 일부의 자민당 의원은 개정을 강하게 지지하고 있으나, 여당 내에는 맹렬히 반대하는 의원들도 있다. 표면적 다문화주의를 찬미하는 퍼포먼스와는 달리, 영주권자의 참정권문제는 미약하나마 일본의 권력구조에 진정한 의미에서 파장을 일으킬 가능성이 있다. 일본인 유권자와 비교해서 외국인 정주자의 수는 극소수이지만, 근소한 차이가 선거에 커다란 영향을 미치는 지방자치체도 적지 않기 때문이다.

더욱 중요한 것은 일단 이 문제가 에스니시티(인종성)나 내셔널리티(민족성), 정치체제에 대한 충성심이 복합적으로 얽혀 있는, 뿌리 깊고 강고한 이데올로기에 저촉되어 있다는 점이다. 이런 이데올로기가 지닌 영향력은 지방선거에서 외국인의 참정권을 반대하는 사람들의 논의에서 분명히 드러난다. 이런 종류의 논의 가운데 하나는 다음과 같은 것이다. 일본과 미국이 안전보장에 관한 합의 규정을 수정함에 따라서('주변사태법'), 지방자치체는 군사적인 긴급사태 때 일정한 역할을 담당하게 됐다. 그 때문에 지방선거에서의 투표가 국가의 안전과 깊은 관계가 있으므로, 국가의 안전을 외국인에게 위임해서는 안 된다고 주장한다.(이 논리에 따르면, 외국인의 충성심에는 항상 의문부호가 따라붙게 된다.) 외국인의 시민권 취득과 정치적인 반역행위를 연결시키는 의견은 사쿠라이 요시코와 같은 보수적인 평론가에 의해서 강력히 표명되고 있다. 그녀는 외국인 영주권자에게 지방선거의 참정권을 부여하는 것은 "국가 파괴에 이르는 제일보"라고 주장하고 있다.[22]

5. 외국인공포증과 '외국인 범죄'

이와 같이 표면적 다문화주의를 향한 신중한 움직임은 시민권 규정에 관한 근본적인 수정 요구와 이런 요구들에 대한 민족주의자의 반응이라는 두 가지 힘의 대립에 뿌리를 두고 있다. 그러나 이 대립을 단순히 '자유주의자 대 보수주의자' 혹은 '세계주의자 대 민족주의자'와 같이 서로 다른 집단의 대립 방식이라고 보는 것은 너무 단순한 생각이다. 다른 국가들과 마찬가지로 일본에서도 허용과 편견, 외국인에 대한 호감과 반감이라는 끈은 복잡하게 얽혀 있다. 외국인의 존재를 받아들이고, 심지어 환영하는 그런 사람이 주어진 상황에 따라서 완전히 거꾸로 생각하는 경우도 있다.

일상생활에서는 외국인의 존재를 허용하고, 때로는 미디어에 등장하는 외국인들에게 이상하리만치 관심을 보이는 사람이 미디어가 부추긴 '외국인 범죄'에 대해 히스테리컬한 반응을 보이며 풀뿌리 차원의 외국인공포증에 사로잡히기도 한다. 이와 같은 이율배반적인 두 감각이 어떤 모순도 일으키지 않고 동거하고 있는 것이다.

‘외국인 범죄’에 대한 히스테리는 이시하라 신타로 도쿄도지사가 2000년 4월 자위대 의식에서 행한 악명 높은 훈시 뒤에 정점에 이르렀다. 거기에서 이시하라는 "오늘날의 도쿄를 보고 있노라면, 불법 입국한 많은 ‘삼국인’, 외국인이 대단히 흉악한 범죄를 저지르고 있습니다. 도쿄에서 일어나는 범죄의 성질이 옛날과 차별화되어가고 있습니다. 만약 커다란 재해가 일어났을 때에는 아주 커다란 소요사건마저 예상됩니다. 그런 상황입니다. 이에 대처하기 위해서는 도무지 경찰력만 가지고는 한계가 있습니다. 그렇다면 말입니다, 그때에는 여러분이 출동해주길 바라며, 재해구조뿐만 아니라 치안유지도 여러분의 중요한 임무로서 수행해 줄 것을 기대하고 있습니다"라고 주장했다.(이 책의 〈새로운 시장에 출하된 낡은 편견〉 참조)

　이시하라의 발언은 그가 ‘삼국인’이라는 차별적인 언어를 사용한 것과 1923년 관동대지진 후에 도쿄에서 일어난 조선인과 중국인 학살사건을 상기시킨 것 등을 이유로 다방면에서 반발을 불러일으켰다. 그러나 여기에서 나는 이시하라 발언에 대해서 두 가지만 지적하고자 한다. 먼저 그것이 자위대원을 향한 외국인공포증을 조장하는 발언임에도 불구하고, 지금보다 제한적인 색채가 강한 입국관리정책을 주장하고 있는 것이 아니라는 사실이다. 그 점은 일견 역설적이라고도 말할 수 있다. 2000년 6월의 잡지 인터뷰에서 역으로 이시하라는 "일본은 적절한 ‘이민정책’을 필요로 하고 있다.……일본은 새로운 시대에 들어섰다. 우리들은 생산율의 저하에 대응하기 위해서뿐만 아니라, 노동자의 고용이 곤란해진 상황에 대응하기 위해서도 적절한 정책을 세울 필요가 있다"고 말하면서, 정부의 ‘21세기 일본사회의 비전’과 동일한 맥락의 발언을 반복하고 있다. 이시하라는 고령자 간병인이나 간호사와 같은 분야에서 특히 외국인 노동자가 필요하며, 그(녀)들이 '일본사회에 용해되어 결혼하고 정주하고 안정할 수 있는 직업을 갖도록' 촉진해야 한다고 주장하고 있다.[23)]

　이시하라 발언에서 두 번째로 중요한 것은 그 발언들이 모두 '외국인 범죄'에 대한 광범위한 풀뿌리의 공포심을 반영하고 증폭시켰다는 점이다. 이런 공포심은 (합법적이든 비합법적이든 관계없이) 이민자의 범죄가 현실에서 상승하고 있다는 것보다도 미디어나 경찰 당국에 의한 범죄 통계의 선정적인 조작에 의해서 유지되고 있다. 특히 이시하라의 연설 직전에 경찰청이 공식적으로 발표한 숫자는 '외국인 범죄의 상승'을 나타낸 것으로 널리 인용됐다. 실제 일부 범죄의 경우 외국인 검거자가 증가하고 있지만, 이 숫자를 신중히 음미해보면, 일본에서 범죄를 저지르고 체포된 외국인의 수는 1980년의 9,647건에 대해서 1998년의 10,248건으로 사실상 변동이 없는 상태였다.[24)] 일본에서 외국인의 수는 1980년부터 1998년에 걸쳐서 대략 2배로 증가했기 때문에 이 숫자는 일본의 시민권을 갖고 있지 않은 사람들의 범죄율이 격증한 것을 나타낸다고 할 수 없다. 실제 '외국인 범죄의 증가'는 검거된 외국인이 복수의 범죄(비자에 관한 위반과 문서위조 등을 포함한)를 저지른 용의자였다는 사실과 경찰청이 '외국인'이라는 카테고리를 영주권을 가진 자와 갖지 않은 자의 두 그룹으로 분류하여 만들어낸 통계상의 창작물이었다. 두 그룹 중 한쪽의 검거자는 감소한 반면, 다른 한쪽의 검거자는 증가하고 있다. 검거율이 상승한 쪽의 집단만 보거나, 체포된 사람 수보다도 범죄 수를 문제로 삼거나, '외국인 범죄'가 상대적으로 낮은 연도를 기준으로 삼아서 외국인 범죄가 증가했다는 선정적인 도식의 창조가 가능했던 것이다. 1999년 말과 2000년 초에 경찰청이 일으킨 일련의 스캔들이 사회적으로 무리를 빚은 사실*과 이 숫자들에 숨겨진 홍보성은 관련이 있을지도 모른다. 서둘러 경찰청에는 자신들의 이미지를 회복하고 예산을 유지하기 위해서 여론의 지지를 얻을 필요가 있었다.

그러나 '외국인 범죄'에 대한 일반 사람들의 공포심은 단순히 미디어의 창작물이라고만은 할 수 없다. 그것들은 경기후퇴나 고용불안, 급속한 사회변동에 따라 일반 사람들의 뿌리 깊은 불안감이 반영된 것이라고 생각된다. 이런 컨텍스트에 있어서 '외국인(이 컨텍스트 안에서 외국인이란 북아메리카나 서유럽 출신자보다도 아시아, 아프리카, 중동 출신의 외국인 이민을 암암리에 가리키고 있다)'으로 분류되는 낯선 얼굴은 세계의 많은 나라에서 '난민'이나 '이민'이 불안의 대상이 되는 것과 마찬가지로 막연한 사회불안의 대상으로 여겨지는 것이다.

결론을 대신하여

열린 '이민정책'을 요구하는 목소리가 이시하라 신타로와 같은 인물의 지지를 얻고, 문화적 다양성을 지지하는 사람들의 증가와 '외국인 범죄'에 대한 공포심의 증대가 긴밀하게 결합되어 있으며, 외국인 거주자의 참정권에 대한 사람들의 광범한 지지와 일련의 정치가로부터의 맹렬한 반대가 서로 대립하고 있는 이 복합적인 흐름을 우리들은 어떻

---

* 당시 경찰은 범죄행위나 직무태만 등으로 인한 사건들이 언론에 대대적으로 보도되어 신뢰가 크게 떨어졌다. 당시는 물론 현재도 언론은 '경찰 불상사(不祥事) 사건'이라고 특별히 명명하여 크게 다루고 있다.

게 해석해야 옳은가.

당면의 결론을 모색하는 가운데, 내가 주장하고자 하는 것은 오늘날 일본에서는 포섭과 배제의 경계선을 수정하는 것과 관련하여 근본적인 대립이 발생하고 있다는 점이다. 한편에서는 사람들의 이동이 자유로운 시대에 맞추어 국적과 시민권에 관한 정의를 수정할 필요가 있다고 인식하는 듯하다. 그러나 이런 움직임은 다른 한편의 반발을 불러일으키고, 국민의 경계선을 수정하려는 어떤 시도조차도 반발을 피할 수 없다.

그러나 더 복잡하고 중요한 것은 양면적이고 제한된 '다문화주의(즉 수용이 가능한 것과 수용이 불가능한 '이질성'의 사이에서 눈에 보이지 않는 경계선을 그으려는 사고방식)'에 기초해서 이 선을 다시금 그으려는 움직임이다. 이 경계선의 특징은 항상 잠재하고 있으며 애매하다는 것이다. 이 경계선은 문화적으로 수용할 수 있는 것과 정치적으로 위협적인 것을 구분하고, 기술 수준이 높다고 여겨지는 구미의 전문가와 제3세계의 저임금 '외국인 노동자'를 구별하고, 이주 후 결혼하여 '일본사회에 용해된' 이민과 '흉악범죄'를 저지를 가능성이 높은 '불법체류자'를 구별한다. 이 상상의 경계선이 지닌 힘의 원천은 진정 그 애매함과 불철저함, 그리고 언제든지 임의로 수정이 가능한 점에 의거한다. 이 선에 의해서 다양성을 수용하는 것은 가능하게 되지만, 그것이 언제든지 철회될 수 있다는 것을 당사자인 외국인 자신이 알고 있기 때문에, 그(녀)들은 항상 불안정한 입장에 놓이게 된다. 즉 이 경계선은 높은 가동성을 지니고 있는 것이다. '좋은 외국인'으로 분류된 사람이 미디어나 대중영합적인 정치인에 의해서 어느 날 갑자기 '나쁜 외국인'으로 분류되고 말지 모른다. 어떤 컨텍스트 안에서는 서로 끌어들이려고 하던 기술자나 전문가도 다른 컨텍스트에서는 중국인 이민이나 인도인 이민으로 취급되어 이웃에게 불안감을 심어주고, 경찰로부터는 의심의 눈초리를 받고 만다. 이 맥락에서 이시하라의 입장은 역설적이지 않으며 완전히 이치에 맞는다. 그것은 외국인 노동자를 고용하여 병자나 고령자를 간병하도록 한다는 경제적 의의는 명확하게 인정되지만, '외국인 범죄'에 대한 공포심을 선동하는 국면에서는 그(녀)들을 항상 주변화하고 약한 처지에 두며 저임금의 환경에 가두어두려고 하는 것이다.

이런 맥락에서 나는 '1899년 체제'에 대한 시급하고 근본적인 개혁의 필요성을 주장하고 있다. 전지구화시대에 일본은(다른 나라들도 마찬가지로) 공식적인 국적과 시민권의 관계라는 근본적인 문제에 시급히 대처할 필요가 있다. '표면적 다문화주의'를 넘어선 사회, 즉 많은 국적과 아이덴티티를 가진 사람들이 경제적 사회적 보장을 받고, 새로운 일본의 형성에 참가할 수 있는 사회적 기초를 창조할 필요가 있다. 외국인의 참정권을 둘러싼 최근의 논의나 일본의 헌법을 둘러싼 절박한 논의는 일단 이런 문제들에 관한 새로운 접근의 출발점이 될지 모른다.

제 2 부

전지구화와
민주주의

평화를 위한 준비

원리주의와 다원주의의 충돌

"야만인들의 집단이 미국 국민에게 선전포고했다."

"이 박멸전쟁 즉 테러리즘에 대한 전쟁은 상당한 시간을 필요로 하기 때문에, 미국 국민은 인내하지 않으면 안 된다."

부시 미국 대통령은 2001년 9월 11일에 테러리스트의 세계무역센터와 펜타곤의 공격에 대해서 이렇게 답했다.

이 사건이 일어난 다음주 나는 두 가지 인상에 압도되고 말았다. 그하나는 오스트레일리아, 뉴욕, 유럽, 일본의 가족이나 친구들에게 연락할 때마다 똑같은 감정─다시 말해, 냉혹하며 불합리하게 많은 인명을 앗아간 일에 대한 공포심이나 노여움과 함께, 미국과 그 외의 많은국가들의 대응으로 더 많은 사람들이 목숨을 잃었으며, 사람들을 극단적인 행동으로 내몰아서 아무리 9월 11일 공격이 냉혹하기 그지없다고는 하지만 고도의 지식을 지닌 집단이 꾸미는 시나리오를 충실히 따르고 마는 것은 않을까 하는 근본적인 불안감─에 사로잡힌 사람들과 조우했던 것이다.

여러 장소에서 이렇게도 많은 사람들이 똑같은 반응을 보였지만, 특히 인상적이었던 것은 내가 대화를 나눈 사람들이 모두 어떤 이유에서인지 깊은 고립감을 느끼며, 그 슬픔과 공포심이 내셔널리즘이나 폭력의 파도에 압도된 채 격리되어 있는 것처럼 생각하고 있다는 것이었다.

나를 경악케 하고 곤혹스럽게 만드는 동시에, 오늘날 세계의 상황에 관해 재고하도록 만든 두 번째 인상은, 이 공격에 대한 반응 중에서 나온 말, 특히 '문명'이라는 말이 몇 번이고 반복된 것과 관계가 있다. 알다시피 1990년대 초, 새뮤얼 헌팅턴이 당면의 문제로서 제기한 '문명의 충돌'과 관련하여 세계는 활발한 논의를 전개했다. 그 이후 이 화제는 (다행스럽게도) 한풀 수그러져 시대착오적인 것으로 받아들여지고 있다. 그렇지만 지금 다시 이 '문명'이라는 말이 돌연 복수(復讐)를 둘러싼 논의와 함께 되살아나고 있는 것이다.

부시 대통령은 '야만인'에 대한 전쟁에 관해서 말한다. 또한 콜린 파월 국무장관도 "세계에서 문명화된 국민은 모두 이 공격이 미국만이 아니라 문명에 대한 공격이라고 인식하고 있다"고 주장했다. 그러나 보다 냉정한 독일의 피셔 외무부 장관은 "문명 간의 전쟁을 일으키는 것이 이 범죄자들의 목적이다"라고 경고하고, 그 위에 "우리들은 이슬람 전체를 공포의 늪으로 내몰아서는 안 된다. 그것은 단지 사태를 악화시킬 뿐이다"라고 주의를 촉구했다.

이런 말들로 서로 응수하는 과정을 보면서 나는 중요한 것을 알게 됐다. 많은 식자들이 지적하는 것처럼 '문명'이란 말은 오랫동안 이중의 의미가 있었다. 그 가운데 오래된 의미로서 '문명'은 시간적 혹은 연대기적인 의미가 강했다. 즉 인류가 '미개'나 '야만'의 상태에서 계몽한 상태, 다시 말해 '문명화된' 상태로 도달한다는 인간성의 단선적인 '진보' 절차를 의미하는 것이었다. 이것은 몽테스키나 콘돌세와 같은 유럽의 사상가뿐만 아니라 후쿠자와 유키치(福澤諭吉)나 량치차오(梁啓超)와 같은 아시아의 사상가들도 언급했던 절차이다. 그러나 민족지학(民族誌學)의 발달과 더불어 복수형의 '문명(civilization)', 즉 서로 다른 문명들을 언어나 전통, 역사, 종교처럼 옛날부터 존재하는 장벽을 구별하는 헌팅턴의 이른바 '문화적 실체'의 병존 상태를 강조하는 방향으로 점차 이동하게 됐다. 그러나 사실 문명이라는 말을 사용하면, '문명화의 과정'이라는 시간적인 이미지와 '복수의 문명'이라는 공간적인 이미지 사이에서 항상 간격이 생기고 말았다. 또한 문명이라는 레토릭은 늘 소규모의 선주민 사회를 근대적인 역사적 상상력으로부터 배제하고, 선사시대의 안개 속으로 추방해버리는 성격이 있었다. 다른 한편에서는 대규모의 '모든 문명'에도 순위를 매기는 경향이 있다. 문명은 복수로 존재하지만 그 가운데도 한층 더 발달한 문명이 있다는 것이다.

이런 의미의 간극이야말로 9월 11일의 공격 이후에 쏟아진 레토릭 안에서 표면화된 것이다. 한편에서는 무차별 또는 무자비하게 인명을 앗아간 일―즉 세계의 많은 사람들이 '인간성' 혹은 '인간의 존엄'에 대한 모독이라고 여긴 행위―에 대한 충격과 비탄이라는, 거의 보편적이라고 말할 수 있는 반응을 보였다. 다른 한편에서는 이런 행위를 미국이라는 특이한 국가에 대한 공격이라고 여겼다. 그래서 그 '미국'에 관해서 말할 때면, 특유의 외교정책을 구사하는 정부, 독특한 '라이프스타일'을 지닌 국민사회로서의 '미국', 전지구적으로 유일한 서양 강국이며 '서양문명'이라고 일컬어지는 국가들을 대표하는 '미국' 등의 이미지를 순간적으로 합성하려는 경향을 보였다.

한국의 이한동 총리는 '문명'을 보편적인 가치라고 여기고, '반인도적이고 반문명적인 테러리즘'을 비난했다. 이에 비해 미국의 공화당 당원 스티브 포브스는 이 공격을 "서양문명의 모든 원칙이나 가치에 대한 근본적인 도전"이라고 불렀다. 포브스 의원의 사고에는 우선 동양 '문명'을 대표하는 이한동 총리의 '문명'관은 배제되어 있다. 마찬가지로, 콜린 파월은 청중에게 이 공격으로 많은 국가의 사람들이 목숨을 잃은 것을 상기시키면서, 이것을 '단순히 미국에 대해서뿐만 아니라, 단수의 문명'에 대한 공격이라고 주장했다. 또한 재독일 미국 대사는 독일인도 미국인과 함께 '우리들 문명'에 대해 증오를 품고 있는 적에게 용기를 보여줄 것을 호소했던 것이다. 이 경우 '우리들'의 경계가 어디까지인지 전혀 분명하지 않았다.

1. 문화의 핵분열

이상의 내용을 종합적으로 생각해보면서, 나는 (별로 내키지 않았지만) '문명의 충돌'이라는 말로 돌아가지 않을 수 없음을 느꼈다. 헌팅턴의 논문을 읽고 제기한 몇 가지 문제를 재고하고, 또 그것이 새로운 세기의 관점에서는 어떻게 보여질 것인가를 다시금 생각했다. 헌팅턴의 저작과 그것이 불러일으킨 논쟁은 결정적인 모순을 드러내고 있다. 20세기가 끝나는 시점에서 이 세계가 '문명'이라고 불리는, 분명히 구별된 '문화적 실체'의 조각으로 나누어져 있다는 생각은 많은 점에서 설득력을 상실했다. 또한 레오 프로베니우스(Leo Froebenius)나 앨프레드 크로버(Alfred Kroeber)와 같은 민족지학자가 발견한 통합된 전체로서의 '문화'라는 전통적인 개념도 19세기 말이나 20세기 초 민족지학에서 필드워크로 주요 대상이었던 비교적 작고 고립된 사회에 적용할 경우, 분명 어떤 유효성이 있었을지 모른다. 그러나 만약 20세기 역사의 가장 중요한 흐름을 한 가지 들라고 한다면, 그것은 분명 그런 명확하고 자족적인 문화가 핵분열을 일으키고 말았다는 사실일 것이다. 그 증거는 우리들의 주변 곳곳에서 찾을 수 있다. 즉 그것은 전지구화에 관한 최근의 방대한 연구가 묘사해낸 모순들이 공존하는 풍경 안에 얼마든지 산재해 있다. 가령, 타이완제 전자계산기로 업자가 매상을 계산하고 있는 말레이시아 사바주(州)의 우(牛)시장. 혹은 개점에 앞서, 일부러 사람을 고용하여 점포 앞에 늘어선 손님들의 옆을 오가면서 "안에 있는 종업원은 당신들에게 미소를 보낼 겁니다. 그러나 그것은 당신들을 비웃는 것이 아닙니다"라고 확성기로 주의를 촉구한다는 러시아의 맥도널드 등.

많은 연구자가 지적한 것처럼 이런 추세가 갖고 있는 두 측면이 특히 중요하다. 그 하나는 상품이나 소비자 문화의 국제적인 흐름이 일방향적으로 서양에서 그 나머지 세계로만 흐르는 것은 아니라는 점이다. 그것은 점차 다양한 방향성을 가진 흐름으로 변화하고 있다. 그 중에서 공업화된 아시아나 라틴아메리카의 나라들은 국제적으로 인기가 있는 테마에 그들 나름의 독자적인 발상을 더하여 수출하고 있다.(일본의 애니메이션이나 코믹, 홍콩영화, 멕시코나 브라질에서 제작된 멜로드라마 등의 성공이 그 예이다.) 두 번째는 '국제문화'의 확산이 이미 단순히 중산계급만의 현상—즉 새롭게 공업화된 나라들의 신흥부자에 한정된 것—이 아니라는 점이다. 내가 기술이전에 관한 연구를 할 때 우연히 들은 예는 타이의 아라니그(Aranyig)라는 마을에 관한 것이다. 거기에서는 대략 200여 년 전에 전쟁 포로로 연행되어온 라오스 장인들의 후예가 변함

없이 전통적인 검을 만들고 있었다. 그들은 자신들의 기원이 라오스에 있음을 잊지 않고 자신들에게 기술을 전수해준 성스런 고인을 칭송하여 전통적인 축제를 거행하고 있다. 그러나 동시에 타이말로 말하고 일본제 트럭의 고철로 칼을 만들고, 타이완 혹은 홍콩 기업의 현지 법인에서 생산한 송풍기로 철을 녹이면서, 라디오에서 흘러나오는 아그네스 한이나 빌리 조웰의 노랫소리에 맞춰서 담금일을 하고 있었다.

실제 문화는 19세기에 제작된 분류표의 범위에서 벗어나 있다. 물론 그렇다고 해서 누구나 어디에서나 동일해졌다는 식으로 말하려는 것이 아니다. 오히려 오늘날에는 문화가 다원적으로 변하고 있기 때문에, 우리들은 스스로의 언어를 다른 집단과 공유하거나 자신들의 종교적인 신념을 서로 교환하고, 복장이나 음식 · 음악에 관해서도 다른 집단의 사람들과 서로 공유하게 된 것이다.

그러나 헌팅턴의 논문에서는 이런 문화의 핵분열이 국경이나 민족적 기원 등이 의미를 상실한 세계의 도래를 재촉하기는커녕, 오히려 내셔널리즘이나 민족문제의 부활과 밀접하게 관계를 맺고 말았다. 이것은 언뜻 보면 불가해한 현상과 같이 여겨질 수 있지만, 생각해보면 비교적 쉽게 설명될 수 있다. 이 설명을 위해서는 단순히 냉전 종식 후의 이른바 '전지구화'뿐만 아니라, 1950년 이전 제2차 세계대전의 종전 당시에도 초점을 맞추어 생각해볼 필요가 있다. 내가 논하고자 하는 바의 단서는 점차 전지구화되는 경제와 변함없이 국민국가를 기반으로 하는 정치시스템 사이의 상호작용 안에 있다.

2. 국제화하는 사회와 국민국가체제

1944년 브레튼우즈협정의 조인은 제2차 세계대전 이후 경제질서의 기초를 만들었다. 그 중요한 원칙은 자유무역과 자본의 자유로운 국제 이동이었다. 이 틀은 이후 '관세 및 무역에 관한 일반협정(이하 GATT)' 의 설립과 함께 경제의 국제화에 대한 장애를 제거하려는 여러 차례에 걸친 GATT의 라운드에 의해서 강화됐다. 실제 이런 경제차원에서의 세계체제는 부단하고 가속적인 변화과정을 겪어오고 있다. GATT는 세계무역기구(WHO)로 이어졌다.* 1980년대 이후 국제금융시스템이나 지적 재산 등을 관리하는 모든 규제나 제도가 완전히 바뀌어버렸다.

한편, 브레튼우즈협정 이후 정확히 1년 뒤 국제연합의 헌장이 조인됨으로써 국민국가의 주권을 기초로 한 전후 정치질서의 토대가 마련됐다. 여기에서 말하는 국민국가란 식민지제국의 해체에 의해서 탄생한 민족적 언어적 경계를 제국주의적으로 분단시킨 것이다. 이 국민국가라는 체제, 그리고 그 주권이나 시민권, 방어와 같은 기초적인 전제는 (우리들이 이제까지 보아왔듯이) 변화에 대한 저항력이 아주 강해서, 제

---

* 세계경제가 배타적인 블록경제체제로 진전됨에 따라, 제2차 세계대전 종결에 즈음하여 블록경제체제와 고관세 · 수입제한정책에 대한 반성이 일어났다. 그리고 국제협력 아래 세계경제를 다시 일으키려는 움직임이 시작됐다. 그 첫 움직임이 국제 금융에서의 브레튼우즈협정(1944)이며, 통상에서의 '관세 및 무역에 관한 일반협정(GATT)'이다. 1945년 미국에 의해 제안된 새로운 국제무역기구(ITO, International Trade Organization)를 설립하기 위한 '국제무역헌장(ITO헌장, 아바나헌장)'이 1948년에 조인됐다. 그러나 이상에 치우친 나머지 미국 등 여러 주요 국가들에게서 비준을 얻지 못하고 실패한 뒤, 그 정신을 계승한 GATT가 1947년 조인되어 1948년 1월 발효됐다.

2차 세계대전 직후에 창설된 제도의 대부분은 사실상 오늘날까지 손을 대지 못한 상태이다.

국제화하는 경제와 국민국가체제라는 이 이중의 시스템이 20세기 후반에 전체적인 세계 진로를 결정했지만, 그 귀결은 이제야 조금씩 드러나기 시작했다. 국제적인 무역과 투자가 붐을 이룸에 따라서, 지구 상의 물질문화의 대부분이 성격상 크게 변화했다. 코카콜라나 라디오 에서 흘러나오는 음악, 할리우드의 비디오, 티셔츠, 분유 등이 아시아 나 아프리카 벽지의 촌락에까지 침투했다. 이런 제품들은 판매만 된 것 이 아니라, 점차 다국적 기업의 해상(海上)공장에서 제조되기 시작했 다. 1970년대 초에 접어들면, 이런 현상은 관심과 걱정을 불러일으켰 고, 하버드대학의 레이몬드 버넌과 같은 연구자는 다국적 기업과 국민 국가 사이의 충돌 가능성을 예견했다.*

그러나 현실에서 일어난 것은 버넌으로 대표되는 연구자들이 예견한 것과 같은 사태가 아니었다. 결국 다국적 기업과 국민국가는 보완관계 에 있었던 것이다. 국민국가 쪽은 다국적 기업이 가져다준 자본과 고용 을 필요로 했고, 한편으로 다국적 기업은 국가만이 제공할 수 있는 보

---

* 레이몬드 버넌(Raymond Vernon)은 1960년대 다국적 기업 활동이 번성하는 것을 관찰하고 다국적 기업의 위력 앞에 근대 국제질서의 주축인 "주권국가들이 갑자기 벌거벗은 것처럼" 느껴지고 있으며 "국가 주권이나 국가 경제력과 같은 개념들이 신기하게도 그 의미를 상실하고 있는 것처럼 보인다"라고 그의 유명한 저서 《주권 의 한계—미국 기업의 초국가적 확대》(*Sovereignty at Bay : The Multinational Spread of US Enterprises*)에서 지적했다. 또 그는 모스(Edward Morse)나, 쿠퍼(Richard Cooper) 등과 함께 과학기술의 발전, 그리고 다국적 기업을 비롯한 비국가 행위자 들의 활동을 통한 월경적 관계(transnational relations)의 증가가 국제관계를 변화 시키고 있다고 주장했다.

호, 금융상의 우대책, 사회적 물질적 인프라를 필요로 했다. 그것은 세계 경제의 전지구화가 국민국가의 기반을 침식한다고 했던 버넌 등의 가설과는 전혀 다른 전개 양상이었다.

무역과 투자의 급격한 신장은 세계에서 유례가 없을 정도로 수송이나 통신면에서 변화를 재촉했다. 제2차 세계대전의 종료 직후부터 1970년대 말까지 주요 항공노선의 운임은 20분의 1 이하로 싸졌고, 비행시간도 대폭적으로 단축됐다. 1980년대에는 국제전화나 팩스가 대부분의 대도시에서 간단히 사용할 수 있게 됐으며, 1990년대에는 위성방송과 인터넷이 세계를 새로운 방법으로 연결했다. 그와 동시에 소비자문화의 국제화에 의해서 사람들이 갖고 있는 이동에 대한 심리적 장애가 사라졌다. 쿠알라룸푸르나 나이로비에서 뉴욕으로(역으로도 또한 마찬가지로) 여행하는 사람들은 이미 자신들이 완전히 낯선 환경에 있다고 생각하지 않게 됐다. 자동차, 오피스 빌딩, 패스트푸드, 텔레비전의 버라이어티쇼 등은 세계의 어디에서나 엇비슷한 형태를 띠게 됐다.

완전히 예상과 일치한 점은 물건이나 자본의 국제적인 흐름이 사람들의 국제적인 흐름을 촉진했다는 것이다. 남아메리카의 미국 기업에서 일하는 현지 사람들은 미국 본토에 있는 같은 회사의 공장에서 훨씬 고임금을 받고 일하려는 유혹에 당연하다는 듯 휩쓸리게 됐다. 또한 북아프리카의 프랑스어권에서 자란 아랍계의 사람들은 불과 몇 시간 만에 비행기나 배로 지중해를 건너면, 옛 식민지 종주국 프랑스의 화려한 도시들이 모국보다 훨씬 풍요로운 소비문화를 제공해준다는 사실을 알아차리게 됐다. 1990년대 초기 단계에서 대략 8천만 명의 사람들이 태어난 나라 이외의 땅에서 생활하고 있다고 한다. 1990년대 말 이 숫자는 대략 1억 2천만 명에 이르는 것으로 추정되며, 현재에도 그 수는 계속 증가하고 있다. 규제가 강한 이민정책을 실시해온 일본과 같은 나라에서도 1960년대 말 이후 해외투자의 증대는 분명 외국인 노동자의 유입을 초래했다. 한편 외국인 노동자를 제공하는 쪽에서 볼 때, 1990년대 초기 단계에서 필리핀 외자의 대략 4분의 1이 해외에서 일하는 노동자가 조국으로 송금하는 형태로 벌어들인 것이었다.

지그문트 바우만이 유머를 섞어 'Divided We Move.('흩어지면 이동한다'는 뜻. 조합운동의 슬로건 'United We Stand, Divided We Fall.(뭉치면 살고, 흩어지면 죽는다)'를 풍자한 말)'라고 지적한 것처럼, 사람들의 이동방식은 다종다양하다. 그러나 이 복잡하기 그지없는 사람들의 이동방식을 다음 두 가지로 단순화하는 것이 가능할지 모르겠다. 한쪽에서는 고등교육을 받은 비교적 고수입의 사람들이 있다. 그(녀)들은 비즈니스상의 여행이나 해외 근무라는 형태로 명확히 정해진 기간 동안에 이주하고 쉽게 국경을 넘나든다. 다른 한쪽에는 (다시 바우만의 말을 빌리자면) "다른 선택의 여지가 없는" 여행을 하는 사람들이 있다. 그(녀)들은 고향에 언제 돌아올지, 혹은 돌아올 수 있을지 없을지도 모른 채 여행을 떠나, 많은 정치적 장애가 가로막고 있는 가운데 스스로 길을 열어가야 한다.

실제 전지구적 시스템은 앞서 말한 두 종류의 이동을 필요로 한다. 즉 양자 모두 오늘날 생산형태에는 불가결한 것이다. 마이클 하트와 안토니오 네그리는 묻는다. "멕시코의 이민노동자가 없는 미국 농업이나 서비스산업, 팔레스타인와 파키스탄 사람들이 없는 아랍 석유산업 등을 상상할 수 있을까. 또한 디자인부터 패션, 그리고 유럽과 미국, 아시아의 전자공학에서 과학에 이르기까지 형태에 상관없는 새로운 산업을 낳은 대규모의 섹터 가운데, 화려한 자본주의의 부나 자유의 세계로 동원

될 대량의 '위법노동자' 없이 성립할 기업들이 과연 존재할까"라고.[1]

그러나 이민자들은 단순히 싼 노동력의 공급원만이 되는 것이 아니라, 출산이나 육아 서비스, 자녀의 교육, 그리고 병이 들거나 노인이 됐을 때를 위한 보험이나 연금도 필요로 하게 된다. 스위스 극작가 막스 프리슈(Max Frisch)의 인상적인 말을 빌리자면, "우리들이 필요로 한 것은 노동력이지만, 여기에 온 것은 사람이었다." 그 위에 인종적 소수자의 증가는 국민국가가 그 통합과 정통성의 기반으로 삼았던 통일된 심벌, 신화나 이미지에 대한 새로운 도전이 되고 있다. 이민자들은 진주만이나 됭케르크*와 같은 국가 신화 형성의 계기가 됐던 주요한 사건에 대한 공통의 기억을 반드시 공유하지는 않는다. 그(녀)들은 감사절이나 프랑스 혁명기념일과 같은 국가적 전통행사에 자신들의 전통행사를 첨가하고 있다. 각국의 정부는 "다른 선택의 여지가 없이" 국경을 넘은 제어가 불가능한 제2 타입의 사람들로 인해 그 기반을 위협받게 된 것이다.

이민문제는 '전지구화'라고 불리는 과정에 대한 제도적인 대응이 안고 있는 근본적인 불균형의 성격을 부각시키고 있다. 경제영역에 관해서 말하자면, 현대 세계의 무역이나 금융 · 생산시스템이 과연 1970년대 이후에 GATT와 WHO에 의한 법적 규제의 거대한 변화 없이 기능할 수 있었을지는 상상조차 하기 힘들다. 그러나 사람들의 이동이라는

---

* 됭케르크(Dunkerpue)는 프랑스에서 가장 북쪽에 위치한 도시이다. 제2차 세계대전 초기인 1940년에 벨기에에서 프랑스 국경을 돌파한 독일군에 밀려 34만 명에 이르는 영국과 프랑스의 연합군이 독일 공군의 폭격을 피해 이곳으로 탈출했다. 이 전쟁을 가리켜 '됭케르크 전쟁'이라고 부르며, 일본군의 '진주만 습격'과 더불어 연합군의 피해를 상징한다. 이 전쟁으로 됭케르크는 대부분 파괴됐다.

측면에서 우리들은 여전히 제2차 세계대전 이후 기본적으로 수정되지 않은 채 엄존하는 시민권이나 이민법, 그리고 국제적 난민체제 등의 틀 안에 갇혀 있다.

그것은 국가방어 또는 안전보장의 범위와 관련한 국민주권의 중요한 측면에 대해서도 마찬가지로 말할 수 있을지 모른다. 20세기 마지막 10년에 세계 경제와 사회의 전체적인 변동, 그리고 냉전체제 이후 NATO와 같은 조직의 재편에도 불구하고, 우리들은 여전히 냉전체제가 시작된 이후 기본적으로 변함없는 국가의 방어라는 개념 안에 갇혀 있다. 그러나 이런 시스템과 현대 세계의 모순은 9월 11일 이후 백일하에 드러나게 됐다.

요컨대, 21세기가 시작된 시점에서 발생한 현상은 대단히 유동적이고 변화의 정도가 심한 경제 시스템이 비교적 경직되고 국민국가를 기반으로 한 정치제도와 점차 마찰을 일으키기 시작한 것이다. 이런 마찰이 가장 치열한 장은 바로 이민문제나 '안전보장(나는 이 말을 외국에 대한 군사적 방어 혹은 공격, 국내의 '법과 질서' 유지—치안경찰을 가리키기 위해 사용하고 있지만, 이 둘은 점차 불가분의 관계를 지니게 된다)'이라고 불리는 부분이다. 이런 마찰은 전지구적인 차원의 부와 권력이 눈에 띄게 불평등해짐에 따라서 더욱 심각해지고 있다. 특히 미국 정부의 행동이 지구상의 사람들에게 심대한 영향을 끼치고 있음에도 불구하고, 이것들이 주권국가나 '국익'과 같은 틀 안에서만 표현되고 정당화되고 있다는 것을 의미한다.

이런 마찰이 빚어낸 결과야말로 전지구적인 규모에서의 원리주의이다. 나는 '원리주의'라는 말이 여기서 논쟁의 여지가 있으며 오용될 소지가 많기 때문에 보다 분명한 의미에서 사용하고자 한다. 이제부터 내가 논의하고자 하는 바는 대단히 단순화한 일종의 만화로서(사진적인 현실이 지닌 복잡한 전체상을 이해하려고 할 때, 만화적으로 묘사한다면 시각화해 보여줄 수 있는 경우도 있다고 믿으면서), 이 세계를 묘사해가는 것이다.

3. 아이덴티티 사이의 투쟁

논쟁을 단순화하려면, 헌팅턴이 그어놓은 문명 사이의 몇 가지 경계선보다도 더 확실하고 중요한 단층이 있다고 생각된다. 그것은 우리들이 살아가는 이 세계에 대한 두 가지 견해 사이의 단층이다.

내가 '원리주의'라는 이름으로 부른 첫 번째 견해는 급속한 변화와 경제적인 국제화를 동반한 세계에서 정치체제의 안정은 일련의 '전통적인' 가치를 부활시키는 것에 의해서야말로 유지할 수 있다는 가정에 근거를 두고 있다. 국민의 구성이 다민족화의 정도를 강화하고, 물질문화가 국제화하면 할수록 차이의 경계선을 강조하는 심벌이나 사상은 중요하게 여겨져왔다(라고 원리주의자는 주장한다).

이런 심벌이나 사상은 '아메리칸 드림'의 이미지나 이라크의 내셔널리즘이 환기시킨 고대 바빌론의 기억과 같은, 엄밀한 의미에서 내셔널한 경우도 있고, 이슬람의 이념, 유교적인 사회관계, 그리고 서구의 '위대한 문학적 전통'과 같은 국경을 초월한 경우도 있다. 그러나 '원리주의'가 지켜야 할 전통의 핵에는 두 가지의 중요한 특징이 있다. 즉 그것은 몇 세기 동안에 걸쳐 깊이 각인된 것이며, 끊임없이 세계가 변하더라도 그것만은 변하지 않는 고유한 것이다. 또한 여러 이해집단이 그때마다 상황에 맞춰서 간단히 선택할 수 있는 것도 아니다. 그것은 분할이 불가능한 성격을 지니고 있다. 바꿔 말하면, 전통의 다양한 양상들은 국경을 초월할 수 있을지 모르지만, 하나의 국민국가 내부에는 단지 하나의 전통의 핵, 즉 하나의 아이덴티티 체계 안에 존재하며 모든 국민이 그것을 떠받들지 않으면 안 된다고 그(녀)들은 생각한다.

이런 원리주의적인 성격을 지닌 광범한 집단 가운데(나의 최근 연구에서 한 가지 예를 들자면), 지금의 도쿄도지사인 이시하라 신타로를 포함해도 좋을 것이다. 그는 지금의 일본경제력을 확고한 국민성의 덕택이라고 생각하고 있으며, 중국과는 대조적으로 "일본의 우월한 문화적 기질(ethos)에 의해서 우리들은 근대화에 성공했다"고 주장하고 있다. 이시하라는 분명히 그 우월한 문화적 기질이 일본 인종에 체현되어 있다고 생각하는 것 같다. 가령, 그는 일본에 있는 중국인 거주자가 때마침 저지른 흉악범죄에 대해 "민족적 DNA를 나타낸 것"이라고 표현했다.(이 책의 〈머리말을 대신하여〉 참조)

또한 이시하라와 더불어 '새로운 역사교과서를 만드는 모임'의 멤버들이 그 집단에 포함된다. 그들은 인권이나 평등, 민주주의라는 개념을 수입된 외래사상으로 규정하고, 이것들이야말로 범죄의 증가, 사회적 아미노 상태, 노동의 모랄 저하, 환경파괴 등의 원흉이라고 생각한다. 그(녀)들은 오늘날 일본의 주된 과제가 사회'질서'의 회복이며, '질서'를 회복하는 열쇠는 '조상이 물려준 지혜'를 회복하는 것이라고 주장한다.

"일단 하나의 공동체가 이슬람의 가르침을 수용하면, 그 사람들의 생명은 그 후 계속 일정하게 이 가르침에 감화되어간다.……그야말로 이런 이유에 의해서 지구상의 무슬림은 항상 비무슬림 사회에 대해 도덕적인 면에서 우위를 지켜왔다"고 쓴 고(故) 압르 알라 알 마우두디와 같은 이슬람 이론가의 저작 안에서도 마찬가지 요소를 발견할 수 있다. 또한 오스트레일리아의 역사가 조프리 블레이니(존 하워드 수상이 자주 인용하는 학자)의 평론 안에서도 마찬가지 요소가 발견된다. 블레이니는 "오스트레일리아의 중요한 특질들—민주적인 정부, 언론의 자유, 신앙의 자유—중 대부분을 아시아나 제3세계는 공유하고 있지 않다"고 주장했다. 또한 블레이니는 19세기 '(오스트레일리아) 건국의 아버지' 헨리 파크스의 "동포의 심홍색 실이 우리들을 이어주고 있다"라는 말을 인용하면서 "이 심홍색 실은 모든 국민에게 둘도 없이 소중한 것인데도, 최근 6년간(즉 1970년대 말부터 1980년대 초에 걸쳐서) 오스트레일리아 정부가 아마도 고결한 의도에 바탕을 두고 한 일이겠지만, 이 심홍색 실을 끊으려고 해온 것에 우리는 강한 우려를 갖기 시작했다"라고도 주장하고 있다.[2]

이런 견해와는 대조적인 입장을 '다원주의(pluralism)'이라고 부를 수 있을지 모른다(여기에서는 이 말을 통상과는 어느 정도 다른 의미에서 사용하고 있다). 이 입장은 개개인의 문화적인 아이덴티티를 복합적인 것으로 파악해서, 하나의 국가나 단일한 '문명'이 결합할 수도 있고, 한 번에 다종다양한 것—확대가족, 사업상의 집단, 젠더, 종교집단, 세대, 언어집단 등—과도 결합할 수 있다고 생각하는 입장이다. 또한 이 입장은 동일한 사람일지라도 역사적 환경이 다른 경우 서로 다른 아이덴티티가 성립하며, 아이덴티티를 표명하거나 강화하기 위해서 사용되는 중요한 심벌은 끊임없는 선택이나 교섭의 산물이라고 생각한다. 따라서 이 심벌들은 시간이 경과하면서 급격하게 변화하는 것이 가능하며, 동일한 심벌이 하나의 집단 가운데서조차 전혀 다른 것을 의미할 가능성도 있다. 이 입장의 논리에 따르면 아이덴티티란 확고부동한 것이 아니라 세대가 바뀔 때마다 새롭게 형성되는 것이다.

이 광범위하고 다종다양한 다원주의자 집단 안에 일본의 역사가 아미노 요시히코(網野善彦)를 포함시켜도 좋을 것이다. 그의 연구는 '일본인'의 기원을 찾는 방향, 즉 인종성(ethnicity)이라는 확립된 개념을 배제하며, 내이션(nation)과 종교라는 경계선을 초월한 아이덴티티의 가능성을 찾는 데 초점이 맞추어져 있다. 또한 모로코의 연구자 겸 작가인 파테마 메르니시도 이 집단에 포함될지 모른다. 그녀는 줄리아 크리스테바와 함께 '가리브(gharib)' 즉 '알지 못하는 자'나 '이방인'이 더 이상 위협의 대상이 아닌 세계를 환기시키려고 노력한다. 이것은 공포심에서 희망으로의 여행이며, 아랍어의 '하얄(khayal)', 즉 '자기 자신의 내부로 물러서지 않고 집단에게 감시되지 않는 자유로운 장'이라는 상상력의 전통을 일깨워주고 있는 것이다. 세계의 또 다른 한편에서, 이런 다원주의는 오스트레일리아의 연구자 갓산 하지의 '다문화적인 현실'에 대한 분석에서도 발견할 수 있다. '다문화적인 현실'이란 오스트레일리아에서 '의문의 여지없이 널리 퍼진 다문화간의 상호작용'을 말한다. 하지만 이 말을 통해서 하지가 지적하고자 하는 바는 이 같은 상호작용의 전부가 아무런 문제도 없다는 것이 아니다. 오히려 그는 그 현실을 다수의 사람이 승인하고 있다면, 공적인 논의의 장에서 논할 필요도 없지만 논평할 필요도 없다고 주장하고 있는 것이다. 그것이 하지에게 의미하는 바는 오스트레일리아가 지닌 다양성이 현 보수당 정부의 '다문화주의정책으로부터의 도피' 등으로는 전도할 수 없을 정도로 확고한 것이라는 점이다. 연방 정부가 어떠한 정책 결정을 시행하더라도, "문화적 다양성은 미동도 하지 않을 것이다. 이 다양성을 인정하면서 통합하는 것이 필요하다. 그러면 보다 많은 이민자들이 정치라는 게임에 참여하고자 할 것이다. 어떤 동화정책도 파시즘적인 억압 없이 이런 현실을 움직일 수 없는 것은 이상의 이유 때문이다." 사회적 맥락은 조금 다르지만, 이런 다원주의적인 발상은 오스트레일리아의 시인인 고(故) 케빈 길버트(그 자신도 소수인 아보리지니이다)가 인터뷰한 어떤 아보리지니 노인의 말에도 드러난다. "아보리지니의 민족성이라고요? 그것은 당신이 스스로 만드시오. 그렇지 않으면, 당신은 아무것도 갖지 못할 것이오."

내가 여기서 사용하고 있는 '다원주의'는 이 말이 통상 사용되는 정치적인 다원주의와는 분명히 다른 의미를 지니고 있다. 또한 그것은 일반적으로 사용되는 의미에서 '다문화주의' 혹은 '문화상대주의'도 아니다. 즉 그것은 가치나 아이덴티티가 부여된 것이 아니라 만들어진 것이라는 인식에서 출발한다. 또한 그것은 인간사회가 인간이 지닌 가능성을 좁히는 것이 아니라, 넓히는 데 역할을 해야 하며, 풍부하고 다양한 전통을 계승해가야 한다고 생각한다. 따라서 내가 사용하는 다원주의란 다양한 국가나 소수민족 사이의 마찰, 혹은 각각의 사회 내부의 마찰이 '문명'이라는 불변하는 개념의 배후로 숨는 것이 아니라, 건설적인 상호교류나 적응에 의해서 해결이 가능하다는 사고방식을 가리키는 것이다.

내가 제창하고자 하는 패러다임에서는 역사나 이데올로기가 끝나지 않았다. 그 대신에 문화의 핵분열이나 냉전이라는 적대관계의 종결과 동반하여 새로운 이데올로기의 대립(즉 원리주의나 다원주의 사이의 대립)이 일어나고, 그것이 옛날의 자본주의나 공산주의 사이의 대립과 마찬가지로 중대한 위협으로 다가오고 있다. 이 이데올로기상의 마찰은 헌팅턴이 '문명'권이라고 부른 지리적 경계선의 사이에서보다 그 내부에서 일어나고 있다. 예를 들어 이집트나 터키와 같이 비판적인 지식인이 이슬람 원리주의와 싸우는 상황이나, 인도와 같이 간디의 전통과 힌두 지상주의가 마찰하는 형태로 나타나고 있다. 일본이나 내가 사는 오스트레일리아(이 나라에서 아시아와의 결합에 관한 인식의 고조는 헌팅턴의 문명의 파워에 관한 구상과 결과적으로 충돌을 일으키고 있다)에서도 일어나고 있으며, 그리고 점차 미국에서도 일어나기 시작했다.

이런 마찰이나 충돌에서 특히 주목해야 할 점은 세계의 여러 지역에서 원리주의가 서로 공포심을 부추기고 있다는 것이다. 이슬람 사람들이 서양에 대해 무신론적이며 물질숭배의 사회라고 여기는 스테레오타입이 그에 대항하여 서양 사람들이 이슬람에 대해 광신적이고 불합리하다고 생각하는 스테레오타입을 보완, 강화하고 있다. 마찬가지로 미국인들이 일본인에 대해 혼이 없는 인간 로봇으로 생각하는 스테레오타입이 무능한 실업자나 흉악한 범죄자로 미국인을 여기는 일본인들의 미국인에 대한 스테레오타입을 보완, 강화하고 있는 것이다.

또 한 가지 주목해야 할 점은 이 전지구적인 원리주의의 레토릭 안에서 젠더가 맡고 있는 중심적인, 때로는 역설적이라고 할 수 있는 역할이다. 가령 일본의 경우, 최근 대중적 민족주의의 발흥에 불을 당긴 결정적인 레토릭의 핵심은 중국의 증대하고 있는 힘도, 미국과의 경제마찰도, 북한(조선민주주의인민공화국)의 군사적 위협도 아니라, 이른바 '종군위안부'문제인 점은 매우 시사하는 바가 크다. 즉 제2차 세계대전이 종전될 때까지 일본 병사들의 성적 관계를 강요받으며 군 시설에 수용됐던 식민지 출신의 여성들이 명예회복을 요구하는 운동이 대중적 민족주의를 자극했다. 스즈키 유코(鈴木裕子) 등의 연구자가 지적하고 있듯이, 성적 착취를 목적으로 한 이 군대제도는 실제 그 출발 시점부터 자국의 여성에 대한 억압적이며 가부장적인 가족국가 이데올로기가 작용하는 부정적인 존재였다. 따라서 위안부들의 증언이 공개된 것은 이 증언들이 야기한 심한 반발의 정도에서 알 수 있듯이, 국민체(nationhood)가 지니고 있다고 믿는 암묵적으로 확립된 이미지에 대한 도전이었던 것이다.

한편, 오스트레일리아에서는 이민과 다문화주의를 둘러싼 논쟁뿐만 아니라, 1995년(4월 28일)에 포트 아서(Port Arthur) 지역에서 발생한 학살사건 이후, 총기의 소유권을 둘러싼 논쟁이 중요한 계기가 되어 핸슨니즘이 발흥하기 시작했다. 1997년에 익명으로 씌어진《폴린 핸슨—그 진실》(이 책은 핸슨니즘의 근저에 깔려 있는 사상과 관련해 공간(公刊)된 것으로서 가장 포괄적으로 기술되어 있다. 익명의 저자는 핸슨의 어드바이저 중 한 사람이라고 생각된다)의 대부분이 총기 소유권에 관한 격렬한 레토릭으로 채워져 있으며, 그 안에서 반자동식 소총의 '징발'을 진행하는 정책(수거한 총기를 개조하여 살상능력을 낮추는 것)은 "실질적인 문제로서 남자들에 대한 거세"라고 비유하고 있다. 또한 마릴린 레이크가 지적했듯이, '원내이션' 당의 활동은 그 당의 리더가 여성이라는 상징성에도 불구하고, "남성성의 상실, 즉 실업과 이미 과거가 된 영광, 권력상실, 그리고 최근에는 국가의 주권상실에 대한 비탄과 같은 정서적인 힘에 촉구되어 활발해졌다."

최근 서구의 여러 나라에서 분출하고 있는 '이슬람 때리기'는 국가, 인종, 젠더와 같은 복합적인 힘의 요소가 상호작용하여 영향을 미치고 있는 듯하다. 한편, 이슬람을 향한 적의의 중요한 원인 가운데 하나는, 이슬람이 여성의 지위를 폄하하고 있다는 것이다.—분명 탈레반 정권 아래 아프가니스탄에서 대단히 두드러졌던 것처럼, 거기에서는 정치지도부가 이슬람의 교의를 이용하여 여성의 권리에 대해 극단적이라고 할 만큼 침해했다. 그러나 그와 동시에 미국이나 유럽, 오스트레일리아 등의 지역에서 분출하는 '이슬람 때리기'의 한 가지 공통적인 형태는 그것이 남성들을 직접 향한 것이 아니라, 공공의 장소에서 머리나 얼굴을 가리는 행위를 받아들이는 여성들에 대한 공격의 성격도 지니고 있다.

4. 평화를 위한 준비

세계무역센터와 펜타곤에 대한 공격 직후, 내가 들은 가장 현명한 코멘트는 그 이름조차 알지 못하는 한 여성의 말이었다. 모든 미디어가 미국과 다른 국가들은 어떻게 전쟁 준비를 해야 하는가라는 화제에 집중되어 있던 데 비해, 이 여성은 "평화를 위한 준비를 해야 하는 것이 아닐까"라고 문제제기했던 것이다.

내가 생각하기에, 이 코멘트 중에서 가장 중요한 부분은 '준비를 한다'라는 표현이다. 바꿔 말하자면, 유의미하고 평화적인 해결은 내셔널리즘적인 과잉반응이나 불필요한 폭력에 대한 혐오감만으로 가능한 것이 아니다. 또한 데모나 신문에 투서하는 것과 같은 수단으로 혐오감을 표명하는 것만으로 만들어지는 것이 아니다. 실제 평화는 토대부터 쌓아올려 끊임없이 재건해가야 하는 것이다. 냉전시대로부터 계속 이어져온 방어나 안전보장 시스템이 21세기의 테러리즘에 대응하기에는 부적절하듯이, 냉전시대로부터 계승한 평화운동이라는 형태도 현대의 군사주의나 원리주의에 저항하기에는 적절하지 않다. 1970년대와

1980년대의 평화운동은 여성의 실천이 중심이 되어온 경향이 있었다. 그 점에서 당시의 평화운동은 페미니즘과 밀접하게 결합되어 있었고, 그 후의 정치를 지배하게 될 '새로운 사회운동'의 원형으로까지 여겨졌다. 그린엄 코먼의 여성들과 같이 영국에서 풀뿌리 반전운동을 오랜 기간에 걸쳐서 계속해온 집단의 활동이 일반 사람들의 기억에서 사라진 오늘날에도, 여성 그룹들은 많은 장소에서 평화운동의 중요한 위치를 차지하고 있다. 일본에서도 최근 거의 유일하다고 할 수 있는 평화운동, 즉 오키나와기지(基地) 반대운동에서 여성 그룹들이 중심적인 역할을 담당하고 있는 것은 주목할 만하다. 여성들이 평화운동의 변화에 발 빠르게 적응할 수 있었던 이유는 이들이 노동조합이나 좌익적 조직 안에서 오랜 기간 주변적인 존재였기 때문이다. 그로 인해 새로운 정치형태의 발전을 저해하고 있는 제도적 당파적인 유산으로부터 비교적 자유로울 수 있었다.

그러나 지금은 무엇인가 좀더 다른 형태도 필요하게 된 것이 아닌가 싶다. 우리들은 어느 정도 범위가 한정된 유럽중심주의적인 많은 패러다임을 넘어서서 '새로운 사회운동'을 하지 않으면 안 된다. 만약 '전쟁을 위한 준비'가 대규모의 다국적군을 편성한다면, '평화를 위한 준비'는 다종다양한 정치적 배경을 지니며, 다른 정치적 사회적 시점을 지닌 다양한 국가의 다양한 사람들이 생각을 공유하고 대화를 나누며, 서로 가르침을 주고받으며, 억압과 폭력에 대해 함께 저항하는 것이 필요하다. 거기에서는 국경을 초월한 커뮤니케이션 네트워크를 구축하는(아직은 여전히 곤란한) 작업이 가능하게 될 것이다. 나는 최근에 원리주의와 다원주의 사이의 충돌이 반복되는 가운데, 예고 없이 우리들에게 밀어닥친 위기에 대해서 일종의 '즉각 대응하는 힘', 즉 현대의 통신기술을 활용하고 사상이나 정보 등 여러 형태의 저항을 신속하고 효과적으로 동원하며, 국경을 초월한 네트워크의 필요성을 통절히 느끼게 됐다.

　존 W.부시의 말을 비꼬아 말하자면, 평화를 위한 준비는 긴 과정을 거쳐야 한다. 그것에는 인내와 결단력이 필요하다. 그러나 그것을 위해서는 부시가 아니라, 파테마 멜르니시의 저작《이슬람과 민주주의》에서 묘사하고 있는 두 가지의 자질이 필요하다. 멜르니시는 걸프전쟁 이후에 대해서 기술하면서 "공포를 경험한 바가 있다면─또한 깊은 우울을 맛본 사람이라면 누구나 그 일을 알고 있다─공포로부터 자유로워질 수 있다"고 말하고 있다. 바꿔 말하자면, "위험을 무릅쓰고 알지 못하는 세계로 뛰어드는 것이 우리들 주변에서 일어나는 것 중에서도 가장 위험성이 적은 것이라는 확신을 갖는다면" 사람은 일어설 수 있는 것이다. 같은 책의 마지막 부분에서 그녀는 "나는 구제하기 힘들 정도의 낙관주의자이다. 지금이야말로 과거의 어떤 시대보다 한층 더 좋은 세계를 만들 절호의 기회가 찾아왔다.……피해망상에 젖어서는 안 되며, 이런 비참한 세기가 있을까 하는 비탄에 빠져서도 안 된다. (물론 여기에서 멜르니시는 20세기에 대해서 진술하고 있지만, 나는 이 말을 21세기에도 적용해보고자 한다.) 멋진 세기이다.……무기를 감축하고, 더욱 연구해야 하지 않을까. 나는 기쁘게 여행하며 돌아다닐 수 있는 세계가 곧 건설되리라고 믿으며 거기에 참가했던 것을 자랑스럽게 여길 수 있을 때가 반드시 도래할 것이다. 그런 세계를 바라는 사람들의 들리지 않는 목소리가 헤아릴 수 없을 만큼 존재한다는 것을 나는 알고 있다."

글로벌한 기억, 내셔널한 기술

1. 내셔널리즘의 전지구화

영국의 정치평론가 에드워드 히스코트 애모리는 얼마 전, 잡지《스펙테이터》에 기고한 글에서 영국의 존재를 위협하는 '세 가지의 위협'을 지적하고, 그것에 경종을 울린 바 있다. 애모리에 따르면, 영국의 존속을 위협하는 하나의 동향은 유럽공동체와 그 관료기구가 점차 세력을 확대해가고 있다는 사실이다. 두 번째 위협은 '각 국민국가 정부가 시장을 받들어 모시는' 경제의 전지구화이며, 세 번째는 애모리가 '일군(一群)의 유력한 역사가들이 묘사하는 역사상(歷史像)의 대두'라고 지칭한 현상이다.[1] 애모리가 여기에서 염두에 두고 있는 역사가란 노엘 말컴(Noel Malcolm)이 '구축주의자(constructionist)'라고 부른 사람들, 즉 '사건의 작위성을 간파하는 탁월한 통찰력'을 지녔다고 자부하는 사람들을 가리킨다.[2] 애모리에 따르면, 이 같은 역사가들을 진두지휘하는 역할은 예일대학의 린다 콜리 교수가 맡고 있다고 한다. 콜리의 저서 《대영제국의 사람들 — 만들어진 국민 1707~1837》은 영국과 스코틀랜드의 통합에서부터 워털루 전쟁에 이르는 동안에 '브리티시(British)'라는 국민의식의 형성과정을 박진감 넘치게 그려낸 것으로 유명하다.[3] 《스펙테이터》의 기사는 콜리와 같은 구축주의자는 영국인의 장래에 위험한 존재라고 주장한다. 그와 같은 역사는 한 국민의 아이덴티티가 발명됐다는 사실을 폭로하고, 그 아이덴티티의 취약함 — 계속 발명될 만한 힘을 가지고 있는지, 아니면 두 번 다시 발명될 힘이 없는지 — 까지 백일하에 드러냈으며, 지역주의나 인종의 집단의식과 같은 분리주의적인 운동에 힘을 부여하고, 넓게는 사회 전체를 분열시킬 위험이 있기 때문이라고 한다.

애모리의 기사에서 흥미로운 내용은 이 글이 최근 내셔널리즘의 레토릭에서 주장되어온 몇 가지 중요한 테마를 신중한 표현으로, 명쾌하고 일괄적으로 제시하고 있다는 점이다. 이와 같은 레토릭은 1980년대 후반 이후, 더욱 두드러지게 나타난 것이지만, 거기에는 실로 놀랄 만한 공통성이 있다. 수긍하기 어려운 그 공통성이란 다름 아닌 이 레토릭이 지닌 국제적인 성격이다. 내셔널리스트들의 시선은 항상 국내에서 자신들 국가만의 특유한 점으로 여겨지는 문제에 쏠려 있다. 그럼에도 불구하고, 그 논리와 사유가 향하는 지점은 그것이 런던에서 발화된 것이든, 마르세유, 브리즈번, 도쿄, 콜로라도의 덴버에서 발화된 것이든 상관없이 놀라울 정도로 균일하다. 다시 말해, 이것은 세계 지도 위에 점점 넓혀가는, 각 결절점(結節點)을 연결하면서, 그 범위를 점점 넓혀가는 전지구화 현상의 한 조류를 반영하고 있다는 것이다. 내셔널리즘의 전지구화라고 말할 수 있다.

물론, 전지구적인 차원의 내셔널리즘에 관한 논의는 새롭거나 특별히 역설적이지도 않다. 구축주의자의 교조인 베네딕트 앤더슨이 선명하게 풀이한 것처럼, 18세기와 19세기의 내셔널리즘이 커진 시기는 교역과 이민, 커뮤니케이션이 세계적 규모로 확산된 바로 그때였다. 예를 들어, 신문, 소설, 박물관, 거대한 기념탑이 지구 어디에서나 모사(模寫)됐던 것이다.[4] 어느 나라에서나 국립박물관의 외관이나 국가(國歌)가 서로 비슷한 것은 다름 아니라 이것들이 동일한 국제 기준의 형식에 따라서 만들어진 것이기 때문이다. 이 형식을 따르면, 자(自)와 타(他)의 비교와 대비가 용이하게 된다는 특성을 지니고 있다. 전지구적 틀이 만들어짐에 따라서 세계 균일의 쇼케이스(show case)가 생기고, 이 쇼케이스 안에서 내셔널한 특성을 사람들의 눈에 한층 알기 쉽게 전시하는 것이 가능했기 때문이다.[5]

마찬가지로 1990년대의 내셔널리즘 또한 국제적 속성들을 공유하고 있다. 그 하나는 내셔널리즘이 라디오, 텔레비전, 인터넷 등의 전지구화된 미디어를 통해서 스스로를 표현하고 있기 때문이며, 다른 하나는 내셔널리즘의 입장 자체가 국제화하는 상황에 대한 반응이기 때문이다. 오늘날의 무역이나 투자, 이민의 세계적 네트워크는 원래 오랜 역사적 계보를 거쳐서 형성되어온 것이다. 그럼에도 불구하고, 그것은 냉전 후 독자적이고 새로운 길을 걸어왔다. 그렇게 보면, 새로운 국제적인 내셔널리즘도 또한 종래의 이데올로기적인 전통 위에 서 있으면서, 그 전통을 특이한 세기말적 스타일로 고쳐 쓴 것이라고도 할 수 있을 것이다.

지구상의 비교적 풍요로운 나라에서 일어난 1990년대의 내셔널리즘은 전지구화, 국민적 아이덴티티, 역사와 기억의 3자가 결합하는 관계에 모두 영향을 끼치고 있다. 그것은 '코스모폴리탄'의 엘리트가 뿌려

놓은 부식성의 냉소주의로부터 '자생적'이고 '상식적'인 국민상(國民像)을 사수하려는 독특한 대중영합주의를 내세운다.[6]

이 논자들에게 위기에 직면한 국민의식이라는 감각이 한층 심각하게 느껴진 것은 엘리트들이 국가의 아이덴티티를 경시하고 전지구화의 동향과 결탁하고 있을 뿐만 아니라, 국내의 소수파들과 손을 잡으려는 것처럼 보였기 때문일 것이다. (미국의 평론가 조셉 소브란의 표현을 빌리자면) '에일리어니즘(alienism. 소외자주의)'—"이국인, 배제된 사람, 수탈당한 사람, 중심에서 벗어난 사람의 편을 들고, 자국민의 기본적인 모든 제도를 파괴하면서까지 '새로운 사회를 건설하자'며 분주히 움직이는 것과 같은 편향"—이 해를 끼치고 있다는 것이다.[7] 새로운 내셔널리즘의 상상력이 더욱 극단적으로 발휘되면, 엘리트와 소수자 사이의 동맹은 '상식'에 도전하는 정도가 아니라, '정치적 정당성', '마인드 컨트롤', 그리고 마침내는 '대학사상 경찰' 활동 등의 특수 기술을 사용하여 무리하게 '상식'을 짓밟으려 한다고까지 여겨지는 모양이다.[8]

한편, 1990년대 내셔널리즘의 레토릭은 점차 복잡해지면서 반항조차 할 수 없을 것만 같이 여겨지던 전지구적인 자본주의 질서에 대한 대항으로서 대중적으로 수용되는 반향을 일으켰다. 하지만 각 지역의 정치 정세에 대응하여 내셔널리즘이 지지되는 폭은 한결같지 않다. 이 한 가지의 지적만으로도 1990년대 내셔널리즘은 주도면밀하게 음미할 필요가 있다고 할 수 있다. 그러나 이 점의 중요성은 거기에 그치지 않는다. 1990년대 내셔널리즘이 역사 그 자체의 현재적 의미란 과연 무엇인가에 대해서 평상시는 언급된 일이 없는 심각한 문제를 제기하고 있기 때문이다. 그런 논의는 어느 날 갑자기 (그 나라의 역사 안에서) 지극히 특정한, 그리고 감정을 자극하기 쉬운 역사적 쟁점과 관련한 사회적 논쟁이 일어나면서, 그 논쟁의 주변에서 진행되는 경우가 많다. 예를 들어, 영국의 아이들은 플로렌스 나이팅게일이나 알프레드 대왕의 위업에 관해서 배워서는 안 되는가, 일본의 교과서는 '위안부'에 대해서 언급해서는 안 되는가, 오스트레일리아의 아보리지니는 인육을 먹는 인종이었을까, 미국의 학교에서는 매카시즘이나 KKK(Ku Klux Klan. 백인우월주의의 폭력적 집단)에 관해서 (만약 가르친다면) 어느 정도까지 가르쳐야 하는가와 같은 상황에서 말이다. 그러나 이와 같은 고유한 논쟁들의 배후에는 보다 커다란 문제가 감추어져 있다. 역사적 사실이란 무엇인가, 역사의 증언이란 무엇인가, 그리고 오늘날의 세계에서 역사란 어떠한 의미를 지니며, 어떠한 사회적 기능을 담당하고 있는가와 같은 심각한 문제제기가 바로 그것이다.

2. 자학사관과 유죄의 국민

프랑스의 역사가 미셸 르루아는 말한다. "서양은 마치 고해자(告解者)와 고행자의 행렬이 뒤섞인 스페인 세빌랴의 거리와 같다. 그들의 얼굴은 자기 상실의 모습을 알리기라도 하듯 가면을 쓰고, 자기의 죄를 말해주는 무거운 십자가를 지고, 스스로의 죄과를 고발하기에 바쁘다."[9] 이 말은 《콤플렉스 없는 서양》(L'Occident Sans Complexes)이라는 인상적인 타이틀의 책에서 나온 것이다. '로를로지 클럽(Club de L'horloge)'이라고 불리는 보수파 학자그룹이 1987년에 공간한 이 책은 내가 논하고 있는 내셔널리스트의 레토릭 가운데 비교적 이른 시기에 발표된 대표적인 것이다. 이 책은 자주 '서양'이라는 표현을 사용하고 있지만, 결국 프랑스 국민에 관해서 논한 책 외에 다름 아니다.

서양은 '정신적 에이즈'에 시름하고 있다고 르루아는 진단한다. 그것은 서양으로부터 '면역시스템'을 빼앗고, '확장해가는 다른 국민이나 문명에 대해서 스스로의 아이덴티티와 일체성을 지닌' 힘을 빼앗아버렸다.[10] 그러나 이 병의 치료법은 '서양'이 초국가적인 연합을 형성하고, '타자'에 대응하는 데 있는 것이 아니다. 국민이 스스로를 자생적이고 역사적인 공동체로서 재확인하지 않으면 안 된다. 디디에 모파스는 같은 책에서 서양 정신의 병리적 원인은 전통적인 '동포애' 신앙 대신에 '차이'라는 유행이 만연한 데 있다고 논하고 있다. 단 하나의 처방전은 "사람이 이웃에 둘러싸여 스스로를 재발견할 수 있도록 자생적인 공동체를 복권하는 데 있다. 동포애는 친근감에서 생겨난다. 따라서 동포애를 회복하기 위해서는 가족, 직장이나 자원봉사 등의 공동체, 그리고 생활권 · 지방 · 국가 차원에서의 애국심을 활성화하는 데 있다."[11] 이와 같은 복권의 범주에는 국민의 역사를 복권하는 것도 당연히 포함되어 있다. 그것은 이본 브리앙도 언급했듯이 국민이란 단순히 지리적 또는 정치적 개체라고만 볼 수 없기 때문이다. "프랑스란 무엇보다도 우선 역사적 현실인 것이다."[12]

이와 같은 견해에는 20세기 말의 내셔널리즘이 안고 있는 본질적인 불안감이 드러나 있다. 다국적 기업, 전지구적인 규모의 투기, 초국가적인 관료행정기구가 국민국가의 권력을 엄습하려는 것으로만 보일지라도 사태는 대단히 나빠진다. 그러나 최악의 경우는 국민국가의 이미지 자체가 그 유기적인 일체성과 도덕적인 권위를 폄하하는 세력에게 내외로부터 침식되고 있다는 것이다. 바꿔 말하면, 한편의 인간이 느끼는 물리적인 근접감과 다른 한편의 아이덴티티와 귀속의식을 잇는 기반이 사람의 이동과 국제적인 정보 네트워크 때문에 동요하고 있는 것이야말로 문제인 것이다. 아이덴티티, 선조, 장소의 3자가 결합한 관계가 증대시키는 착종에 의해서, 오늘날 사람들은 과거와 관련한 다양한 해석에 혼란을 느끼고 있다. 그렇다고 본다면, 교육제도를 이용하든, 국영방송 네트워크나 박물관, 국민적 행사나 기념의식 등을 통해서든, 국민국가가 그 손안에 국사를 틀어쥐는 것이 점차 곤란해져가고 있다고 할 수 있다.

원래 과거에 관한 서사는 언제나 중층적이다. 국왕이나 여왕의 기억이 소작농이나 떠돌이 극단패의 기억과 같다고는 단정할 수 없다. 즉 국사를 쓴다는 행위는 항상 서로 경쟁하는 미완성의 과정일 수밖에 없다. 20세기 중엽에는 대중사회의 출현으로 인해 '위로부터의 역사'라는 일국(一國)의 전통적인 역사관에 대한 반성이 필요해졌으며, 국민을 더욱 넓게 포섭하는 '아래로부터의 역사'가 주장됐다. 그러나 오늘날 이민관리국은 외국인의 입국을 저지하기 위해 국경(國境) 순찰에만 애쓰고 있는데, 과거에 관한 서사는 국경을 훌쩍 넘어서는 불길한 마력을 지니고 말았다. 최근 과거에 관한 서사는 국민적 대(大) 역사의 틀로는 도저히 가둘 수 없는, 온갖 역사를 산더미 같이 쌓아올린 바벨탑을 구축하고 있다.

이런 새로운 움직임은 종래의 국사 틀 안에 지금보다 더 많은 서사의 장을 부여하자고 주장하고 있는 것만이 아니다. 그것은 동시에 국가 경계선의 바깥에서부터, 전쟁에 패한(혹은 승리한) 적국의 입장에서, 식민지가 된 신민의 눈으로부터, 불공평한 무역 상대국의 시선으로부터, 국사를 새롭게 고쳐 쓸 것을 요구하고 있는 것이다. 따라서 그것은 한 나라가 특정한 과거를 점유하는 것에 대한 항의이며, 시민과 국사의 관계에 대하여 당혹스러운 의문을 제기하고 있다. 과거의 어떤 단편이 '나의 것'일까, 국가의 승리와 비참함에 나는 어떠한 의미에서 책임이 있는 것일까. 더구나 애모리도 지적하고 있듯이, 전지구화의 진전과 함께 서브 내셔널한 인종적 아이덴티티가 소생한 것도 문제를 한층 복잡하게 만들고 있다. 전지구적인 시점에서의 도전과 서브 내셔널한 시점에서의 도전은 실은 연관되어 있는 경우가 많다. 스코틀랜드와 웨일스의 내셔널리즘이 유럽통합에 의해서 한층 현재화해진 것도 그 한 예이며, 세계 각지에서 선주민의 인권운동이 활발하게 된 것도 그(녀)들의 역사와 미래를 논의하는 국제적 포럼이 설립된 것과 관련되어 있다.

르루아가 자학적 행위를 하는 얼굴 없는 고행자의 행렬이라고 생생하게 그린 이미지는 이렇게 1990년의 역사논쟁 안에서 계속 반복되어 왔다. 미국에서는 역사교육에 있어서 새로운 평준화의 작성(역사 교사들이 작성한 〈학습지도요령〉과 같은 것)을 위한 시도가 정치적인 반발을 불러일으켰다. 예를 들어, 공화당의 대통령 후보 밥 돌은 이 논쟁을 "미국을 더럽히고 서양의 사상과 전통을 부정하는……충격적인 캠페인"이라고 부르는 등, 역으로 역사교육의 반동화 현상을 낳았다.[13] 오스트레일리아에서는 보수파 역사가 제프리 블레이니가 국사의 '상장(喪章)=자학' 사관의 출현을 우려했고, 이 표현은 그 후 존 하워드 수상에 의해서 증폭됐다.[14] 일본에서는 수정주의 입장의 '자유주의사관연구회'가 1999년 12월에 설립되어, 이 국가의 역사교육이 일본 청소년의 가슴에 '자학적인 역사관(자학사관)'을 심어주고 있다고 비난했다.[15] 영국의 보수 평론가 스테판 셰익스피어는 영국의 역사책에 대해 말하기를, '억압을 묘사한 호세(豪勢)한 누더기'가 뒤섞인 영국의 역사상을 독자에게 제공하고 있다고 한탄했다.[16]

역사에서 이와 같은 자기 부정의 이미지가 계속 환기된 것은 특히 두 가지의 논의에서 영향을 받았기 때문이다. 그 하나는 국민적 죄업과 국민적 사죄라는 문제이다. 1990년대는 '죄가 있는 국민'이라는 이름의 요괴가 방황했던 시대이다. 그 원인은 다양한 국사관의 등장으로 단순하지만 실로 성가신 의문이 생겼기 때문이다. 정부나 시민이 국민적 과거의 영광을 칭송하려면, 과거의 실패나 과오를 부끄러워하는 생각도 표명해야 하는 것이 아닐까, 혹은 어느 독일인 저널리스트가 한 말을 인용하자면, "베토벤이 나의 마을에 태어났던 것을 자랑스럽게 생각한다. 그렇다면 (가령, 그 시대에 태어나지 않았다고 해서) 홀로코스트는 '나의 과거'가 아니기 때문에 알지 못한다고는 독일인으로서 말할 수 없다"라고.[17]

국경의 외부로부터, 혹은 오래도록 망각된 '내부의 국민(Nations within)'으로부터 커져가는 목소리는, '옳았던(正) 국민적 과거의 부분을 경축하려면 동시에 잘못된(負) 부분도 제시하고 청산해야 하지 않을까'라는 의문을 제기했다. 이렇게 독일 정부와 체코 정부는 전쟁 중의 범죄행위를 서로 사죄하고, 클린턴 대통령은 의학실험으로 '모르모트(실험용 동물)'가 된 아프리카계 미국인에게 사죄했다. 1993년에는 당시 일본의 호소가와 수상이 "(일본의) 침략과 식민지 지배로 많은 분들이 입었던 참을 수 없는 고통과 슬픔에 대해서 깊이 사죄"한다고 밝혔다. 1997년에는 영국 여왕이 과거 영국인들이 뉴질랜드의 마오리민족에게 범한 수탈행위에 유감의 뜻을 표명한 문서에 서명했다. 캐나다에서는 제인 스튜어트 선주민 주무장관이 1998년 연두에 선주민에 대한 캐나다의 인종차별적인 자세와 정책에 대해서 '깊은 유감의 뜻'을 표했다.[18]

이 일련의 사죄행위는 어디까지나 신기한 현상이다. 하지만 이것은 국사를 어떻게 가르칠 것인가라는 예전부터 계속되어온 논쟁, 다시 말해 국가의 과거를 논의할 때 어떤 용어들을 사용해야 하는가라는, 이 또한 예전부터 이어져온 논쟁과도 연관되어 있다. 물론 역사교육의 내용과 방법을 둘러싼 논쟁은 공교육 그 자체를 둘러싼 논쟁과 더불어 옛날부터 계속 반복되어왔다. 그러나 최근 10년간의 이 논쟁에서는 과거와는 다른 새로운 정념(情念)을 보여주었다. 그 이유에는 몇 가지가 있다. 그 하나는 역사의 교수방법에 대해 국가를 초월하여 다양한 의견이 교환됐고, 자국의 과거를 '타자'를 둘러싸고 제기되어지는 불쾌한 질문으로부터 격리시켜둘 수 없게 된 사정이었다. '침략', '제노사이드(학살)', '침략 범죄'와 같은 용어를 외국인에 대해서는 제멋대로 사용하면서 '자기 나라의' 과거를 언급할 때는 배제시켜야 옳다는 말인가. 그 한 예를 들자면, 네덜란드에서는 국립전쟁문서관의 소장 르 데 용(Loe de Jong)이 인도네시아의 독립전쟁 중 네덜란드군의 행동에 대해 '전쟁 범죄'라는 용어를 사용해서 1980년대 격렬한 논쟁을 불러일으켰다. 데 용은 그 후 이 말을 철회하고 그다지 자극적이지 않은 '군사적 월권행위'라는 말로 바꾸었다. 그러나 1992년에 역사소설 《최후의 태풍》(*De Laatste Typhoon*)의 저자 그라 봄스마가 전후 인도네시아에 주재했던 네덜란드군에 대해서 "히틀러의 친위대라고는 할 수 없다"고 하면서도, 그 행위의 몇 가지는 친위대와 너무 닮아 있었다고 밝혀서 다시금 논쟁에 불을 지폈다.[19]

복잡해져가는 사회가 엮어내는 중층적인 기억을 자기완결적인 일국민의 운명이라는 서사로 정리하려는 작업은 이미 곤란해졌다. 앞으로 알기 쉬운 과거의 이야기로 회귀함으로써 문제를 해결하려는 사람이

나오더라도 이상한 일은 아니다. 영국의 학교 커리큘럼 및 평가위원회의 위원장 니콜라스 테이트는 1995년에 또다시 논쟁의 불씨를 지폈다. 역사 교사는 플로렌스 나이팅게일이나 넬슨 장군과 같은 위인들의 공적을 가르치고, 영국인의 아이덴티티를 육성하는 입장으로 회귀해야한다고 주장했기 때문이다. 테이트의 발언은 《타임스》의 공감을 불러일으켰고, 그 사설은 다음과 같이 지적했다. "《국왕과 전쟁》과 같은 영국사의 전통을 꺼리는 교육자는 자문자답해볼 필요가 있다. 역사적 사실을 확고히 하기보다도 계급투쟁을 벌이는 것에 지나치게 경도된 것은 아닐까라고."[20]

이 견해는 일본의 '새로운 역사교과서를 만드는 모임'의 주장과 불길할 정도로 닮아 있다. 이 모임을 설립한 후지오카 노부카쓰는 역사상 인간의 도덕성이나 영웅주의를 보여주는 교훈적인 일화를 제시함으로써 '마르크스주의의 교설'이 미친 오랜 영향에 대항하고자 한다는 포부를 밝히고 있다.[21]

그러나 국민의 아이덴티티라는 레토릭에 공통하는 기묘한 특징 중 하나는 이것들이 틀림없이 국경을 초월해 서로 공명하고 있음에도 불구하고, 논쟁의 참가자들이 판에 박힌 듯이 논쟁은 자기 나라의 고유한 문제라고 여기고 있다는 점이다. 마치 '우리나라'만이 국민해체의 힘에 위협받고 있으며, 다른 나라는 그 영향에서 벗어나 있다는 듯이 느끼고 있다는 것이다. 예를 들어 프랑스 국민전선의 이론적 지도자인 브루노 메그레는 위기에 직면한 프랑스에 위험한 나라 일본을 대치시켜가며, "강한 의무감, 사회에 대한 헌신적 정신, 유사종교화된 애국심"을 일본에 깊이 뿌리내리고 있는 가치관이라고 생각한다.[22] 메그레에 따르면, 일본과 같은 사회에서 자라난 자생적 내셔널리즘과 자신감을 통해서 썩어빠지고 점점 쇠퇴해가는 프랑스의 위기가 한층 선명해진다고 말한다. "세계가 변화하고 있다. 식민지였던 나라들은 독립을 쟁취했고, 극동에서는 공업화가 급속히 진행되고 있으며, 이슬람은 각성하기 시작했다.……프랑스만이 단말마의 상황에도 불구하고 태만하게 수면만을 욕심내고 있는 듯 보인다." 이 태만한 수면은 프랑스의 과거나 미래에 대해서 자신감을 상실해버린 데서 기인한다. "불과 얼마 전까지 프랑스의 어린 시민들은 프랑스가 세계에 기여한 모든 것을 학교에서 배웠다. 그러나 오늘날 우리들은 아이들에게 외국인이 조국에 기여한 것만을 가르친다. 과거에는 역사의 주체였던 우리나라도 오늘날에는 역사의 객체에 지나지 않는다. 프랑스는 역사를 쓰는 것이 아니라, 역사에 굴종하고 말았다."[23]

메그레의 선언서 같은 문장을 떠나서, 일본의 '새로운 역사교과서를 만드는 모임'의 문서나, 와타나베 쇼이치(渡部昇一), 다니자와 에이치(谷澤永一) 등 보수파 논객의 주장을 보면, 실로 기묘한 감정에 빠지게 된다. 이들 논객들이 주장하는 바는 일본인은 적어도 1960년대 초엽부터 미국의 프로파간다와 마르크스주의 이데올로기의 부정한 혼합물로부터 위협을 받고, 국민적인 자기혐오감에 빠질 수밖에 없었다는 것이다. 이런 문장들을 처음 보았을 때, 나는 주저함을 느끼지 않을 수 없었다.[24] 거기에는 다음과 같은 문장이 계속 이어진다. "지구상의 어떤 국가도 '모국어'와 '자국사'를 중시하고 있다. 모든 것은 '모국어'에 바탕을 두고 '자국사를 아는 것'으로부터 시작한다. 그런 위치 부여를 하고 있다. 그 세계에서 하나만이 무리로부터 벗어나 있는 나라가 있다. 일본이다."[25] "어떤 나라든지 자국사에 대한 일정한 미화·정당화가 존재한다. 어떤 나라도 자신의 나라를 번영·진보·발전시키고 싶어

한다."26) 모두가 악이라는 국사를 가르치고 있는 것은 일본뿐이다. 따라서 "일본은 세계에서 가장 약한 나라가 되고 말았다. 일본은 정의나 용기와는 전혀 관계가 없는 나라가 되고 말았다. '좋은 역사교육을 창조하지 않으면' '좋은 역사교과서를 만들지 않으면' 이 나라는 확실히 해체될 것이다."27)

3. 역사와 국민

이상의 문장들을 통해서 전지구적인 내셔널리즘에 공통하는 사고 패턴을 알 수 있다. 그것은 현대 세계에서 역사가 지니는 사회적 기능에 대해 암묵의 이해를 근거로 발언하고 있다는 것이다. 즉 국민적인 과거에 대한 지식과 긍지는 외부로부터의 위협과 안으로부터의 분열에 대항하여 '붕괴'를 막고, 국민의 유대를 강화하는 접착제처럼 여기고 있는 것이다. 역사에 기대하는 것은 도덕률의 견본을 제시하는 것이다. 역사는 마음에 호소하는 교훈을 전하고, 그것을 통해서 미래 세대의 시민적 기질을 단련시킨다. 더구나 그와 같은 역사는 집단적인 기억이지 않으면 안 된다. 그것은 국가라는 사회를 다룬 거대한 역사의 서사이며, 한 사람 한 사람, 가족, 지역이 보존하고 있는 기억을 다룬 무수한 작은 이야기는 퍼즐의 한 조각과 같이 이 거대한 서사의 어딘가에 끼워 맞추어질 장소를 제공받아야 할 것이다. 그렇다면, 국가의 과거라는 틀을 비판적인 견해에서 보면, 우리들의 부모, 조부모, 더 나아가서는 우리들 자신의 기억을 배반하는 것이 된다는 것이다.

그럼 이쯤에서 국민적 과거를 둘러싼 이와 같은 생각에 관해서 새롭게 음미해볼 필요가 있겠다. 이 문제는 오늘날의 '역사의 위기'와 관련한 보다 커다란 문제와 이어져 있기 때문이다. 과거 수세기에 걸쳐서 역사연구는 반드시 양립하지 않는 다양한 목적을 충족시키기 위해서 진행되어왔다. 중국과 같이 집권화된 대국(大國)에서는 씌어진 역사를 예로부터 윤리와 정치상 이념의 보고라고 여겼다. 역사는 현재에 어떻게 하면 과거의 잘못을 거듭하지 않을 것인가에 대한 가르침을 주거나, 혹은 현재 채택되고 있는 정치가 정통인가를 판단하기 위한 규범적인 문서의 집성으로서 역할을 해왔다. 한편, 국가라는 틀을 갖지 않은 작은 사회에서는 신화나 영웅전의 형태로 보존된 구전의 역사가 인간을 둘러싼 물리적 사회적 환경을 설명하는 데 도움이 됐다. 예를 들어, 오스트레일리아 아보리지니에 전하는 몽환 이야기는 지세를 가르치고, 복수의 가계(家系) 집단이나 언어집단을 결합하는 복합적인 사회적 네트워크를 전하는 것이다.

역사는 또한 지난 시간의 흐름에서 일정한 패턴을 발견하고, 그 패턴을 근거로 현재의 사회가 가게 될 결말을 가늠하는 작업이기도 했다. 예를 들어 13세기 일본의 연대기 작자 시엔(慈円)은 불교사상 중 업(業)의 변화라는 개념을 근거로 동요하는 정세의 변화를 읽으려 했다. 거의 같은 시대에 유럽에 살았던 '폰 프라이징(1111~58, 司教이자 역사편집자―옮긴이)'은 역사의 직선적인 진행을 인간의 연약함과 신의 구제가 점차 분명해지는 과정으로 여겼다.[28] 근대의 역사기술에 이르러서 역사변화의 패턴을 만들어내는 힘은 세속화됐고, 천명(天命)이나 신의 의지가 아니라 경제나 사회가 지니고 있는 역동성이 강조되기 시작했다. 특히 과거의 역사변화 패턴 안에 현재를 위치짓고, 그것에 의해서 현재를 이해하고 장악하고자 하는 욕망은 계속 이어졌다. 프랑수아 기조로부터 카를 마르크스, 아널드 토인비에 이르기까지 19세기와 20세기 전반에 씌어진 초역사적 서술은 모두 이 발상을 계승하고 있다.

역사는 이와 같이 다양한 형식으로 태곳적부터 존재해왔다. 그리고 근대의 역사기술이 국민국가의 형성과 깊이 관련을 맺고 발전해온 것도 사실이다. 우리가 과거를 이야기할 때 사용하는 기본적인 용어—'10년', '세기', '시대' 등—가 근대 국민국가의 윤곽이 형성되기 시작한 17세기에 등장한 것도 결코 우연이 아니다.[29] 국가에 의한 교육제도가 정비되고 난 후, 역사연구는 시민정신을 주형에 끼워 맞추기 위한 수단으로서 없어서는 안 될 것이 됐다. 동시에 그것은 근대 세계를 살아가는 시민이라는 존재가 지니고 있는 다양성도 짊어지지 않을 수 없었다. 첫째, 역사에 관한 지식은 시민이 사회생활에 참가할 요건이 되는 '문화자본(cultural capital)'으로서의 일부를 담당하게 됐다. 역사는 사람들에게 정치제도의 기원이나 실태를 가르치고, 정치적 레토릭에 가득 차 있는 역사로부터의 풍부한 은유의 의미를 가르쳤다. 그런 의미에서 역사는 가늠할 수 없는 가능성을 감추고 있다. 역사를 배움으로써 세상사나 일체의 사물이 어떠한 경위로 지금과 같은 상태나 모습이 됐는가를 알면, 그와 다른 경위도 존재할 수 있음을 상상할 수 있는 능력도 배양됐기 때문이다. 베네데토 크로체는 "역사의 기술은 역사로부터……사건이나 과거에 의한 예속으로부터 나를 해방한다"[30]고 말한다. 반면에, 역사교육은 국가의 영광을 찬양하고, 애국심을 배양하며, 외국인이나 식민지 사람들에 대한 우월감을 키우는 데도 큰 역할을 했다. 그 중에서도 학교에서 역사교육은 국가가 현재의 국력과 영광을 향해서 오로지 달려가는 모습을 시대별로 가르치는 것이 보통이었다.

특히, 20세기 중엽까지만 해도 이와 같은 내셔널한 서술이 이름도 없는 시민의 개인적인 기억과 이어져 있다고는 생각되지 않았다. 학교에서 가르치는 역사, 대학에서 수행되는 역사연구의 대부분은 이름도 없는 시민의 일상생활과는 동떨어진 시대와 사회의 사건을 다룬다. 궁정의 음모, 장군이나 탐험가의 위업, 대정치가의 전략 등등. 역사교육을 통해서 체득되는 애국심은 국가 지도자에 대한 충성심과 그 지도자들의 공적에 대한 긍지일 뿐 참가의식—'나의 기억'이 국사를 구성하는 일부라는 감각—을 고무하는 것은 거의 없다. 문자로 기록되지 않은, 즉 경험을 통해서 축적된 기억은 가족이나 지역공동체의 일원으로서 아이덴티티를 키우는 데 머물고 있다. '나의 기억'은 의식적으로 기억되도록 씌어진 역사, 즉 국가의 신민(臣民) · 시민으로서의 아이덴티티를 형성하는 역사와는 전혀 다른 차원의 것이었다.

이 문제에 대해 흥미롭게 통찰한 것은 1925년에 '집단적 기억'이라는 용어를 처음 사용한 프랑스의 사회학자 모리스 알브바크스이다.[31] 1930년대 후반에 알브바크스는 기억의 세 유형에 관심을 갖게 됐다. 첫째는 개인적(또는 자전적) 기억. 둘째는 가족이나 지역적인 사회집단의 집합적 기억. 그리고 셋째는 역사이며, 알브바크스는 이 역사를 주로 국민적 사정이라고 생각했다.(세계사가 존재하는 것도 이해하고 있었지만.) 이 세 가지의 다른 기억 형태가 어떤 관계에 있을지를 파악하려고 했던 알브바크스는 결국 완수되지 못하고, 그의 사후에 미완의 초고 형태로 1950년에 공간되는 데 그친다.[32]

알브바크스는 한편에 역사를, 또 다른 한편에 개인이나 집단의 기억을 대치하는 이분법에 계속 집착했다고 할 수 있다. "대개의 경우, 국가는 개개인과 동떨어져 있어서 사람들로 하여금 극히 느슨한 틀 이상에서 국가의 역사를 생각하게 하는 것은 어렵다. 국가의 역사와 자기 자신의 역사는 거의 접점을 지니고 있지 않기 때문이다."³³⁾ 개인이나 집단의 기억에는 시간적인 연속성이 있다고 우리들은 느낀다. 그에 비해서 역사는 연대순으로 정식화되고, 시대나 시기로 분명하게 분할되어 있다. 기억은 내재적이며 경험적인 데 비해, 역사는 우리들의 바깥 또는 위에 존재하는 듯하다. 그뿐만 아니라, 여러 사회 집단에는 개인이 참가를 통해 '다수의 집단적인 기억'이 존재하는 데 비해, "역사는 단일하다. 즉 역사는 단 하나밖에 없다고 말할 수 있을지 모른다."³⁴⁾ 물론 역사의 총체를 파악한 한 권의 텍스트란 존재할 수 없다는 것을 알브바크스도 인지하고 있다. 하지만 그는 모든 부분이 결국에는 단일한 총체를 형성한다는 집착을 완전히 버릴 수 없었다. 그래서 그는 "세계사는 모든 부분적인 역사라는 지류가 한곳으로 모이는 대양과 닮았다"³⁵⁾고 말한다.

그러나 기억과 역사라는 이분법에 대해서 알브바크스 자신도 조금 망설인 듯 보인다. 다른 곳에서는 이 두 가지가 결국 한칼에 두 동강이 나는 것이 아니라고도 밝히고 있기 때문이다. 역사가 "일련의 날짜와 사건의 나열이 아니라, 한 시대를 다른 시대와 구별하는 모든 것"이라고 한다면, 개인의 기억 안에도 국민의 역사적 과거가 살아 있는 흔적으로 넘쳐나야 할 것이다. 양친, 교사, 이웃들의 풍속, 의견, 인격도 그와 같은 흔적을 이야기하는 역사이다.³⁶⁾ 기억과 역사, 그리고 이 양자가 결합하는 관계에 매료되어 최후까지 이것에 양의적인 결론밖에는 도출할 수 없었던 알브바크스의 시도는 그가 살아 있던 시대를 충실히 반영하고 있다고 생각할 수 있다. 왜냐하면, 이 시대에서는 사람들의 자전적인 기억과 국사의 기술, 그리고 국사교육을 융합시키려는 노력이 세계 각지에서 벌어졌기 때문이다.

4. 동원된 기억

역사와 개인적 기억을 합체시키는 구상 —'기억의 국민총동원'이라고도 부를 수 있는— 은 대중사회의 도래와 밀접하게 관련되어 있는 현상이라고 해도 좋다. 1920, 30년대는 공업국과 공업화되기 시작한 나라들에서 도시화와 소비가 발달하여, 사회의 영역에서 새로운 지평이 열린 시대였다. 해리 하루투니안이 두 차례 세계대전 기간의 일본에 대해서 분석했던 것처럼, 영화, 라디오, 광고 등의 미디어가 보급됨에 따라 변모하는 일상생활 —특히 팽창을 계속하는 도시의 일상생활— 을 그 섬세한 주름까지 손에 넣듯이 관찰할 수 있게 됐다. 의복, 음악, 영화, 가정용품의 소비패턴이 시시각각 변화하고, 그 자체가 미디어의 토론이나 학술연구의 대상이 됐다. 한편, 막연하게 변모하는 근대 대중사회의 주변에서는 유구한 유기체적인 공동사회의 응축된 이미지를 창출하고자 하는 향수적인(nostalgia) 욕망도 대두되기 시작했다. 민속학자인 야나기다 구니오(柳田國男)와 오리구치 시노부(折口信夫), 철학자인 구키 슈조(九鬼周造), 문예평론가인 고바야시 히데오(小林秀雄)의 작품은 이와 같은 욕망을 표현한 것이다.[37] '근대화'와 잃어버린 진정성에 대한 동경이 서로 표리일체의 관계에 있다는 사실은 지금까지도 활발한 논의의 대상이 되어왔다. 한 가지 예로서, 레나토 로살도가 밝힌 제국주의의 과거에 대한 깊은 동경(nostalgia)을 들 수 있을 것이다. 로살도는 20세기 필리핀의 식민지 행정관이나 선교사들이 소멸해가는 '전통문화'를 근절하기 위해 동분서주하면서도 동시에 그 죽음을 애도하고, 그 최후를 기록해두고자 했던 사정을 구체적으로 재현해 보였다.[38] 이에 비해 다이쇼(大正)시대 일본의 경우에는 독특한 비전을 갖고 있었다. 예를 들어, 공업사회로 전환하는 과정에서 일상생활의 표면은 퇴색되기 쉽게 '세속화'됐어도, 일본문화의 불변의 정수는 저변에서 변하지 않고 살아숨쉬고 있었다. 따라서 '근대'에 들어서 급변하는 사회 현상에 마음을 빼앗겼다고 해도, 그 대극(大極)에 있는 것 — '시대의 바깥'에 존재하는 일본문화에 대한 동경—도 함께 지키려는 비전이 바로 그것이다.[39]

그러나 1930년대를 지난 시점에서부터 격리된 두 사회 이미지 사이에 다리를 놓으려는 욕망이 일부의 지식인들 안에서 대두됐다. 그것은 민족=문화적 공간과 역사적 시간을 통합하고, 새로운 국사상(像)을 창조하고자 하는 욕망이었다. 여기에서는 현실에서 근대를 창조하는 담당자로서, 그리고 과거를 소유하는 주체로서 '대중' 혹은 '민중'이 주목을 받았다. 이윽고 '민중사'라고 불리게 되는 이 역사연구의 장르가 최초의 붐을 일으키자, 변화해가는 대중의 일상생활은 국사의 중심 테마로 여겨지게 됐다. 예를 들어 1930년대 후반과 1940년대 전반에 역사가 니시오카 도라노스케(西岡虎之助)는 '상민(常民)문화' 변천의 총체를 파악한 국사가 필수이며, 그와 같은 국사는 국민적 장래의 문화발전에도 기여할 것이라고 자주 주장했던 것이다.[40]

국민적 과거를 보는 시각이 이와 같이 이동한 것은 20세기 중엽의 사회변화에 의한 요인이 크다. 세계 각지에서 대량생산이 발전하고, 총력전을 위한 사회의 동원체제가 발달했다. 그리고 그 배후에서는 충실한 공교육과 국가가 운영하는 사회복지제도가 도모됐다. 또한 그것은 국민사회 전체를 파악하기 위한 학문적 기술을 향상시킨 사회과학의 성장에 의해서도 지탱되고 실현될 수 있었다고 할 수 있다. 두 차례 세계대전 기간은 사회의 전체성에 사로잡힌 시대였고, 그때 여론조사,

사회조사 등의 새로운 조사연구방법이 개발됐다. '공중(公衆)'은 과학적인 조사 분석에서 가치 있는 연구대상으로 여겨지기 시작했다.

일본뿐만이 아니라 세계 각지에서 기억의 국민총동원은 이와 같은 환경이 갖추어졌기에 실현된 것이다. 역사가들은 새로운 사회과학의 접근방법에서 힘을 얻어, 공문서관이나 위인의 일기로부터 벗어나 잃어버린 일상생활의 세세한 모습을 분명히 보여줄 것만 같은, 아직 손을 대지 않은 풍부한 사료들(국세조사, 교회기록, 회계원부, 지방신문)에 주목하기 시작했다. 미국에서 처음 이 방법을 이용한 페리 밀러는 초기 청교도 생활과 사상을 분석한 유명한 연구를 1939년에 발표하고, 이어서 1세대의 사회사 연구자를 매료시켰다.[41] 영국에서 '밑으로부터의 역사' 서술의 시작은 1960년대, 또는 그보다 거슬러 올라가더라도 조지 키트슨 클라크를 비롯한 케임브리지의 역사가들이 저술한 1950년대의 역사서에 기원한다고 일컬어지는 경우가 많다.[42] 그러나 이 설명은 전쟁 중에 씌어진 '상민' 생활사의 풍부한 유산―G. D. H. 콜과 레이몬드 포스트게이트 등의 작품―을 간과한 것이라고 하지 않을 수 없다.[43]

계보학이 유행하고 학문의 한 분야로서 구전역사학이 출현한 것도 과거를 보는 각도가 변화해간 것을 말해주고 있다. 미국에서 구전역사학 전문의 연구센터가 창설된 것은 1940년대 후반의 일이었다.[44]

이 동향의 배경은 중앙 정부와 지방사 연구 사이에 새로운 관계가 성립한 사실에 있다고 마이클 캠멘은 지적하고 있다. 루스벨트의 뉴딜정책의 안목 중 하나는 '국민·지방·지역의 전승을 정부가 일괄해서 지지한다는 사상'에 기반을 둔 일련의 문화정책에 있었다.[45] '연방작가계획'의 경우, 정부가 작가나 역사가를 고용하여, 민간전승이나 개인 전기의 수집과 간행을 수행케 했던 것으로 그 대상에는 과거 노예의 자전적 기록도 포함됐다. 이런 문화 프로젝트들은 세계대전 중에 대개가 중지되거나 축소됐지만, 국가와 기억 사이에서 새로운 관계를 구축했다. 그것은 전후 머지않아 부활하게 된다.[46]

20세기 중엽 대중사회의 출현과 관련한 문제들이 대부분 그렇듯이, 이와 같은 새로운 역사관의 등장도 양의적인 의미를 품고 있다. 한편에서 신세대의 사회사가들은 자각적으로 비판적이고 반엘리트적인 자세를 취했다. 사회사가들의 목표는 농민, 공업노동자, 직공인, 상점주인 등 지금까지 침묵을 강요받아온 사람들에게 발언의 장을 부여하고, 보다 민주적인 역사를 쓰는 것이었다. 반면, 사회사가들이 구상하는 지금까지보다 더욱 포괄적인 국사상은 새롭고 한층 대중적인 내셔널리즘에 박차를 가할 수 있는 것이기도 했다. 니시오카 도라노스케가 1938년에 밝힌 것과 같이, 상민의 역사에는 "우리 국사에 시종 영향을 끼친 왜곡을 수정하고 진정한 모습을 발견하며, 정당한 국사를 인식할 수 있는 것이 아닐까. 그렇게 된다면, 지금까지와 같이 거칠고 버석해서 삼키기 어려운 국사 대신에 인정미가 넘치고 쉽게 납득이 가는 국사가 여기에 출현하는 것이 아닐까"라는 기원도 담겨 있었다. 즉 그것은 '일시적인' 애국심이 아니라, '견고한' 애국심을 양성하는 것에 중요한 역할을 할 가능성도 있었다.[47] 이와 같은 국사상이 안고 있는 잠재적인 이데올로기성을 교토(京都)대학 교수 니시다 나오지로(西田直二郎)로 대표되는 문화사 서술만큼 웅변적으로 이야기한 예는 없다. 니시다는 민중의 일상생활 체험과 정신생활에 주목하고, 그 위에 개개인의 의식과 총체로서의 국사를 통합하려고 했다.[48] 니시다는 태평양전쟁 중에 스스로의 역사철학을 체계화하고, 그것을 '국체'라는 새로운 구상의 기초로 삼았다. '국체'를 통한 일본인 일상생활의 변천은 국민정신의 진화

를 뜻하며, 한편 이 진화는 보다 커다란 우주의 자기 발전을 반영하는 것이라고 니시다는 생각했다.[49]

원래부터 개개인의 의식과 국민의식을 융합시킨 니시다의 세계를 공유하고 있던 사회사가는 거의 없었을 것이다. 그러나 '일상생활사'가 그 기반을 다짐으로써 개인의 기억이 국사에 편입될 가능성이 한층 높아졌다. 학교의 역사교육은 그 시야를 넓혀 농업노동이나 공장노동의 패턴, 가옥 만들기, 나날의 식사가 어떻게 변화해왔는지 등도 가르치게 됐다. 부모나 조부모의 기억, 마당의 창고에 내동댕이쳐진 낡은 농기구, 길옆에 다 허물어진 작업소도 지금은 국사 교재가 됐다. 미국에서는 역사가 '사회연구'라는 넓은 학문영역에 흡수된 적도 있으며, 이미 두 대전 기간부터 이와 같은 역사교육이 적극적으로 이루어지게 됐다. 또 해럴드 러그 등의 교육개혁가가 저술한 텍스트는 국사의 사회경제적인 측면을 이해하도록 학생들을 지도하고 있다.[50] 그러나 새로운 역사교육관이 선진공업국 전체로 전파된 것은 전후 얼마 지나지 않아서의 일이다.

이와 관련하여 여기서 두 가지 입문서의 첫 부분을 비교해보자. 하나는 1920년에 출판된 영국의 대표적인 초등독본 《역사의 지름길》이고, 다른 하나는 1949년에 초판이 발행된 전후 대표적인 초등독본 《어린 시민을 위한 영국사회사》이다. 전자의 서두는 다음과 같이 적고 있다. "여러분은 이야기를 좋아하지요. 이 책에는 소년소녀를 위한 다양한 이야기가 적혀 있습니다. 부디 이 이야기를 재미있게 읽어주세요.……우리들이 살고 있는 이 땅의 옛날이야기를 문장과 그림으로 알 수 있습니다. 그런 먼 옛날부터 지금까지 사람들이 어떤 멋진 일을 해왔는지도 알 수 있습니다."[51] 이에 비해서 전후의 입문서는 독자에게 다음과 같이 전하고 있다. "당신이 살고 있는 곳에 대해서 책을 쓰게 됐다고 상상해보세요. 그곳은 시가지일 수도 있고, 조그만 촌일 수도 있습니다. 그럼 어디에서 시작하면 좋겠습니까." 이어서 이 텍스트는 과거의 흔적이 어떻게 남아 있는지를 설명한다. 그것은 고문서뿐만이 아니라, 건물이나 장소, 그리고 성(姓)에도 남아 있다고 한다. 그리고 제1장은 다음과 같은 문장으로 끝을 맺고 있다. "그걸 시작할 마음만 생기면, 자신만의 작은 역사책을 쓰는 것은 누구나 할 수 있습니다. 자신이 사는 도회지나 촌의 모습을 잘 관찰하고 상식적으로 질문을 하면 되는 것입니다."52)

일본의 경우, 연합군 점령기에 도입된 새로운 교육제도는 역사를 사회과에 편입한 미국식의 모델을 따랐다. 동시에 그것은 또한 사회주의적 사상의 부활에 강하게 영향을 끼치기도 했다. 교육개혁자들은 전후의 민주화 풍조에 편승하여 학생의 일상생활과 국사를 관련짓는 실험을 시작했다. 교육자들은 '우리들 마을의 역사'라는 슬라이드를 만들고, 고향의 옛 흔적의 기원을 밟아가는 활동을 지도했고, 학생들에게 할리우드 서부극의 스타만 보지 말고 미개척지를 일구어 농지로 바꾼 선조의 선구적인 공적에도 눈을 돌리도록 가르쳤다.53) 우선, '경험적인 영역'에서 출발하고, 그 이후에 국가나 국제적인 사정을 배우는 것이 이 교육의 전제라고 여겼다.54) 이 교육방법은 (지금도 미국에서 유행하고 있는) 한 종류의 철학에 준한 것이다. 즉 아이들의 지평은 자기 자신으로부터 가족으로, 다음에 이웃과 지역으로, 그리고 최후에 국가와 세계로 확대해간다는 가설에 따라서 교육도 이 순서로 이루어지지 않으면 안 된다는 사고방식이다. 역사교육자협의회(1949년에 설립)가 1951년에 발표한 지침에서는 조국에 대한 진정한 애정은 태어나 자란 지역에 대한 진정한 애정이 없이는 성립하지 않는다, 우리들은 가능한 한 지방사의 과학적인 탐구에 근거한 종합적인 교육을 진행해가고자 한다, 그것은 선조의 고난과 업적을 발굴함으로써 학생과 그 가족의 인연을 강화시켜 맹목적인 애국심을 키우도록 지지하는 것이 아니라고 밝히고 있다.[55]

　　개인·가족과 국가의 기억이 융합되기 시작한 사실은 정치나 문화사상의 위업을 칭송하는 일대의 기념비뿐만 아니라, 과거의 세세한 흔적을 보존하려는 활동이 활발해진 데도 드러나 있다. 1980년대의 시점에서 영국과 관련하여 라파엘 새뮤얼은 "최근 30년 사이에 국민의 과거를 재발견하려는, 지금까지는 없었던 열광적인 기운이 사람들 사이에서 높아지기 시작했다. 그 과거란 기록된 역사라는 실재하는 과거뿐만 아니라, 유구한 '전통'적인 것도 포함하고 있다"고 밝히고 있다.[56] 사소한 유적의 보존 등 일고의 검토도 없는 기세로 개발이 진행된 일본에서조차 고고학은 전후 수십 년간 시민오락의 하나로서 폭발적인 붐을 일으켰고, 수천 명의 시민이 전국에서 '나의' 과거의 발굴에 참가했다. 클레어 포셋에 따르면, 미디어가 고고학을 거론하기 시작한 것은 1940년대 후반의 일이며, 1950년대와 1960년대에 크게 유행했다고 한다. 묻혔진 과거가 도시개발에 의해서 발굴되면, 고고학적 유적의 수가 격증하고, 지역 유적방문은 시민의 값싼 여행코스가 됐다. 특히, 그 지방에서 공부하는 학생들에게 지역의 유적은 유명한 소풍지가 된 것이다. "박물관에 가는 것보다 훨씬 공부가 되고 재미있다는 사람들이 많다. 자신의 집 근처에서 진행 중인 작업을 볼 수 있기 때문이다."[57] 국민의 역사와 개인의 과거에 관심을 보이는 사람들의 감각은 이와 같이 변모해갔다. 개인이나 지역의 기억을 이야기한 '작은 역사책'은 이렇게 국민의 '커다란 역사서'의 일부가 된 것이다.

5. 총동원의 한계

20세기 중엽에 세계 각국의 시민생활이 눈에 띄게 균질화된 것도 내셔널한 기억이 실현된 데에 한 원인이 있을 것이다. 전시 중에는 국민 각층이 차별 없이 징병제를 경험했고, (특히 영국의 경우는) 배급제와 (적의 공습에 의한 피해를 줄이기 위해) 도시로부터의 강제 퇴거경험을 공유했다. 이 공통감각은 전후 수십 년간 라디오, 텔레비전, 냉장고 등의 소비재가 급속하게 보급됨에 따라서 계속 지속됐다. 이런 윤택한 소비 물자들이 누구나 향유할 수 있었던 것은 아니었다고 해도, 적어도 공업국에서는 내셔널한 기억이라는 환상을 계속 품고 있을 정도로 중산계급이 늘어난 것이다. 새로운 소비재를 통해서 전해지는 뉴스나 오락도 국가의 역사적인 사건에 직접적으로 '참가'하고 있다는 당사자로서의 기억을 심어주었다. 제1차 세계대전에서 전쟁 정보는 신문을 통해서나 사람을 통해서, 말하자면 서서히 그리고 분산적으로 전해졌다. 그러나 그보다 얼마 뒤 제2차 세계대전을 경험한 미국인 세대는 진주만 공격을 라디오 방송으로 듣던 공통적인 순간을 떠올릴 것이다. 한편 동시대의 일본인이라면, 천황의 무조건 항복방송에 귀를 기울였던 잊을 수 없는 경험을 함께 기억하고 있을 것이다.

이에 비해서 내셔널한 기억이 형성되는 과정이 안고 있는 역설과 긴장은 지극히 서서히 인식될 수밖에 없었다. 그러나 경험의 공유에 길을 연 대중사회는 동시에 사회적 지리적인 이동에도 길을 연 사회이기도 했다. 아이들이 일상적인 생활공간과 국사상의 대사건을 관련짓듯이 배우고 있던 그 순간에도 그 아이들은 선조 대대로 이어져온 이 땅과의 인연을 잃어가고 있었던 것이다. 이 역설은 1960년대 이후, 사람들의 국제적인 이동이 급속히 진행됨에 따라서 점차 의식되기 시작했다. 예를 들어, 알제리에서 프랑스로 온 지 얼마 안 되는, 혹은 인도에서 영국으로 온 지 얼마 안 되는 사람의 자녀가 프랑스 루아르강 유역의 대저택이나 영국 농촌의 튜더왕조시대의 방갈로에서 어떻게 '자신의' 과거를 찾을 수 있단 말인가.

거기에다 복지나 동화와 같은 전후 이데올로기는 그때까지 계속 배제되어온 사회집단을 국민교육제도의 안으로 끌어들이게 됐다. 그러나 그와 같은 집단, 예를 들어 미국 남부의 아프리카계 미국인, 북아메리카, 오스트레일리아, 뉴질랜드, 일본 등에 사는 선주민들의 기억을 내셔널한 대(大)역사 안에 편입하는 것은 실제로 용이한 것이 아니었다. 다른 한편 대중소비사회가 낳은 공통의 경험은 국경을 넘어서 만들어지게 된다. 그것은 일국의 시민을 결합하는 것만으로 끝나는 것이 아니라, 점차 전지구적인 차원에서 중산계급을 만들어냈다. 미디어가 새로운 세대의 사람들에게 심어놓은 것은 내셔널한 기억뿐만 아니라, 전지구적인 차원의 기억인 것이다. 존 F. 케네디 암살 사건의 뉴스를 들은 한 순간의 기억은 미국인뿐만 아니라 프랑스인, 네덜란드인, 일본인, 아르헨티나인 모두가 함께 공유하게 된 것이다.

이와 같은 긴장이 점차 깊어진 최근의 약 15년은 기억과 역사라는 문제를 다시금 좀더 구체적으로 음미하지 않을 수 없게 만들었다.[58] 1980년대에 이 문제를 최초로 언급한 사람은 프랑스 연구자 피에르 노라이다. 노라는 '역사에 의한 기억의 정복과 박멸'이라고 일컬어진 사태에 대해서 개탄을 금치 않았다.[59] 노라는 다음과 같이 말한다. 자연적이고 자생적인 인간의 기억과 공식적인 국사는 최근까지 완전히 합체되어 있었다. 그러나 오늘날 이 두 가지는 뚜렷하게 분리되고 말았다. 그 위에 기억 자체가 자생적인 성격을 잃게 된 것은 한층 심각한 문제이다. 기억은 이미 일상의 경험을 통해 유지되는 것이 아니라, 박물관이나 기념비 등을 통해 인위적으로 보존되는 상품으로 변하고 말았다. 사람들의 이동이 점차 빈번해지고, 변화의 속도가 가속화되는 상황에서 사람은 옛날 자신을 둘러싸고 있는 '기억의 환경'과 접촉하지 못하고, 인위적으로 제조된 제각각의 '기억의 장소'에 가까워질 뿐이다.(노라의 이러한 주장은 그 후 변한다.)

노라는 과거의 알브바크스와 같이 기억과 역사를 결합시키는 진부하면서도 한편으로는 새로운 과제에 대해서도 연구했다. 기억은 '절대적인' 질을 얻고자 한다고 노라는 말한다.[60] 우리들은 자신의 경험은 이것이라고 분명히 말할 수 있다고 생각하고 있다. 그렇기 때문에 동일한 역사상의 사건을 타인은 전혀 다른 경험으로 받아들일 수도 있다는 것을 좀처럼 생각해낼 수 없다. 나의 기억은 지리적으로도 사회적으로도 동떨어진 타자의 기억과 충돌할 뿐이다. 그렇다고 보면, 나와 타자의 기억에 다리를 놓고, '국사'라는 이름의 그럴싸한 짤막한 이야기로 정리해버리는 것들이 가능할 리도 없다. 그렇다면 역으로 나의 기억이 '국사'에 종속되는 것을 거부하는 것도 한 방법일 것이다. 그것은 통합적인 완전무결한 나의 기억에 상처를 입힐 수 있는 가능성 자체를 부인해버리는 것이다.

'나의 과거'를 이와 같이 집요하게 지키려는 자세는 네덜란드의 소설가 헬라 하세의 발언에서 발견할 수 있다. 《차(茶) 주인》이라는 소설 안에서 동인도 식민지 사회를 장밋빛으로 각색했다고 비판받은 하세는, 그와 같은 비판을 "정치적 정당성(political correctness. 리버럴한 견해에 대해서 매도하는 말)"이라고 반격했다. 이 소설은 자신의 개인적인 체험에 기초하고 있다고 하세는 강조한다. "나에게《차 주인》은 단순한 역사소설이 아닙니다. 왜냐하면 나는 실제 거기에 있었으니까요. 이 소설은 1920, 30년대에 내가 알고 있던 풍경과 사람들 속으로, 그리고 자신의 기억 안으로 회귀한 것이라고 하는 편이 옳을 것입니다. 그것이 역사가 아닐까요. 즉 내가 바로 역사입니다."[61)

피에르 노라에 따르면, 기억과 역사의 결합은 근대 국민국가의 역사 기술로부터 시작됐다. 이에 대해서 나는 오히려 역으로 근대 국민국가의 역사서술에 있어서도 극히 특수한 사회적 환경이 조성되고서야 비로소 자전적인 기억과 국사가 분열하지 않고 융합할 수 있다고 생각해왔다. 그렇지 않다면, 왜 사람은 '내가 역사이다'라고 당당히 주장할 수 있는 것일까. 기억과 역사의 융합이 아직 한번도 완성되지는 않았지만, 공업국에서는 제2차 세계대전 이후 수십 년간 어느 정도 지속되어 온 듯 보인다. 그러나 1980, 90년대가 되어서 그 융합은 점차 불안정해져갔고, 역사가에게 많은 의문을 갖게 했다. 조야(粗野)한 역사수정주의에 대응하는 것도 중요하지만, 그 문제제기는 그 이상으로 어려운 문제인 것이다.

6. 역사로서의 전지구화

이상과 같이, 노라는 1980년대에 '역사에 의한 기억의 정복'을 탄식했다. 그리고 1990년 이후, 우리들은 '기억에 의한 역사의 정복'을 논하고 있다고 할 수 있을지 모른다. 과거 모리스 알브바크스는 역사를 단지 단일한 것이라고 믿어 의심치 않았다. 그러나 지금 역사가 단지 하나라고 단정하는 사람은 없으며, 하나가 될 잠재적 가능성이 있다는 주장조차 인정하는 사람도 없다. 역사는 (기억과 마찬가지로) 그 제각각이 특정한 사회집단과 결합하고 모순하는 다양한 이야기의 집적에 지나지 않는다고 여겨지게 됐다. 이와 같은 견해가 안고 있는 위험은 이것에 의해서 부인(否認)의 역사서술이 횡행하고, 특정한 집단(우위의 집단인 경우가 많다)이 자신들의 기억이야말로 절대적인 권위가 있다고 주장하기 쉽다는 것이다.[62] 한편 그것은 밝은 전망을 보여주기도 한다. 기억과 역사 사이의 복합적인 관계를 승인하고 과거에 접근하는 새로운 시도가 전개될지 모르기 때문이다. 후자의 역사에서는 먼저 기억을 개연화하고, 동일한 사건에 대한 다종다양한 기억들을 듣는 방법을 모색하는 데서 출발한다. 거기에서 역사는 여러 가지 기억과 눈에 보이는 과거의 흔적 사이의 끊임없는 대화라고 파악된다. 그런 의미에서 그것은 기억을 넘어선 그 어떤 것이며, 그 위에 모든 기억과 흔적을 초월하여 굳이 단일한 이야기에 가두어두려고 하지 않는 어떤 것임에 틀림없다.

그러나 전지구화의 과정에서 국가의 위치가 변동하는 시대에 나타난 '역사의 위기'는 분명 위기는 위기이더라도 별도의 난문(難問)에 봉착해 있다. 그것은 전지구화의 과정 그 자체를 역사로서 어떻게 개념화할 수 있는지의 문제이다. 앞서 밝힌 바와 같이, 민족주의자의 레토릭이 대중에게 먹혀드는 것도, 경계마저 초월한 이 복합적인 절차—도저히 이해할 수 없고 포용할 수 없는 불길함까지 느껴지는—에 대한 가장 그럴듯한 반응이라고 해석할 수 있다. 역사연구나 역사교육에서 관례적으로 사용되어온 구분법으로는 이 절차를 역사라는 틀을 수단으로 해서 설명할 수 없다. 이런 관례적인 구분을 극복하려는 시도가 없었던 것은 아니다. (특히 유명한 것은 '세계시스템'론의 여러 형태일 것이다.) 하지만 지방사, 국사, 세계사가 공간적으로 분할되고 있기 때문에, 다양한 차원이나 지점 사이의 상호작용을 구체적으로 관찰하는 능력에는 아무래도 한계가 있다. 더욱이 오늘날의 전지구화 과정은 정치, 경제, 문화가 일체가 되어 진행되고 있기 때문에, 정치사, 경제사, 문화사 등에 관한 연구가 점차 다양화되고 있는 (그리고 연구영역으로서 경제사의 지위가 낮아지고 있는) 사실이 전지구화를 분석하는 시도를 한층 곤란하게 하고 있다고 할 수밖에 없다.

역사와 기억을 둘러싼 최근의 논쟁이 오로지 국사에만 집중되는 것은 흥미로운 사실이다. 예외는 세계사 교육의 커리큘럼 기준을 둘러싸고 다소나마 논쟁이 있는 미국뿐일 것이다. 그러나 여러 관점에서 보아 오늘날 가장 광범위하게 의식되어야 할 과제는 오히려 세계사의 교육에 있다. 교육이란 아이들의 개별적인 체험영역에서 비롯하여 점차 이웃나라로, 지방으로, 국가로, 세계로 한 걸음씩 바깥으로 확대해가야 한다는 (패)전후 교육의 전제에 대해서 1950년대에 일본의 역사가 우에하라 센로쿠(上原專祿)는 의문을 제기했다. 우에하라도 지적했듯이, 개인이란 자생적인 개체가 아니라, 그 사람이 속하는 지방, 국가, 혹은 지구 공동체에 의해서 대부분 구축된 것이다. 그렇다고 한다면, 아이들에게 자아의식을 심어주기 위한 제일보를 세계로부터 시작해보는 것도 하나의 방법일지 모른다.[63]

개개인이 자기 아이덴티티를 세계의 지식을 통해서 획득한다는 이 발상은 1990년대 논쟁에서는 분명히 유효성을 지녔다. 그러나 우에하라를 비롯하여 전후의 많은 이론가가 상정한 세계사에서는 '세계'가 어디까지나 국가 간의 공동체로서만 이해됐고, 전지구적인 역사를 연구하는 제일의 목적도 '자기 나라'가 세계라는 전체 안에서 어떠한 위치와 운명에 있는지를 해명하는 것에 그쳤을 뿐이었다. 이와 같은 세계사 모델에 대항해서 유일하고 유력하게 떠오른 것은 '세계'를 국가의 집합체로서가 아니라, 보다 커다란 '문명'이라는 문화적 단위의 집합체로 보는 모델이다. 페르낭 브로델이 프랑스의 고교생용으로 저술한 유명한 교과서 《여러 문명의 문법》은 이와 같은 접근 방식의 좋은 예일 것이다.[64]

그러나 세계사의 '국가' 모델이든 '문명' 모델이든 그 어느 쪽도 같은 패턴으로 무너지기 쉽다. 양자 모두 비교적 통합되어 있는 다양한 광역적 단위(전자에서는 국가, 후자에서는 문명)가 제각각 독자적인 속도로, 독자적인 경위를 거쳐서 흔히 '진보'라고 불리는 시간적 궤도를 따라간다고 생각하는 경향이 있다. 그러나 20세기의 마지막 10년이 시작할 때쯤에 이르면, 이와 같은 발상은 두 가지 이유에서 대단히 심각한 문제를 안게 됐다. 먼저 오늘날 '진보'라는 개념에는 심한 불안감이 떠나지 않고 있다는 점이다. 최근 교과서가 '발전', '선진', '후발' 등의 용어를 계속 사용하면서도, 이 용어들을 강조하기 위해 괄호 안에 넣음으로써, 오히려 그 의미를 공백으로 만드는 경우가 많은 것도 이 불안감의 표현인 것이다. 두 번째는 세계시스템을 다룬 최근의 역사서가 경제교류, 커뮤니케이션, 기억 형성이 횡단적으로 진행되는 양상을 추적하고 있다는 점이다. 국가나 대륙이라는 경계를 넘어서 진행되는 이와 같은 횡단적 과정은 종래의 '국가', '문명'이라는 틀로는 전부 설명될 수 없다.

즉 전지구화를 역사화하는 것은 역사에서의 시간과 공간을 다시금 개념화하는 것을 의미한다. 거기에는 우선 어떤 의미에서 '반(反)-지역연구'라고 불릴 만한 개념이 필요하다. 이와 같은 연구의 목적은 전지구적인 발전의 행로 안에서 국민적 사회나 문명이 손에서 손을 잡고 나아가는 그런 단일한 궤도를 제시하는 것이 아니다. 가능한 제각각 흩어져 있는 지점에서 전지구적인 추세를 관찰하는 것에 있다. 이와 같은 연구는 하나의 세계적 추세(예를 들어 원거리 통신의 발달이나 새로운 종교의 출현)가 불균질한 사회적 지리적 조건을 지닌 어떤 복수(複數)의 지역에 어떤 충격을 주는지를 탐구할 것이다. 그것은 개인의 기억, 집단의 기억이 국사에 어떻게 연관되어 있는지를 추적하는 것에 그치지 않고, 전지구적인 차원의 기억이라는 문제에 대해서도 발언할 것이다. 이 지구상에 살아가는 사람들이 설령 동일한 시간에 일어난 사건을 공통적으로 경험하더라도, 그 경험 방식은 결코 일률적이지 않은 것이다. 전지구적인 기억을 성립시키는 사건이란, 우리들을 서로 결합시키기도 하고, 또한 제각각 분리시키기도 하는 것이다. 이와 같은 연구가 결실을 맺을 때, 논쟁은 '구축주의자', '수정주의자'와 그 비판자들의 사투를 초월하며, 학교에서 배우고 가르치는 국사는 어떠해야 하는가에 관한 논쟁을 초월한 그 무엇인가가 될 것이다. 역사적인 공간을 다시 한 번 상상하고, 국사 자체를 둘러싸고 있는 경계를 분쇄하는 작업은 거기에서부터 시작되는 것임에 틀림없다.

문화 · 다양성 · 민주주의
'안으로의 다문화주의'와 민주주의의 새로운 가능성

소설《코렐리 대위의 만도린》의 작가 루이 데 베르니엘이 "역사는 반복한다. 첫 번째는 비극으로, 그리고 두 번째도 역시 비극으로"[1]라고 예리하게 간파한 것처럼, 구유고슬로비아, 구소련, 그리고 르완다 등 지구 곳곳에서는 외부 관찰자의 눈으로 볼 때, 지난 시대의 그늘이라고 부를 만한 비극이 반복되고 있다. 1940년대, 1910년대, 혹은 중세 후기의 모방이라고 여겨질 만큼, 이 비극은 종교와 인종 집단의 증오에 의한 잔멸전(殘滅戰)이다.[2] 근대화와 합리주의가 가져다준 삶의 안정성은 용해되고, 역사의 '진보'는 보편적 인권과 민주주의의 세속적 신념에의 승리로 반드시 연결되지만은 않은 듯하다. 민주주의와 인권의 개념 그 자체가 단지 어떤 한 지역의 특정한 문화시스템―19세기와 20세기 초기 서구 자유주의―의 산물이며, 다른 지역으로 이식하더라도 반드시 실패할 숙명에 처해 있다고 일부의 논객들(그 수는 증가하고 있다)은 언급하기 시작했다. 그(녀)들의 주장에 따르면, 인종적이고 문화적인 마찰이란 고유한 '문화'나 '역사'라는 원리적이고 또 영원한 카

테고리의 재현을 반드시 초래하기 때문에 일어난다고 한다.[3]

아시아적 문맥에서 이 '문화 대 민주주의' 논쟁의 개략은 리콴유(李光輝)와 김대중이 1994년에 《포린 어페어스》(*Foreign Affairs*)의 지면에서 전개한 토론에서 단적으로 드러나 있다. 〈문화는 숙명이다〉라는 제목으로 기획된 대담에서, 리콴유는 동아시아사회를 '이에(家. 가족, 가문)'의 역할을 중심으로 한 '핵심적 가치'가 내재된 사회로 묘사했다. 즉 서구에서는 '모든 사회문제'의 해결을 정부에 기대하지만 동아시아사회에서는 그 사회생활의 일정한 영역을 가족의 제어 아래 두는 편이 옳다고 보았다.[4] 그리고 그는 가족을 중심에 두는 동아시아사회에서는 '1인 1표'형 민주주의가 반드시 이상적이지 않으며, "나는 가족을 가진 40세 이상의 남성에게 2표를 준다면, 보다 좋은 제도가 성립할 수 있을 것이라고 개인적으로 확신하고 있다. 왜냐하면 그들은 자신뿐만 아니라, 그들의 아이들을 위해서도 투표할 것이기 때문이며, 또 보다 진중하게 그 투표권을 행사할 것이기 때문이다"[5]라고 주장했다.

리콴유의 "서구형 민주주의는 동아시아에 적합할 수 없다"[6]는 주장에 대해서, 김대중은 민주주의에 대한 충동은 동아시아의 토착적인 전통 안에 존재하며 맹자의 '천명(天命)' 개념이나 한국의 동학운동을 계승하는 것이라고 반론을 제기했다. 가령 선거제도 등과 같은 민주주의의 중요한 요소들이 유럽에서 성립한 것이기 때문이라고 해서, 동아시아의 조건에 부적합한 것이 아니라 오히려 역으로 아시아 모든 나라로 민주주의가 빠르게 전파되고, 또 민주화를 이룬 나라들이 경제적으로 성공을 이룬 사실은 민주주의 이상(理想)의 보편적 정당성을 훌륭하게 제시하는 것이라고 김대중은 주장하며, 다음과 같이 논의를 맺고 있다. "문화가 숙명인 것이 아니다. 민주주의야말로 숙명인 것이다"[7]라고.

이 논쟁이 나를 곤혹스럽게 만든 것은 양자의 주장에서 사용된 몇 가지 핵심적인 키워드를 부정확하게 사용해서이다. 우선, 리콴유가 주장하는 '핵심적 가치'에는, 명확하게 경계를 가지고 있고 또 영속적인 '문화'가 존재한다는 가정이 전제되어 있다. 그래서 '동아시아의 문화'란 예를 들어 말레이시아의 어부, 타이완의 은행가, 도쿄 중심부인 긴자(銀座)의 호스티스들, 이들 모두에게 균일하게 공유되어 있는 것으로서 간주되어 있다. 그러나 동시에, 그 논문 안에서 리콴유는 때때로 '문화' 및 '가치'란 동태적인 것이며, 인간에 의해서 선택 가능한 것이라는 사실을 인정하고 있다. 가령, 리콴유는 그 대담에서 북아메리카나 오스트레일리아로 이주한 중국계나 말레이시아계 이민의 자손들은 그 나라의 생활양식에 적응하여, 자신들의 가족적 전통을 거부하는 경향이 있다고 지적하고 있다.[8] 만약 그렇다면 '문화'란 가족을 양육하는 과정을 통해서 저절로 계승되는 것일 수 없으며, 그의 논의의 핵심인 '문화는 숙명이다'라는 명제의 주축은 오히려 붕괴할 '숙명'에 처하고 만다.

한편, 김대중의 주장 중 '민주주의'라는 용어의 사용법도 리콴유의 '문화'라는 용어의 사용법과 마찬가지로, 충분히 검토된 것이라고는 말할 수 없다. 김대중에 따르면, 민주주의란 (맹자 등이 로크의 사상을 우연히 예견했을지 모르지만) 존 로크와 같은 계몽주의 사상가로부터 그 기원을 찾을 수 있는 공선(公選)에 의한 의회제도나 보장된 민권 등, 19세기의 자유주의적인 모든 제도를 포함하는 것이다. 김대중 자신의 민주주의의 미래에 대한 비전은 "모든 인간이 자기 발전의 권리를 보장받을 뿐만 아니라, 모든 생물과 무생물까지도 건전한 존재의 권리를 보장할"[9] 목적으로, 유교나 불교가 지니고 있는 긍정적인 전통(특히 자연에 대한 경건한 태도)을 기독교적 전통의 실재적인 관점 안에 두는 것이라고 한다. 그렇기 때문에 자유주의적 민주주의의 제도는 발전이나 개량이 가능한 것이라고 주장하지만, 그것을 뒷받침하는 원칙에 대해서는 음미나 비판이 필요치 않다고 여긴다. 이와 같은 김대중의 주장에서 특히 문제가 되는 것은 근대 의회제 민주주의 개념이 근대 국민국가의 출현과 동시에 나타난 것이며, 실은 많은 경우 내셔널리즘이라는 괴물과 불가분의 관계에 있다는 사실을 의식적으로든 무의식적으로든 회피하고 있다는 점이다. 따라서 두 사람의 논쟁은 원리적으로 보수파의 입장을 취한 사람들 사이의 충돌이라는 결과를 낳았다. 전자는 '문화'라는 상표를 붙인 특이한 가치를 추구하는 입장이며, 후자는 보편적이라고 여기는 '민주주의'라는 상표에 대해 무비판적인 수용과 유지를 추구하는 입장이다.

그러나 양자의 주장 모두가 20세기 후반 전지구적인 규모에서 일어난 복잡한 변화에 대처하기 위한 적절한 처방전을 제시한 것이라고는 말하기 어렵다. 왜냐하면 정치, 철학, 교육, 예술 등의 지역적인, 그리고 지구적인 규모에서 일어나는 복합적인 교차화(交差化)는 정태적이며 지역적이고 국민적인 '문화'와 같은 단순한 개념의 존속을 대단히 곤란하게 만들고 있기 때문이다. 또 다른 한편에서 불가피하게 계속 늘어만 가는 사람, 자본, 사상, 상품의 국제적인 흐름이 의회제 민주주의라는 근대 개념의 성립에 주요한 틀을 제공한 국민국가체제의 근저를 침식하고 있기 때문이기도 하다. 경제와 사회의 불가피한 국제화는 국민적 규모에서 '민주주의의 공동화'라고도 부를 만한 현상을 낳고 있는 듯 보인다. 예를 들어 자유선거가 보장되고 있다고 하더라도, 이미 선거민들이 그 선거로 선출된 정부에 대해서 중대하고 유효한 정치적 경제적 사회적 변혁을 수행할 권력과 능력을 지니고 있다고 신뢰하지 않는다. 이것은 전지구적 규모에서 의회 민주주의제도에 대해 품고 있던 환상으로부터의 각성 현상이 초래한 결과인 것이다. (이와 같은 각성 현상은 특히 일본에서 현저하게 나타난다.)

민주주의가 약속해온 원리란, 항상 개인의 모든 권리옹호와 정치적 권리의 행사권을 'the people'에게 부여하는 점에 있었다. ('일본국 헌법'에서 the people은 '국민'이라고 번역되어 있다. 그렇기 때문에 혼란이 생기고 있지만, 여기에서 그 문제는 생략한다.) 그러나 일본이나 미국의 다국적 기업은 전지구적 규모의 생산체제 아래서 수백만 명에 이르는 외국인을 고용하고 있다. 그로 인해 엄청난 숫자의 '외국인 노동자(guest worker)'가 그 수요에 따라서 수시로 국경을 넘나든다. 또한 지구적 규모에서 인터넷으로 링크된 상품 거래의 투기자 동향에 따라 국민국가경제가 좌우된다. 이 같은 현 세계에서는 이미 누가 'the people'인가를 정의하는 것은 대단히 곤란한 작업이며, 더욱이 'the people'이 운명공동체로 삼은 장소에서 모든 제도를 컨트롤하는 것은 거의 불가능하다고도 할 수 있다.

그렇기 때문에 '문화적 특이성' 대 '민주주의의 보편성'이라는 지극히 단순화된 차원으로 후퇴하는 것이 아니라 인간이 지닌 공통성과 차이의 재검증이 필요한 것이다. 또 '전지구화'의 진전 속에서 자유, 공정, 평등의 확장을 보장하는 메커니즘 창출이 더욱 필요한 것이기도 하다. 물론 이 과제들은 거대하고 복잡하며 곤란한 성질을 지닌 것이긴 하다. 이 글의 목적은 '다문화주의'가 제기하는 사상과 민주주의 개념 사이의 상관성을 검증하면서 이런 문제가 안고 있는 몇 가지의 국면에 대해 고찰하는 것이다.

1. 시민권과 다문화주의

　근대의 민주적 권리에 관한 연구의 고전으로서 T. H. 마셜은 시민권의 개념을 공민적 정치적 사회적이라는 세 가지의 요소로 분류하고 있다. 먼저, 공민적 요소란 법 앞에 평등할 권리(개인의 자유권, 소유권, 계약권, 표현의 자유, 사상 및 신앙의 자유 등)에 의해서 구성된 것이며, 정치적 요소란 선거권과 피선거권으로 상징되는 국가 내부에서 개인적인 정치생활의 보장이다. 그러나 19세기에 마르크스나 다른 사회주의 사상가들이 강력한 설득력을 가지고 다음과 같이 주장했다. 즉 사회가 사회적 계급 사이의 경제적인 불평을 용인하고 분열된 상태 그대로 방치한다면, 공민적인 그리고 정치적인 평등은 실체를 잃고 말 것이라고. 이 '부르주아 민주주의' 비판이 보다 광의의 의미를 포함하는 세 번째 요소, 즉 '사회적 시민권'에 대한 요구를 재촉했다. 교육, 의료, 궁핍이나 기아로부터의 보호와 같은 시민사회 안의 모든 계급의 참가가 가능한, 보다 의미 있는 기반(생존권이라고 일컬어지는 것) 정비를 위한 제도가 마셜이 말하는 '사회적 시민권'의 의미이다. (영국의 경험을 토대로) 마셜은 다양한 층위를 지닌 시민권이 복합적으로 겹쳐진 근대 민주주의의 발전과정을 상세하게 서술했다. 그에 따르면, 기초적인 공민적 시민권의 많은 부분은 18세기에, 그리고 정치적 시민권의 많은 부분은 19세기부터 20세기 전반에 'the people'에 의해서 획득됐고, 또 사회적 시민권의 개념은 주로 제1차 세계대전 이후 광범위하게 응용·실시되기 시작했다고 말했다.

　마셜의 연구에서 특히 흥미로운 점은 시민권의 동력을 자본주의의 동력에 직접 연관지으려는 시도이다. 그는 기초적인 공민적 차원에서 자본주의 논리는 시민권의 윤리와 부합한다고 설명한다. 고용 혹은 계약관계를 체결할 때 공식적으로는 평등한 존재이지만, 경제적인 불평등관계가 존재하는 이유는 자본주의가 그 구성의 기반 요소로 삼고 있는 틀을 편의대로 은폐했기 때문이다. 그러나 일단 조직화된 노동력의 압력이 사회적 영역에서 시민권 개념에 이르면, 자본주의의 윤리와 시민권의 윤리는 충돌하는 관계에 놓이게 된다. 왜냐하면, "(자본주의가 필요로 하는) 경제적 불평등의 유지와 지속은 시민권의 질적인 발전과 향상을 보다 곤란하게 만들기" 때문이다.[10] 따라서 앞으로 시민권 개념의 확대는 부와 권력의 불평등을 필요로 하는 경제구조에 의해서 계속 제한될 것이라고 마셜은 예측했다.

이 마셜의 연구는 약 50년 전에 출판된 것이지만, 1990년대 이후의 문맥에서 재검토되면서 몇 가지 중요한 논점을 분명하게 만들었다. 먼저, 자본주의의 다국적화가 사회적 시민권의 새로운 발전을 제한했을 뿐만 아니라(여기까지는 마셜이 예측하고 있었다), 오히려 20세기 전반과 중반의 60년간에 걸쳐서 획득되어온 다양한 권리를 실질적으로 침식하는 역할을 했다는 점이다. 또한 톰 보토모어가 정확하게 지적하고 있듯이, 시민권이나 사회계급 간의 상관관계에 초점을 맞춘 마셜의 연구는 현재의 중요한 과제인 인종 및 젠더와 관련한 관점이 완전히 결여된 것이었다. 또한 마셜의 연구는 19세기 및 20세기 초기 지구 북반구의 일부 국가에서 시민권의 발전과 획득에 중대한 기반이 된 식민지주의의 거대한 구조를 무시했다.[11]

전지구적 규모에서 사람들의 국가 간 이동이 증가하고, 인종적인 아이덴티티의 정치학이 강화되고 있는 시대에 시민권의 권리에 대한 기회는 경제적인 불평등에 의해서 제한될 뿐만 아니라, 서로 다른 언어,

종교, 전통 등(이른바 문화)에 의해서도 제한될 수 있는 점이 점차 분명해져가고 있다. 그렇기 때문에 21세기 초에 접어들면서 네 번째 요소인 '문화적 시민권'이 정치논쟁의 열쇠가 될 수 있는 쟁점으로 등장하게 된 것이다. 이 논쟁에서의 이슈는 바로 '다문화주의'—그것은 문화적 다양성의 공인(公認)과 더불어 이 문화적 다양성이 부, 지위, 권력이라는 측면에서 영속적인 불평등성의 이유나 근거가 되는 것을 거부하는 시도—라고 일컬어지는 정치전략이다.

국민국가 내부에서 문화적 다양성의 승인은 현재 지구상의 광범위한 지역에서 이루어지고 있다. 조엘 바르르는 '다문화주의'라는 말은 의미상 중복되는 것이라고 하면서 다음과 같이 지적하고 있다. "본래 문화그 자체가 'a mestizo universe par excellence(월등하고 혼성적인)' 것이며, 모든 인간사회는 문화적으로……이종간(異種間) 교배의 소산이다. 바꿔 말하자면 문화란 그 발생부터가 '다(多. multi)'하거나 혹은 더나아가 '교(交. inter)'한 것이다"라고. [12]

수십 년에 걸쳐서 단일민족설의 환상이 민중의 상상력에 강력한 통제를 해온 일본사회에서도 《아사히신문》의 기사에 의하면, 도쿄의 신주쿠는 '아시아의 교차점'이 됐고, 일본은 '다국적 국가'가 됐다고 인정하고 있다. [13]

문화적 다양성의 전반에 대한 지지는 급증하는 경향을 보이고 있을지 모르나, 동시에 많은 관찰자들은 이데올로기로서의 다문화주의가지니는 철학적 근거에 대해서 의문을 제기하기 시작했다.

내가 현재 거주하고 있는 오스트레일리아에서는 1973년 이후 다문화주의를 공식적인 정책으로 채택하고 있다. 1980년대 후반의 여론조사에서는 다문화주의(물론 그 해석은 천차만별이지만) 정책에 대해 전체 인구 중 72퍼센트가 지지를 표시했다.[14] 한편, 앞서 언급한 대로 '다문화주의'의 급증에 대한 반발로서 최근에 출판된 《다문화를 배경으로 한 시민》이라는 제목의 논문집은 소수자 문화의 보호정책의 유효성에 대한 의문을 제기하고 있다.[15]

또한 1994년에 잡지 《콘티뉴》은 '아시아와 인종에 관한……다문화적 또는 정치적 주류'의 출현에 대해 '비판적 혹은 단순히 편향적'인 해석을 부여한 논문만으로 편집한 특집호를 발행했다.[16] 또한 이 논문들과는 다른 관점에서 캐나다에 거주하는 사회학자 스네더 간뉴는 다문화주의가 지닌 은폐된 가설을 해체하는 시도로 다문화주의의 개념을 정의했다. 그는 다문화주의가 "특정한 문맥 안에서만 그 의미와 전략적인 유효성의 쌍방을 획득할 수 있는, 일종의 **유동적 표상**이다. 그것은 어떤 당파에서도 유용이 가능하며, 또한 특권적이고 고정된 의미를 가지고 있지 않다"(강조 원문)고 주장했다.[17]

2. '다'로부터 '문화'로

'다문화주의'에 관한 초기 단계의 논쟁은 많은 경우 주로 그 '다(多, multi)' 부분에 초점이 맞추어져 있었다. 그것들은 국민국가가 얼마나 다양하고 광범위한 문화를 포괄 가능한가, 혹은 문화적 다양성은 어떤 한도에서 사적 영역으로부터 공적 영역으로 확장 가능한가 하는 식의 논쟁이었다. 그리고 다문화주의정책의 시도를 언급한 정부 관계의 보고서는 그 대개가 '문화적 다양성'과 '사회적 통합성'의 균형을 우려하는 것이었다. 오스트레일리아의 문맥에서 보자면, 가정과 학교에서 사용되는 다양한 언어(즉 외국어)와 다양한 가치가 국민국가의 단일한 법체계 및 단일한 언어(즉 국가어)와 어떻게 공생할 수 있을까를 다룬 것들이었다.[18] (주의해야 할 것은 최근 다문화주의에 비판을 시도하는 논객들의 일부가 이 논점을 다시금 재현시키고 있다는 점이다. 예를 들어 찬드란 쿠카타스는 "우리들은 사적으로는 특정한 문화에 속한다고 자신을 규정할지 모르지만, 공적으로는 자신을 시민으로서 규정하지 않으면 안 된다"[19]고 주장했다.)

위와 같은 동화정책을 지지하는 비판자들을 제외하면, 다문화주의에 관한 비판적 분석의 초점은 '다'로부터 '문화'로 이행했다고 단언할 수 있다. 그것들은 대개 다문화주의의 문맥이 포괄하는 '문화'에 관한 정밀하지 못한 가정에 대해 비판적으로 분석하는 경향을 띠고 있다. 이 비판들은 두 가지의 방향성을 지닌다. 그 하나는 '인종성=문화'라는 지극히 단순한 등식에 대한 도전이다. 오랜 동안 "누구도 인종, 종교, 혹은 사회적 계급이라는 단일한 아이덴티티의 기초 환경에 구속되지 않을" 목적에서 '다양성에 대한 지지'가 다문화주의를 옹호하는 공식 견해로 여겨졌다.[20] 그러나 현실 문제로서 '다문화주의'의 상표가 붙여진 정책의 이행은 일반적으로 '인종적인 것'이라고 인식된 (예를 들어 이민자들이 모어를 유지하는 것과 같은) 이슈에 초점이 맞추어졌다. 이 상황에서의 분석적 비판자들은 다양성이라는 틀의 확대를 요구하며, "예를 들어 불교신자들이나 동성애자 집단이 이탈리아인이나 베트남인과 같은 인종적인 집단과 적어도 원칙에 있어서 동등한 지지"[21]를 얻을 수 있는 다양성을 주장했다. 이 관점에서의 다문화주의정책에 관한 비판은 "문화적 다양성의 지지라는 광의의 강령 내부에 은폐된 상황"[22]을 드러내는 유력한 논점이라고 할 수 있다.

'인종성=문화'라는 공식에 대한 도전은 또한 '인종'보다 유연한 개념인 '인종성'의 측면을 강조하는 경향에 대한 분석적 비판이기도 했다. 예를 들어 오랜 기간 논쟁이 이어지고 있는 영국에서는 '열위(劣位. disadvantage)'를 문화적 이질성의 소산으로 여기는 해석은 인종차별주의가 지니는 결정적인 역할을 애매하게 한다는 견해가 있다. 이것은 영국형 다문화주의 교육정책에 대한, 소수이지만 강력한 비판자들의 주장이다. 즉 '세 가지 S('Sari'와 'Samozas'는 양자 모두 인도대륙으로부터의 이민을 표상한다. 'Steel Bands'는 서인도제도로부터의 이민을 표상한다)'*에 대한 지원은 단순히 일시적 위안에 지나지 않으며, '다수자의 문화'에 내재하는 차별의 근원을 근절하는 작업으로부터의 도피라는 것이다.[23] '인종' 개념에 대한 이런 방향 전환이 '불가변한 육체적 특징'으로 여기던 19세기의 '인종' 개념을 다시 채택하는 것을 의미하지는 않는다. 오히려 그것은 국민국가가 다양성을 얼마나 포섭할 수 있을까 하는 실로 안일한 다문화주의에 대해서 '흡수 불가능한 차이의 상징적 마커(symbolic marker)'[24]를 만들어내는 것에 의한 도전이기도 했다.

'인종성=문화'라는 공식에 대한 검증은 또한 '다문화주의가 지닌 잠재적인 보수적 편향에 초점'을 맞춘 비판적 분석의 두 번째 경향에 밀접하게 연결된 것이기도 하다. 찬드란 쿠카타스가 지적한 바와 같이, 문화적으로 다원적인 사회란 "도가니나 모자이크 모양이 아닌" 끊임없이 변화하는 만화경의 패턴을 구성한 것이다.[25] 따라서 현존하는 소수자 문화보호 중심의 다문화주의정책은 사회의 속성인 동태적인 자연

---

* 사리(Sari)는 인도 여성이 몸에 두르는 무명이나 비단 천이며, 사모자스(Samozas)는 인도 음악의 이름이고, 스틸밴드(Steel Bands)는 서인도제도의 전통 음악 중 타악기 합주 양식을 일컫는다.

변화를 부정하고, 어떤 특정한 (만화경이 계속 이행하는) 순간을 그대로 동결하고 말 위험성을 항상 안고 있다.[26] 그리고 그 동결된 순간으로서의 패턴은 때에 따라서는 사회적 억압성이 높을 가능성도 있다. 사빈 그레티슈와 같이, 다문화주의는 "(지배층에게) 유지될 만한 가치가 있다고 여겨지는, 예를 들어 성차별적인 행동형태를 인종성에 귀속시킴으로써 다문화주의정책 안에서 용인"[27]하려고 한다는 페미니즘 쪽의 비판도 있다. 설령 그렇지 않다고 하더라도, 다문화주의정책은 국가로부터 재가를 받은 '사회적 통합성'의 비전을 포함하여 사회적 역동성을 특정한 차원에서 무효화할 필연성을 갖고 있다는 것이다. "다문화주의정책이란 문화적 차이를 조성하는 정책으로 받아들여져서는 안 되며, 오히려 역으로 문화적 차이를 안전한 수로로 유도함으로써 파악되어야 할 것"[28]이라는 말은 이런 위험이 존재한다는 것을 명백히 말해주고 있다.

이상과 같이, '다문화주의의 분석적 비판'을 다룬 논문들은 대부분 공통의 주제를 지니고 있음에도 불구하고, 그 치료방법은 서로 차이가 있다. 찬드란 쿠카타스나 라메슈 사크아는 이 다문화주의가 지닌 딜레마에 대해서 전통적인 의미에서의 리버럴한 해결책을 제시하고 있다. 즉 특정한 문화집단에 대한 선택적 정책을 회피하며, 전반적인 개인의 자유와 권리의 보장을 통해서 '다원주의에 영양분을 계속 보급하는' 것이 국가의 역할이라는 것이다. 한편, 발리 힌데스는 동일한 관점에서 출발하면서도 전혀 다른 결론을 내리고 있다. 광의의 다원주의란 "협의의 '인종성'을 단지 부분적으로 포괄하는 광범한 공동체의 이해에 근거한 문화연합의 촉진"[29]으로 파악하고, 국가가 그것을 장려할 것을 주장하고 있다. 또한 스트라톤 등은 그들의 연구에서 다문화주의 비판을 보다 진보적인 변혁을 위한 거점으로 삼고, 유연하고 투과성이 좋으며 열려 있는 국민적 문화의 보장을 유지하면서 "국민적 통합의 이상은 방기되어야 한다"고 주장하고 있다.[30]

3. 안으로의 다문화주의

앞에서 언급한 저작들을 읽으면서, 나는 다문화주의 논쟁의 기축을 이루는, '문화'라는 충분히 검토되지 않은 개념의 남용에 대해 불안을 느낀다. 리콴유와 김대중 사이의 논쟁 때에도 드러났듯이, '문화'의 개념은 누구나 사용하지만 (혹은 그렇기 때문에) 그 의미가 반드시 일치하지 않는다는 점에서 난해한 문제이다.

현재 사용되고 있는 의미의 '문화'라는 말은 19세기 인류학자들에 의해서 발명된 것이다. 따라서 민족지적인 문화의 구상은 인류학 그 자체의 구조에 깊이 영향을 받은 것이라고 할 수 있다.[31] 당시 인류학은 지구상에서 격리된 지역에 사는 그다지 잘 알려져 있지 않은 공동체의 연구를 통해서 발달했다. 따라서 전문가들은 미지의 언어를 배우고 익숙하지 않은 환경에서 장기간(통상 1년에서 2년간)의 필드 워크를 해야 할 절대적인 필요가 있었다. 한 개인이 그 외의 다른 공동체에 대해서 그 과정을 반복할 시간과 재력, 여유가 없었다. 많은 경우 인류학자들은 제각각 특수한 소규모 공동체의 물질적 정신적 생활을 연구하는 전문가가 되어갔다. 이 때문에 인류학자들은 그 소규모 사회를 보호감시하고, 모든 국면의 생활에 정통했다고 인정받는 권위자가 될 것을 갈망하면서, "자기 영역을 가진 동물(territorial animal)"이 되고 마는 경향을 구조적으로 지니고 있었다. 이 경향에 의해서 당시의 인류학자는 필드워크의 기지 주변에 상대적으로 경계가 분명하고 소규모인 사회단위의 연구에 초점을 맞추게 됐다. 그리고 그 사회단위가 문화 전체의 유기적인 통합으로서 지니는 여러 요소―언어, 종교, 식료, 의료, 놀이, 성행위 등 이른바 '문화의 여러 요소'―를 독립된 대상으로 여겼다. 그리고 이들은 자신이 습득했거나 구상한 이론을 그 사회에 적용해나갔다. 이 과정은 H. 마틴 웝스트가 정확히 지적한 바와 같이, 그(녀)들이 연구대상으로 삼은 사회의 고유한 구조와 자신의 비전(vision)영역을 혼동했던 것이다. 그것은 많은 인류학자가 범한 오류 중 하나였다. 그리고 이 제한된 비전영역의 존재는 "경계를 지니고 있는 사회단위('사회')가 제한적인 공유의 행동양식('문화')을 규정하는"[32] 사회상으로 번역되어 갔다. 그 결과, 사람들은 세계를 더 많은 사회로 분할할 수 있었고, 그 각 사회는 명백히 차이가 존재하는 문화를 지니며, 언어, 의류, 식료와 같은 외면적인 표시는 공동체의 특정한 의미나 가치의 핵심이라고 여기는, 당시 인류학의 지배적인 이론이 만들어졌다.

정태적이고 전체론적인 '문화 모델'은 일부의 인류학자들로부터 강력한 비판을 받았음에도 불구하고, '다문화주의'에 관한 논쟁의 핵심을 성립하는 것으로 남아 있다. 스트라톤 등의 연구에서 알 수 있듯이, 이민 문제와 관련한 1978년 오스트레일리아 정부의 보고는 19세기의 고전적인 연구서인 에드워드 타이라의 저서《원시 문화》에서의 정의―한 개인은 명백히 정의된, 그리고 명료하게 차이를 지닌 문화집단에 소속한다는 것[33]―를 선택해 사용했다. 그리고 그때까지의 많은 '다문화주의' 논쟁에서 문제제기된 것은 새로운 이민의 소수자나 인종집단이 "그(녀)들 자신의 문화"를 간직하는 것을 허락해야 할 것인가, 아니면

'다수자 문화'에 동화시켜야 할 것인가와 같은 양자택일적인, 지극히 옹색한 '문화'에 대한 정의였으며, 또한 그와 관련한 토론이기도 했다. 마틴 웝스트의 연구가 시사하는 바와 같이, 이 문화에 대한 '원자론(原子論)'적인 해석은 대다수 공동체의 생활양식을 정확히 묘사하는 것이 결코 아니다. 가령 그것이 극히 작은 공동체라고 해도 그 한 '사회'와 인접한 어느 '사회'가 단일하게 독립하여 독자적인 사회로서 존재할 가능성은 거의 없다. 왜냐하면, 공동체란 복합적인 연대를 통해 네트워크의 교환이 필연적으로 이루어지게 마련이며, 그래서 한 개인은 '전체적으로 통합된 문화'에 소속될지 모르지만, 동시에 다른 문화집단과도 다중다층적으로 교차하는 것이기 때문이다.

전통적인 의미에서 민족지학자들의 사상인 '문화'란, 20세기 후반 사회의 거대한 복합성을 시야에 둔다면, 거의 의미 없는 것이 되고 만다. 사회에서 살아가는 한 개인이란 다양한 인종의 기원을 지닌 경우가 많을 뿐만 아니라, (가족, 거주지역, 직장, 조합, 직능집단, 종교, 스포츠와 같은) 각각이 독자의 '문화'를 소유한 공동체에 소속되어 있다. 또한 '문화'란 우리들이 소비하는 정보의 산물이라는 성질상, 가령 브루스리(이소룡)의 영화, CNN 뉴스, 마이클 잭슨 음악 등을 공통적으로 소비하며 생겨나는, 이른바 다국적 문화에의 참가라는 측면을 지닌다. 바꿔 말하자면, 단순히 이민자들만이 북아메리카, 유럽, 오스트레일리아, 그리고 일본을 '다문화' 사회로 여기는 것이 아니라, 20세기 후반의 경제적 사회적 발달(국제적 이민은 그 안에서 단지 한 예에 불과하다)이 각 사회의 아이덴티티 형성에 복합적인 문화자원을 제공한 것이다. 혹은 20세기 후반의 경제적 사회적 발달이, 증대하는 '안으로의 다문화주의(multi-culturalism within)'를 낳았다고 할 수 있다. '안으로의 다문화주의'라는 개념을 이해하기 위해서는 피에르 부르디외의 "위치를 취한다"는 사고 방식을 차용(그리고 적용)할 필요가 있다. 이 말의 기원은 문학이론에서 나온 것으로 문학에서 작가가 자신의 위치를 규정하는 경우를 염두에 둔 것을 뜻하는 말한다. 특정한 장르(가령 소설이나 시) 혹은 하위 장르(가령 낭만주의 소설이나 사회시) 중 어디에 자신의 문학을 위치지을 것인가 결정하는 것은 "어느 위치도 (예를 들어 그것이 우위에 있다고 하더라도)……장(場)을 구성하는 다른 위치의 존재에 의존할 수밖에 없"[34]는 것과 같이 위치에 대한 선택이다. 부르디외의 이론에서 위치란, 장기판 위의 말과 같이 장기판이라는 제한된 범위에 존재하지만 외적으로 존재하는 것으로 파악된다. 한편, 내가 여기서 말하는 '위치를 취한다'라는 것은 알 수 있는 지식원(知識源)의 네트워크와 교차하면서 자신의 아이덴티티를 어떻게 정의할 것인가와 관련된 내적인 선택의 의미이다. 사람들은 '무슬림', '중국인' 혹은 '중산계층'이라는 단독의 아이덴티티에 속해 있는 것이 아니라, 다양한 사회적 역사적 상황에 적응하기 위해서 (그리고 경우에 따라서는 이반(離反)하기 위해서) "위치를 취한다"는 것이다. 나는 나 자신을 (영국 국적도 소유하고 있는) 오스트레일리아인이라고 의식하면서도, 경우에 따라서는 어머니라고 의식한다. 또 어떤 때는 그 뿌리가 잉글랜드, 스코틀랜드, 그리고 아일랜드에 있다고 의식하면서도, 또 일본인의 가계(家系)와 결혼한 사람이라고 의식한다. 혹은 1960년대에 자신의 사회적 가치와 감성이 형성된 사람('중년'이라는 말의 완곡한 어법이다)으로 의식하기도 한다. 부르디외가 주목한 것과 같이, 나는 항상 "장(場)을 구성하는 다른 위치"의 의식에 영향을 받으면서 항상 자신의 다양한 아이덴티티를 동원하여 "위치를 취"하고 있는 것이다. 즉 아이덴티티란 정(正)과 부(負)의 양극 사이를 오가는 것이며 '소속(one with)'과 '차이(distinct form)'의 존재가 필요에 따라서 형성되는 것이다. 예를 들어, 내가 편하게 지내는 남자 연구자만의 모임에 동석한 경우, 아마도 나는 자신을 '연구자'라고 동일화(identify)할 것이다. 그러나 편하게 사귈 생각이 없는, 아니면 불유쾌하다고 생각되는 남자 연구자들만의 모임에 동석할 경우, 아마도 나는 이제까지 경험한 대로 그들의 자기 정의인 '남성적인 것'과 균형을 취할 목적으로 스스로를 '여성'으로 동일화할 가능성이 높다.

이런 방법에 의해서 나는 마이켈 이그나티에프의 인종성에 관한 해석인 결정론적 객관주의로부터 결별하고 싶다. 이그나티에프는 죽은 자의 말라비틀어진 손이 우리들을 영원히 변하지 않는 과거로 되돌리듯이, "당신의 내이션(nation)이란 당신의 무덤이 있는 장소"라고 해석한다.[35] 동시에, 올랜드 패터슨과 같이 경제적 이익의 극대화를 위하여 인종성을 마치 입었다 벗었다 자유자재로 할 수 있는 옷과 같이 파악하는 단순한 주관주의에도[36] 나는 동의할 수 없다.

즉 오스트레일리아의 사회학자 질 보톰리가 지적하는 것처럼, 부르디외의 사회이론은 "기정사실로서의 현실을 외부로부터 파악하려고 하는" 협의의 객관주의와, "경험을 지닌 자의 특권으로서의" 협의의 주관주의에 함몰될 위험을 피하는 방법을 제시하고 있다.[37] 부르디외의 이론을 비판의 대상으로 삼고 있는 폴 디마지오에 따르면, 아이덴티티란 "특정의 합리적 문맥 안에서만 상징적으로 컨트롤되는" 우리들의 '문화자원'으로부터 추출된 것이다.[38] 그 대부분이 유소년기에 체득되고 계승되는 문화자원은 육체적인 동시에 정신적이기도 하다. 육체적 외관, 자세, 행동 및 복장 양식을 결정하고, 또한 언어, 학습에 의한 숙달, 자연, 역사, 정치 등에 관해서 획득된 지식을 포함한 것이 바로 문화자원이다. 성인이 되어서 우리들은 새로운 지식을 얻고, 머리를 염색하거나, 경우에 따라서는 성전환을 할지도 모르지만, 유소년기에 체득되어 계승된 자원은 적어도 성인이 된 후의 아이덴티티의 선택 범위를 구속할 것이다.

그러나 동시에 아이덴티티의 선택은 우리들을 둘러싼 사회의 조건에 의해서 부여된, 특정한 아이덴티티의 위치들에 의해서도 제한될 것이다. 다시 말해, 사회집단이 공유하는 문화자원의 총체로서가 아니라, 커뮤니케이션의 과정 혹은 마찰과 절충 등을 통해서 형성된 (그리고 부여된 아이덴티티의 상징으로서 널리 인정되는) 특정한 '상징적 마커(symbolic marker)'로 정의된 아이덴티티에 의해서 제한되기도 한다.

리처드 화이트는 20세기 특히 제2차 세계대전 이후 오스트레일리아의 '상징적 마커'란 백호주의라는 단일인종주의정책뿐만 아니라, 일반적으로 '오스트레일리아의 생활양식'─그것은 "마이홈과 4분의 1에이커의 정원……냉장고, 세탁기, 라디오, 텔레비전, 그리고 물론 자가용"과 같은 가족 소유의 카탈로그─의 도시소비형의 부유한 이미지였다고 보고했다.[39] 윤건차는 일본에서의 국민적 아이덴티티 마커란 메이지유신 이후에 발전한 이데올로기─그것은 '일본인'을 인종집단(민족)으로 파악하는 개념 위에 각인된 '일본인'이 '일본국민'이라는 개념─에 의해서 깊은 영향을 받은 것이라고 지적하고 있다. 선택, 추출된 문화적 전통(언어, 음식 등)과 '국민적 성격(근면, 조화, 충성 등)'이 만세일계(萬世一系)의 천황을 정점으로 한 '국민적 혹은 신민적 가족'이라는 정치적 상상력과 결합했다. 메이지시대 이후 발달한 이 이데올로기의 두드러진 특징은 상상의 '일본'을 상상의 '서구'나 '아시아'로부터 구별하기 위해 '민족'이라는 용어를 언제나 변질 가능한 방법으로 사용했

다는 데 있었다.[40]

물론 이 상징적 마커들이란 강한 정치성을 지닌 것이며, 그 의미의 통제를 둘러싸고 계속되는 사회적 경합 끝에 창출된 것이다. 즉 아이덴티티 집단 내부의 권력이 위치 이행하는 것과 더불어 변화하는 것이기도 하다. (오스트레일리아) 국내외로부터의 압력이 1980년대 백호주의 정책의 파기를 초래했고, 1970년대 다문화주의정책의 공식적인 수용으로 이어진 것은 상징적 마커가 이행한 좋은 예일 것이다. 또한 1970, 80년대의 페미니즘에 대한 광범위한 지지가 '남성적인 것'을 재정의하려는 밀도 높은 논쟁을 유발한 것과 같이, 어떤 위치의 마커의 변화는 동시에 다른 위치의 마커의 이행에도 직결된다.

그리고 이행을 계속하는 마커로부터 뒤에 남겨진 사람들은 그(녀)들이 과거에 소유하고 있었다고 믿는 불변의 아이덴티티를 찾아 도피, 망명하는 경향을 보인다. 예를 들어 (1940, 50년대에 사회적 전망을 형성한) 시인 레스 마레는 그 자신이 오스트레일리아에서 '자국 내 망명'을 하고 있다고 느꼈으며, 또한 레베카 웨스트는 소설 《새들은 떨어진다》에서 그 주인공 라우라 로완에 대해서 이해하기를 "그녀가 잉글랜드를 떠날 결정을 한 것이 아니다. 잉글랜드가 그녀로부터 떠난 것이다"라고 말했다.[41]

사람이 아이덴티티의 위치 이행을 용이하게 하는 방법은 가장 기본적인 인권의 하나라고 할 수 있는 문화자원을 최대한 활용하는 것이다. 1880년대부터 일본 국적을 지니게 된 유럽, 북아메리카, 일본, 태평양 제도의 혼합에 그 (인종적인) 기원을 갖고 있는 한 젊은 오가사와라제도(小笠原諸島)*의 청년은 "다양한 얼굴을 지닌 것은 편리함과 동시에 즐거운 것이기도 하다"라고 증언하고 있다.[42]

그러나 한편, 새로운 아이덴티티의 마커 출현에 의해서 오가사와라 사람의 역사는 자신들의 상징적 문화자원의 유산 중 어느 부분이 부정됐다. 이것은 일정한 위치 확정만을 강요받았을 때 인간이 당하는 수난을 명확히 보여주고 있다. 그들은 **국민**과 **민족**의 개념이 경우에 따라서는 모순을 드러내면서 복잡하게 뒤엉킨 패전 이전 일본의 주도 아래서 일본(이른바 '내지')에서 이민 온 사람들과 혼교(婚交)했다. 또 일본의 시민권을 보유했음에도 불구하고 오리지널의 오가사와라 사람들(유럽, 북아메리카, 태평양제도의 이른바 '혼혈')은 '귀화인'으로서 **다른 일본인**과는 관례적으로 차별 대우를 받았다. 동시에 이들은 당시 서구를 상징하는 이미지로서 광범위하게 존재했던 부와 권력의 표상과 합치하지 않았다. 야마가타 이시노스케(山方石之助)의 말을 빌리자면 "불행하게도 서구나 북아메리카의 중산계급이 지닌 아름다운 습관과 좋은 작법을 가지고 있지 않았기"[43] 때문에, 그(녀)들은 공적인 의미에서나 일상에서 만들어진 심상에서도 '남양제도(南洋諸島)의 사람'으로밖에 대우를 받지 못했다. 이 '남양제도의 사람'이란, '남양'에 사는 (당시 많은 일본인이 가지고 있던 서구에 대한 우월·열등감에 근거한) 유럽의 대표와 낭만주의라는 두 가지가 혼합된 의미를 지닌 것이었다. 제2차 세계대전 이후 미국에 의한 점령 시기(1945~68)에는 인종적인 기원이 비일본인(非日本人)에게만 섬으로 돌아오는 것이 허가됐다. 그리고 그(녀)들은 영어로 교육을 받고 날마다 성조기를 게양하며 할리우드영화를 통해 동화정책을

* 오가사와라(小笠原)제도는 도쿄에서 남동쪽 태평양상에 있다. 분로쿠(文祿) 2년 (1593)에 오가사와라 사다요리(小笠原貞賴)가 발견한 것으로 알려져 있다. 1876년 (메이지 9)에 일본령이 됐고, 1880년에는 행정구역상 도쿄부(府)에 소속됐다. 제2차 세계대전 후 미국령이 됐으나 1968년에 다시 일본으로 반환됐다.

받았다. 그러나 미국은 여러 정치적 이유를 들어 그(녀)들의 미국 시민권을 부정했고, 오가사와라 사람들의 아이덴티티 기반을 다시금 왜곡시켰다.[44]

문화자원과 집단적 아이덴티티 사이의 보다 더 잔혹한 불일치는 아보리지니(오스트레일리아의 선주민) 아이들의 예에서 볼 수 있다. 아보리지니의 아이들은 최근 1970년대 초까지 미개한 인종으로 취급되어, 이른바 '보호'정책에 의해 강제적으로 가족과 헤어져 고아원이나 수도원에서 양육과 교화를 받으며 자라야 했다. 자신들의 문화유산에 대한 기억을 부정하는 '하얀색의 오스트레일리아=백호주의'에 의해서 동화된 그(녀)들은 성인이 되어서도 자신들을 교화시킨 사회로부터 '인종'이라는 단일한 아이덴티티의 마커에 의해서 많은 경우 거부당했다. 그리고 강제된 아이덴티티의 위치와 자신들의 문화자원 사이의 균열에 의한 정신적 손상은 '많은 얼굴을 가졌다'는 긍정적 의미보다도 '다른 문화의 가면을 덧쓰고 있다'는 비인간적인 부정적 의미와 결부됐던 것이다.[45]

국가는 그 시민이 스스로의 아이덴티티의 위치를 선택할 수 있는 범주를 규정하는 데 결정적인 역할을 하고 있다. 다시 말해, 시민권이란 결코 권리와 의무, 여권이나 신분증명서와 같은 것이 아니라, 정도의 차이는 있지만 "생명의 의미를 부여하는 국민적 공동체의 일부"[46]라는 감각을 확실히 내포하고 있기 때문이다. 그리고 국가는 (정치성명, 교육제도, 혹은 눈에 보이는 국기, 국가, 공적인 축전 등을 통해서) 상상의 국민적 공동체의 정의와 관련된 최대한의 영향력도 가지고 있다.[47] 동시에, 그 영역 안에 거주하는 'the people'의 어느 부분이 자신들의 상징적 문화유산을 유지하면서 '시민'으로서의 아이덴티티를 공유할 수 있을지를 결정하는 힘도 또한 국가가 소지하고 있다. 그리고 이것은 중요한 것이지만, 국민적 아이덴티티란, 아이덴티티라는 무수히 많은 별자리 가운데서도 중심부에 위치하고 있기 때문에, 시민권을 규정하는 마커는 실로 경계선상에 있는 듯한 집단(가령 종교, 정치운동, 인종의 차원에서 소수자)을 규정하는 마커에 대해 강력한 영향력을 미치는 것이다.

1950년 이전의 오스트레일리아가 그린 자화상은 물질적으로 풍요롭고 '화이트한 사회'였다. 하지만 이것은 오스트레일리아를 포위한 아시아를 물질적으로 빈곤하고 '비화이트한 사회'로 규정하는 이미지나 (오스트레일리아 건국 이전의) 아보리지니시대를 '비문명'적이며 '블랙의 사회'로서 규정한 이미지와 대조적으로 그려낸 그림이었다. 당연하게도 이 국민적 공동체의 비전은 아시아인과 아보리지니인을 그 구성원에서 제외하는 것이었지만, 한편에서는 공적으로 승인된 '순백(whiteness)'의 이미지와 대조적이어야 할 아보리지니의 아이덴티티를 재구축해야만 하는 필연성을 갖는 것이기도 했다. 가령 (아보리지니의) 공동체주의가 지니는 전통적 가치에 대해 우위를 주장하는 (백인의) 개인주의, 혹은 아보리지니의 정신적 가치에 대해 '오스트레일리안 드림'과 같은 형태로. 최근 데이비드 스즈키나 데이비드 메이버리 루이스의 선주민 문화에 대한 저서에서 보여주는 공통된 주제는 20세기에 침략적으로 이식되어온 '개발'과 '물질문명'에 대해서 역으로 그와 대조적인 위치를 취할 수밖에 없었던 선주민 문화에 관한 연구일 것이다. 그것은 우위에 존재하는 사회로부터의 부분적인 반성이었다.[48]

나는 다문화주의라는 개념의 최대 공적을 앞서 언급했던 것과 같이 국민적 아이덴티티의 상징적 마커에 끼친 충격이라고 생각한다. 다문화주의에 대한 사상적 지지기반은 아직 위약하며, (조성금의 분배와 같은) 이 정책의 실시는 제대로 배려된 것이라고 말하기 어렵다. 그럼에도 불구하고 국민적 집단과 관련한 인식을 변화시키려는 노력은 상상된(상상의), 그리고 다시금 상상해야 하는(재상상의) 국민적 공동체의 존재방식에 대한 인식을 보다 예리하게 만들었다. 바꿔 말하자면, 다문화주의의 개념은 국민적 아이덴티티를 불변의 고정된 것이며, 건국신화와 피의 결합에 의해서 영원히 결박된 것이라고 여기는 사상으로부터 대단히 중대한 정신적 해방을 우리들에게 가져다주었던 것이다. 하지만 '국민＝민족'이라는 낡은 시대의 등식이 아직도 널리 퍼져 있다. 특히 일본에서는 '국민＝민족'이라는 등식이 국적의 개념과 결부되어 있어, 국민적 공동체의 존재방식을 다시금 상상하는 '재상상'의 작업은 더욱 곤란할 것이다. 하지만 역사가 짧고 분명히 '창조'된 국가인 오스트레일리아나 미국에서의 그 작업과 비교해보더라도, 일본에서의 그것은 더 본질적인 과제라고 할 수 있다. 그리고 이 '재상상'의 작업은 국민과 아이덴티티와 관련한 언어를 재검증하는 것에서 출발하지 않으면 안 된다. 가령 '일본인'이라는 말이 충분한 검토가 이루어지지 않은 채 정치적인 경계와 민족지적인 경계를 동시에 의미한다면, 그 말은 특권을 지닌 특정한 사람들만의 (그것은 경우에 따라서 자조적인 의미로서 '재일일본인' 등으로 불려지는 것이지만) 상징적 마커로서 성립하고 만다. 결국에는 다른 사람들에게 폐해를 초래할 위험성을 항상 내포하게 마련이다. (전시중의 '비국민'이라는 말을 상상하길 바란다.)

4. 국민적 틀을 넘어서

앞에서 밝힌 이유에서, 다문화주의정책은 시민권과 관련한 상징적 마커의 변화나 '국민성'이라는 용어의 새로운 정의에 중요한 역할을 한다. 그와 동시에 국민국가 권력이 수용 가능한 다양성의 인식에 대한 한계도 또한 인지해야 할 것이다. 이 한계의 탐구를 위해서는 문화자원과 상징적 마커의 두 개념으로부터 일단 거리를 둔 채, '문화자본'의 개념에 주목할 필요가 있다. 앞서 인용한 디마지오의 말을 차용하자면, 그것은 "제도적으로 심사되어 유효하게 된" 특권을 지닌 일군의 선택된 문화자원이며, 또한 그것을 보유하고 사용하는 자에게 "부와 권력, 그리고 국민적 공동체 내부에서의 지위를 부여한다."[49] 부르디외에 따르면, '문화자본'이란 세 가지의 형태를 띤다. 첫째는 '포함'된 형태이다. 이것은 한 개인이 소유하는 특정한 타입의 지식(이를테면 주식·채권·외환 따위 금융상품에서 파생된 복합 금융상품(derivative)이나 미술시장에 대한 이해가 깊거나, 문체에 정통한 지식 등)을 의미한다. 다음은 '구상화(具象化)'된 형태로, 서적, 회화, 필름과 같이 눈으로 볼 수 있는 물질적인 대상물을 의미한다. 그리고 마지막은 '제도화'된 형태로, 가령 학위나 자격 등을 의미한다.[50] 문화자본인 부(富)의 소유자란 '보통의 시민'으로서가 아니라, 정치적 경제적, 그리고 사회적 권력의 소유자인 '선택된 시민'을 나타내는 마커로서 정의되는 것이다. 그러나 가정에서의 교육이나 교제를 바탕으로 획득된 개인의 모든 문화자원이 반드시 문화자본으로 전환될 수 없다는 점은 강조해둘 필요가 있다. 어떤 종류의 지식을 유효하다고 판단하여 장려하고, 또 어떤 종류의 지식을 무효하다며 판단하며, 일탈의 기호(일종의 '부정적 자본')를 부여하고 매장할지는 국가가 주로 결정하고 있는 것이다.

교육의 공급, 미술조성 혹은 공공방송 등 국가정책은 문화자본에 대한 접근 가능성을 제공함과 함께, 선택하고 제외하는 메커니즘을 창출하는 이중적 성격을 지닐 수밖에 없다. '다문화주의'정책의 채택을 촉진시킨 전지구적 규모에서의 여러 요인은 또한 동시에 문화자본에 대한 심사나 창조와 관련한 국가적 역할을 일정 정도까지 압축하는 작용을 지니고 있다. 그 안에서 가장 중요한 요인은 사람들과 사상과 정보의 국제적 가동성보다도 오히려 금융과 투자라는 경제의 국제적 가동성의 증가일 것이다. 국경을 초월하는 투자금융의 흐름 속에서, 우대세제와 훈련된 노동력의 가장 매력적인 조합을 통해서 다국적 기업을 유치해야 하는 압력에 국민국가는 항상 노출되어 있다. 이 압력은 사회적 인프라를 위한 지출과 교육제도를 통한 문화자본에 대한 더 공평한 접근 가능성의 창출에 관한 국가의 허용범위를 크게 제한한다. 또한 다른 한편에서는 훈련된 경영자들과 순응하는 노동자들에 대한 다국적 기업의 요구는, 어떤 특정한 지식형태만을 정당화하고 전달하는 수단으로서의 교육에 특정한 프리미엄을 부가한다. 이것이 현재 세계의 많은 국가에서 진행 중인 정책 경향이다. 이와 같은 교육의 확장은 교육지출(수업료의 증액 혹은 정부지출의 상대적 감소와 같은)이 국가 부담에서 개인 부담으로 이행하는 현상이며, 또한 기업의 필요에 부합하는 교육내용을 요구하는 개입과 엄격한 관리인 것이다.

이상의 과정은 특정한 문화자원만이 문화자본으로 전환된다는 지극히 중대한 현상을 초래하고 있다. 즉 다양화된 사회 내부에서의 한 개인의 능력이 그(녀)들이 획득한 특이한 지식의 조합에 의해서만 사회적으로 특별하게 인정받는 (문화자본화의) 현상이다.

오스트레일리아에서 그 예를 찾자면, 직접적인 경제 유효성을 인정받은, 가령 특정한 소수자의 언어(인도네시아어, 중국어 등)라든가 예술적 전통(아보리지니의 예술 등)에 대한 공식적인 장려가 바로 이 현상이다. 동아시아나 동남아시아에서 온 이민자의 언어를 지키려는 정책은 오스트레일리아와 아시아 경제의 상호의존의 진전이라는 문맥 안에서 정당화된다.[51] 또한 아보리지니의 미술은 그 전지구적 규모로 '수용된 다는' 이유로 장려되고 있다. 그러나 공식적인 '다문화주의'정책 아래 문화적 다양성을 표상하는 다른 많은 문화자원이 20세기 후반의 자본 주의 이론에 부합하지 않는다는 이유로 고립되고 소홀히 다루어졌던 경향을 잊어서는 안 된다.

오스트레일리아의 선주민사회에서 예를 들어보자. 아보리지니사회 는 경우에 따라서 수천 킬로미터에 이르는 넓은 범위에 흩어져 있는 가계(家系)의 네트워크 고리를 유지한다는 중요한 특징이 있다. 이 고 리를 유지할 수 있게 만든 것은 거듭되는 각 가계 사이의 이동, 그 이 동에 부수되는 물질적인 소유의 공유화, 그리고 (물리적인 측면에서) 방 대한 시간을 대화와 우정과 교제를 위해 능히 투여할 수 있는 능력이 다. 그러나 이 능력들은 저축과 물질적 획득, 동일한 직장에서의 장시 간 고용 혹은 노동자가 대부분의 생활시간을 고용 및 그 준비를 위해 서 소비해야 하는 것 등 근대 경제의 요구와 합치하는 성질의 것이 아 니다. 따라서 아보리지니의 미술이 국가적인 규모에서 장려되고 있음 에도 불구하고, 그 미술 스타일을 창조한 생활스타일은 부정된다는 모 순이 존재한다.

한편 국가적 승인을 받은 국민적 아이덴티티는 이미 아보리지니를 제외하지 않았음에도 불구하고, 그(녀)들이 자신의 사회적 전통을 유 지하면서 경쟁체제의 근대 경제라는 기성의 틀 안에서 '성공'을 이루려 고 할 때 겪는 곤란에 대한 배려는 거의 전무하다고 해도 좋다. 공동체 의 생활로부터 벗어나 "주류사회에서 살아가려는 아보리지니가 자신의 생활양식으로부터의 요구와 현대 주류사회의 생활양식으로부터의 요구 사이의 조화를 꾀하려고 할 때 발생하는 '곤란'을 해결할 방도는 (백인의) 정부정책 중 그 어디에도 존재하지 않는다"[52]고 말하는 어느 활동가의 증언은 현재의 다문화주의정책이 지니는 중대한 결함을 여실히 보여주고 있다.

이 증언에서 알 수 있는 바와 같이, '다문화주의'라는 이름의 공식적인 정책은 대부분 다양성에 대한 임기응변식 접근이다. 소수자의 전통이 어느 때는 장려되고, 또 어느 때는 무시되거나 억압된다. 바꿔 말하자면 어느 때는 문화자본으로서 제도적으로 정당화되고 승인되지만, 또 어느 때는 편향된 '부(負)의 문화자본'이라고 각인되어 말살된다.

이런 문제는 다문화주의적인 국가정책의 필요성을 부정하는 것이 결코 아니지만, 그런 국가정책만으로는 너무나도 불충분하다는 점을 강조한 것이다. 문화자원을 획득하고 양성하고 표현하는 인간의 기본적인 인권은 하위 국가적 차원, 국민적 차원, 그리고 국제적 상호작용의 차원이라는 다층적인 차원의 정책이 동시에 기능할 때, 비로소 보호될 수 있다는 점을 시사한 것이다.

이 소론에서 내가 주장하고자 하는 '안으로의 다문화주의'의 패러다임은 기성의 의미에서의 단일한 정치집단(정당)의 일원으로서가 아니라, 상호간에 의존하고 교차하는 다양한 아이덴티티 집단에 중복되는 구성원으로서, 이해관계를 주장하기 시작한 시민의 불가피한 경향을 포괄하는 것이다. 빈센트 케이블은 '우'나 '좌'와 같은 낡은 정당 정치적 구분은 그 의의를 상실했으며, 동시에 "문화적 아이덴티티의 새로운 형태를 주장하는" 자세가 출현함으로써, "원리적 차이를 지닌 기초와 관련된 정치적 충성의 재편성"이 새로운 "원칙의 조직화"[53]의 출현을 표상할 것이라고 파악하고 있다.

전통적인 의미에서의 정당과 새롭게 출현한 아이덴티티 집단 사이의 주된 차이는 아마도 그 구성 자체의 차이일 것이다. 군축에서 소비세 혹은 해외 투자에서 빈곤자에 대한 지원까지, 모든 정치적 과제에 종합적인 해답을 제공하고, 그 실현을 위해서 지지자의 일원적 충성을 요구하는 것이 전통적 정당의 구성 형태이다. 한편, 아이덴티티 집단이란 인종, 종교, 성별, 세대, 직업 등 구성원의 생활에 깊이 관여하는 여러 요소 안에서 특히 단일하고 특정한 차원의 것과 대응하는 구성 형태이다. 그렇기 때문에 아이덴티티 집단은 다층적으로 교차하는 조직에 한 사람이 동시에 참가하는 것이 가능하며, '안으로의 다문화주의'에 의해서 서로 중첩되는 네트워크가 바로 그 전제가 되는 것이다. 아이덴티티 집단의 특징은 그 다층성을 지닌 구조일 것이다. 종교집단(가령 이슬람 수니파, 기독교 침례파 등), 인종집단(가령 선주민, 화교 등), 여성주의자, 혹은 노인문제를 생각하는 집단, 평화나 인권을 요구하는 집단 등 무수한 집단이 지역공동체의 풀뿌리운동 차원에서 국민적 규모의 압력 단체나 증가하고 있는 전지구적 규모에서의 국제적 엔지오(NGO)로서 동시다발적인 조직행동이 가능한 것이다. 이 다층구조는 문화자원의 승인과 그 발전을 위해 대단히 중대한 요소이다. 지역적 차원에서는 문화자원의 공유를 확대하기 위해서 이른바 '자치적 공간'을 창조하고 있다. 북오스트레일리아의 욜른구(Yolngu) 집단에 의한 교육자치관리제도의 성립과 그 주도권의 획득,54) 혹은 최근 홋카이도 각 지역에서의 (선주민의 언어인) 아이누어 강좌의 편성 등은 좋은 예일 것이다. 또한 국제적 활동의 영역에서는 국민국가의 소수자들이 유엔이나 국제사법재판소 등의 국제적 기구를 통해서 국가에 압력을 가하는 형식도 생겨나고 있다. 이것은 사람들의 국제적 가동성이 높아진 시대에 거주지의 시민권을 지니지 않은 사람들의 권리옹호를 위한 전지구적 규모의 행동으로서 대단히 유효한 것이다.

아이덴티티 집단 그 자체는 빈센트 케이블이 강조한 것과 같이, 인종적 우위론을 주장하는 본질주의자에서 관용과 공정을 주장하는 인권옹호의 열렬한 보편주의자에 이르기까지 다양한 차원의 개념들을 대표하고 있다. 그 안의 몇몇 집단은 비교적 새롭게 조직된 것이며, 반드시 깊이 있는 토론의 축적에 의해서 성립된 것이라고는 말할 수 없다. 또 그 철학적 입장을 명확히 규정하지 않은 집단도 많다. 특히 잘 알려져 있듯이, 국제 엔지오의 장에서는 시간, 재원, 그리고 (국민국가 내외에서의) 커넥션을 가진 자천(自薦)의 활동가들이 세계를 무대로 우위의 역할을 차지하는 경우가 많다. 강력한 자금기반을 갖고 있지 않은 엔지오가 그 조직의 철학에 대해서 때로는 명확하게, 때로는 간접적으로 제한을 두는 기금조성기관으로부터 원조를 받는 예는 그리 낯선 일이 아니다. 그렇기 때문에 새로운 아이덴티티 집단에서는 그 운영 내용의 공개를 정확히 시행하고, 정사(精査)에 대해서 견딜 수 있도록 하는 구조를 확립하는 것이 중요한 과제이다. 또한 그 구성원의 요구에 부응하면서 더욱 커다란 정치질서 안에서 스스로의 위치를 확정하는 것이 필요하다. 그리고 이 방법에 의해서야말로 현재의 커다란 흐름인 '정치적 충성의 재편성'이 인간의 정치적이고 사회적인 선택의 자유를 조성하는 진정한 세력으로 성립할 수 있다고 나는 생각한다.

20세기 후반의 복합화하고 전지구화한 세계에서는 단순히 '민주주의의 보편성'을 주장하는 것도, 또 '고유의 문화'라는 상상의 벽의 후방으로 도피하는 것도 이미 그 의미를 상실하게 됐다. 왜냐하면, 민주주의가 의미하는 내용 그 자체가 계속 변화하고 있기 때문이다. 이미 '일인 일표'나 부의 재분배와 관련한 것만이 민주주의일 수는 없게 됐다. 어떻게 문화자원을 획득하고, 그것을 표현할 것인가, 그 위에 그 문화자원을 문화자본으로 어떻게 전환할 것인가(즉 사회적 경제적 자치를 획득하는 수단), 그것이 바로 현재 민주주의에서의 주된 요소를 차지하고 있는 것이다. 이 민주주의가 지니는 새로운 측면이 현대 국민국가에 있어서 가장 중요한 과제이다. 그 중요성은 미국이나 오스트레일리아 등 많은 국가들에서의 '다문화주의'에 관한 열렬한 논쟁을 보면 분명해진다. 그러나 동시에 이 과제는 단순한 국민국가의 정치 차원이라는 전통적인 틀 안에서만 해결할 수 없는 성질을 지니고 있다는 것도 널리 인식되어 있다.

따라서 문화자본의 획득과 관련한 논점의 정리는 전통적인 의미에서의 정당뿐만 아니라, 지역적 국민적, 그리고 국경을 초월한 차원에서 활동하는 다양한 범주의 아이덴티티 집단 포럼에서 수행해야 하는 역할이기도 하다. 왜냐하면, '다양한 얼굴을 지닌' 기본적인 인권획득을 위한 투쟁은 소속이 교차하는 현대 네트워크의 나선운동상에서 펼쳐지고 있는 것이기 때문이다.

제 3 부

누가
말하는가

일본에서의 새로운 지(知) 체계를 모색하며
저자와의 인터뷰

일본과의 만남

—— 갑작스런 질문입니다만, 먼저 테사 선생님은 어떻게 일본에 흥미를 갖게 됐습니까.

테 사 사실 저는 일본에 대해서 아무것도 몰랐습니다. 브리스톨대학을 다닐 때 학부전공도 서양사와 정치학이었어요. 대학을 졸업하고 별다른 목적의식 없이 국가공무원이 됐습니다. 환경문제에 흥미가 있었기 때문에, 런던의 빅토리아역 근처에 있는 환경부를 선택했지요. 때마침 영국이 유럽공동체의 정식 회원국으로 가입했던 때였습니다. 단 1년간의 공무원 생활이었지만, 제가 정해 놓은 규칙이 아직 남아 있는 것도 있지요.

—— 예를 들어 어떤 규칙입니까.

테 사 영국 혹은 유럽을 모두가 함께 여행하곤 했지요. 그때 초콜릿을 살 때면 그 크기를 정한 것은 저였습니다. (웃음)

—— 영국의 인기 텔레비전 방송 〈예수 미니스타〉(관료가 제 맘대로 정책결정을 하는 실태를 풍자한 BBC 제작의 코미디 프로그램)가 잘 표현하고 있듯이, 영국의 캐리어 국가공무원이란 굉장히 편안하고 쾌적한 직업이라고 생각합니다만, 그것을 1년 만에 내던진 이유는 무엇이었습니까.

테 사 크게 나누어 두 가지 이유가 있었습니다. 하나는 앞서 말씀드린 것이 바로 그 이유였습니다. 초콜릿의 크기가 정해지면 다음에 새우 안주의 크기를 정하고, 또 그것이 끝나면 맥주병의 사이즈를 합의해갑니다. 물론 그것 또한 나름대로 중요한 일이라고는 생각합니다만, 제 취향이 아니라는 것을 깨달았던 것입니다.

그와도 관련이 있습니다만, 두 번째로 환경부 안에 친하게 지내던 상사가 있었지요. 그 사람에게 저는 관료를 그만두고 싶다며 상담한 적이 있었습니다. 그때 대화가 흥미로웠기 때문에 기억을 근거로 해서 가능한 한 정확히 재현해보겠습니다.

"저도 처음 1년은 공무원 생활을 곧 그만두리라 항상 생각하며 다녔어요."

라고 상사가 대답했어요.

"언제부터 그런 생각이 들지 않던가요?"

라고 제가 다시 물었습니다.

"아니, 실은 지금도 그렇게 생각하고 있어요."

"그럼……, 실례이지만 환경부에 입사한 지 올해로 몇 년째신가요?"

"18년."

그 상사는 18년 동안 계속 관료생활을 그만두리라고 생각하며 지낸 겁니다. 하지만 공무원이 쾌적하기도 하고 고수입에 안정된 직업이기 때문에 그만둘 수 없었던 것이지요.

이 상사의 모습이 18년 뒤 저의 모습이라고 상상하고 싶지 않았던 겁니다. 그렇지만 그는 대단히 우수한 관료였어요. 국가 시스템 안에서 공명(功名)을 이루고 이미 은퇴했습니다.

세 번째 이유는 엉뚱한 생각일지 모르지만 통근과 관련된 것이었어요. 당시 저는 런던 북부의 핀칠리라는 지역에 살았어요. 지하철이 너무 혼잡하기 때문에, 아파트 근처의 정류장에서 환경부가 있는 빅토리아까지 버스로 통근했습니다. 그렇게 하면 환승하지 않고 버스 한 번에 갈 수 있었지요. 그러나 잘 알고 있듯이, 런던의 러시아워 때 버스는 굉장히 붐비거든요. 편도 1시간 이상 걸렸습니다. 그런데도 버스에서는 책을 읽을 수 없어요. 동승자의 지친 얼굴을 보고 있든지, 스모그가 엷게 깔린 거리를 넋 잃고 쳐다보고 있든지 하는, 그 두 가지밖에 할 수 없어요.

통근에 걸리는 시간이 왕복으로 하루 2시간 이상. 일주일에 10시간. 이것을 정년퇴직까지 반복한다면, 2만 3천 시간의 인생을 헛되이 보내게 되는 겁니다. 간단히 2만 3천 시간이라고 말하지만 이것은 958일입니다. 다시 말해 3년 정도의 인생을 통근버스 안에서 낭비한다는 계산이 나옵니다.

도저히 저는 그렇게 살 수 없다고 생각했어요. 그리고 그렇게 생각한 다음날 사표를 낸 겁니다.

—— 대단히 결단력 있는 행동이셨네요.

테 사 지금 돌이켜보면 무모했을지 모릅니다. 그러나 젊다는 것은 언제든 다시 시작할 수 있다는 것이기도 하니까요.

—— 그리고 일본에 오셨습니다. 왜 일본이었습니까.

테 사   가장 큰 이유는 환경문제에 대해서 공부해보고 싶었기 때문이었습니다. 그건 환경부에서 근무한 경험과 관련이 있었는지도 모르지요. 공해는 사회의 질병이 아닙니까. 그 공해 선진국이었던 일본에 온 겁니다. 또 한 가지는 런던에서 멀리 떨어진 장소에 가고 싶다는 조건도 만족시켜주었기 때문입니다. 그러니까 제가 일본과 관계를 맺게 된 계기는 아주 우연적인 요소가 강한 것이었지요.

────   그게 1973년이지요? 일본에서는 어디에 소속되어 있었나요?

테 사   소속 같은 건 없었어요. 완전히 되는 대로 살자는 식이었지요. 우이 준(宇井純) 선생님이 《현대 사회와 공해》(現代社會と公害, 勁草書房, 1972) 등을 강의한 자주강좌(自主講座)에 참가했습니다. 그 뒤에 도쿄대학에서 아르바이트를 하거나 영어교사를 해서 어떻게 생활은 해나갈 수 있었지요. '태평양자료센터'에서 무토 이치요(武藤一羊) 선생님 등의 가르침을 받은 적도 있습니다. 1년 반 정도 외국인 생활자의 입장에서 일본을 관찰하고 있으면서 좀더 일본을 제대로 연구하고 싶어졌던 겁니다.

그래서 대학으로 돌아갔고, 다행히 장학금도 받았기 때문에 영국 바스대학의 연구소에 적을 두고 박사논문을 썼습니다.

오스트레일리아의 '다문화주의'정책

────   취직은 오스트레일리아에서 하셨지요?

테 사   예. 제가 박사학위를 받기 한 해 전에 영국에서는 캘러헌 노동당 정권이 총선거에서 보수당에 패배하면서 마가렛 대처 정권이 출범했습니다.

이 선거의 승패를 결정한 대처의 선거용 발언이 몇 가지 있었는데, 그 가운데에서 가장 강렬한 임펙트를 심어준 것은, 'Britain is being swamped by Asians.(영국은 아시아인에게 치어 있다)'는 것이었어요.

즉 아시아계 이민자들에 의해서 영국의 '생활의 질과 스타일(way of life)'이 파괴되고 있다는 반이민주의의 망상에 뿌리를 둔, 저질적이고 비열한 대중영합주의였지요. 이시하라 신타로 도쿄도지사의 '삼국인 발언'과 비슷합니다.

그런 노골적인 내셔널리즘으로 정권을 획득한 정부가 통치하는 나라에서 더 이상 살고 싶지 않았습니다. 어쨌든 제 남편은 일본인이고 그 사이에 태어난 아이가 절반은 일본인이니까요.

세 군데의 연구기관에서 채용 통지를 받았지만, 결국 오스트레일리아의 대학을 선택했습니다. 그때가 1981년 10월이었어요. 시드니 공황에 내리자마자 사다트 이집트 대통령의 암살 뉴스를 들었습니다. 잊을 수 없는 기억이지요.

—— 그러나 당시 오스트레일리아는 영국 정부와 같이 보수당 연립 정권이지 않았나요?

테 사 그렇습니다. 단지 말콤 프레이저 정권만은 폐쇄적 내셔널리즘이 아니라, 모순적인 표현일지 모르지만, 개방적인 내셔널리즘이라고 부를 만한 정책을 표방하고 있었습니다. 오스트레일리아는 그때까지의 전통적인 영국과 아일랜드 중심의 이민이 아니라, 이른바 '인근 제국(諸國)'의 아시아계 이민을 받아들이려던 대전환을 시도하던 때였지요.

옥중에 있던 남아프리카공화국의 넬슨 만델라를 지지하고 백인 소수정권을 맹렬히 비판했던 정부는, 프레이저 정권과 북유럽의 몇 나라를 포함하더라도 당시는 소수에 불과했습니다.

또 한 가지, 프레이저 정권은 보수당임에도 불구하고 당시 '다문화주의'정책이라는 거창한 사회실험을 실행하고 있었지요. 지금 되돌아보면, '다문화주의'라는 정책은 모든 민족과 인종에 '제각각 고유한 문화'가 존재한다는 전제 위에, 그 '각각의 고유한 문화'를 존중해간다는 의미가 있었기 때문에 반드시 올바른 정책만은 아니었다고 생각합니다만.

—— 그것은 무슨 뜻인가요?

테 사 '각각의 고유한 문화'라는 것은 존재할 수 없다는 거지요. '문화'라는 것은 그 발생의 시점에서 '다(多), multi'이며 '교(交), inter'인 것이라고 저는 이해하고 있습니다. 그러나 당시의 '다문화주의'정책은 저와 같이 구시대적이고 어두침침한 영국에서 자란 사람에게는 너무도 신선하면서도 동시에 충격적인 것이었습니다. 그것을 보수당 정권이 국책의 주요한 기조로 삼고 있었지요. 즉 과거 '백호주의'에 대한 반성을 통해 당시 오스트레일리아는 너무도 건강한 사회로 변해가고 있었지요.

국적 취득의 체험

—— 현재 테사 선생님의 국적은 오스트레일리아입니까.

테 사 예. 몇 년 지내다보니 정말 살기 편한 나라였기 때문에 오스트레일리아 국적을 취득했습니다. 오스트레일리아는 선주민인 아보리지니도 물론 있지만 대다수는 이민에 의해서 구성된 나라입니다. 연방 정부는 몇 년에 한 번, '아직 오스트리아 국적을 취득하지 않은 사람들은 빨리 취득해주세요'라는 대대적인 캠페인을 벌이곤 합니다. 재미있는 나라입니다. 일본과 같이 국적 취득을 위해서 온갖 까다로운 조건을 제시하는 나라와는 극과 극의 위치에 있다고 생각합니다.

그런 오스트레일리아에서 국적 취득의 체험이 너무 즐거웠기 때문에 조금 부연하겠습니다.

오스트레일리아 국적을 취득하고 싶은 뜻을 이민관리국에 신청하면, 언제 거주지 우체국에 출두하라는 편지가 옵니다. 그게 거주지 우체국의 인터뷰를 받으라는 지시입니다.

시간이 많이 걸리겠지 싶어 저는 그날 오후 일정을 모두 비우고, 지정된 우체국에 출두했습니다. 저는 바로 국장실로 안내를 받았습니다. 그러자 중년 남성인 우체국장이 "Do you enjoy living in Australia?", 즉 오스트레일리아의 생활을 즐기고 있느냐는 질문을 했습니다.

"Yes, thank you."라고 저는 대답했습니다.

그저 가벼운 인사말 정도의 대화였습니다.

그런데 우체국장은 저에게 이만 돌아가도 좋다고 말하더군요.

아무리 그래도 일부러 나왔는데 이게 뭐냐 싶고, 또 저에 대한 실례라고 생각했습니다.

"저는 국적 취득을 위한 인터뷰 때문에 왔는데요"라고 물고 늘어졌습니다.

"좀 전에 그게 인터뷰였습니다"라고 우체국장이 미안하다는 듯 대답하더군요.

다시 말해, "오스트레일리아에서의 생활을 즐기고 있느냐?", "예" 이것이 오스트레일리아 국적 취득을 위한 인터뷰의 전부였던 겁니다. 저는 한숨을 내쉬고 말았어요.

그러나 지금 돌이켜보면, 이 질문은 그 나름대로의 문제를 내포하고 있었다고 생각합니다. 가령 제가 '인종'이나 '문화'의 인자(因子)로 인해 주류사회로부터 배제되어 있다고 느끼는 이민이었다면 과연 어땠을까요?

가장 가벼운 인사말로, "Do you enjoy living in Australia?"라고 질문하면 누구라도 "Yes, thank you."라고 대답했겠지요. 설령 그 사람이 오스트레일리아에서의 생활을 즐기고 있지 않더라도 말이지요.

그 후, 한 달 정도 지나서 지방자치체가 보낸 '오스트레일리아 국민이 되기 위한 의식'에 참석하라는 초대장을 받았습니다. 거기에 출석해서 샴페인을 마시고 선물을 받아 귀가하니 훌륭한 '오스트레일리아 국민'이 되어 있더군요. (웃음)

—— 그러나 1993년까지 오스트레일리아의 '국민이 되기 위한 의식'에는 국가에 대한 충성을 서약하는 'the Oath of Allegiance(충성 선서. 이민자가 귀화할 때 헌법 준수를 다짐하는 선서)'가 있지 않았나요?

테 사 잘 알고 계시네요. 분명 그게 있었어요. 내셔널리티와 국가에의 충성은 불가분의 관계라고 상정한 것이지요. 그뿐만이 아닙니다. 헌법상 오스트레일리아 국가원수는 엘리자베스 2세 여왕폐하이며, 그녀는 런던에 사는 '외국인'입니다. 그런 사람에게 충성을 서약하는 것은 애당초 무리한 얘기입니다.

그렇기 때문에 그 의식에서 충성서약을 할 때 오른손 검지에 중지를 겹치는 것이지요. 이것을 "cross the fingers"라고 부르는데, "그렇게 됐으면 좋겠네요"라는 반농담조의 희망 표시입니다. 저도 불경스럽게도 그렇게 했어요.

—— 그건 정말 멋진 체험이네요. 그렇다면 그 국가에 장기 거주하는 사람들, 경우에 따라서는 몇 세대에 걸쳐 거주하는 사람들은 그 나

라의 국적을 가져야 한다고 생각하십니까.

테 사　그런 건 아닙니다. 그것은 개인의 기억과 경험의 차원에서 결정하면 되는 겁니다. 저의 경우는 영국에서 온 이민자입니다. 당시 오스트레일리아에는 아직 영국의 식민지주의 잔재가 남아 있었고, 영국에서 온 이민자에게는 여러 특전을 부여하고 있었지요. 예를 들어, 다른 나라에서 온 이민자에게는 인정되지 않는 국정 참정권이 영국 국적의 이민자에게는 자동적으로 부여됐습니다. 그래서 오스트레일리아 국적을 취득했던 겁니다. 이 법률은 1980년대 말에 개정됐지만, 아무리 생각해도 공평하지 않았어요. 제가 아시아에서 온 이민자로, 만약 차별과 배제의 구조 안에서 힘든 경험을 했다면, 아직 국적을 취득하지 않았을지도 모릅니다.

──　기존의 국적을 버린다는 것에 대해서 감개와 같은 것은 없었습니까.

테 사　아니오. 영국 국적도 아직 그대로 가지고 있습니다. 영국의 경우는 본인이 국적 이탈을 신청하지 않는 한 여러 국적을 가지고 있어도 상관없어요. 일정한 조건이 필요합니다만, 오스트레일리아도 마찬가지입니다.

조금 부연하자면, 일본에서도 1980년대 중반까지는 한정된 예로 다중국적을 인정하고 있었습니다. 특히 북아메리카에 사는 일본계는 일본 정부에게 귀중한 자산이었으니까요. 그런데 경제적으로 성공하여 《저팬 애즈 넘버원》*과 같은 언설이 일본의 정·관계를 대표하는 나가타초(永田町)와 가스미가세키(霞ヶ關)에서 횡행하기 시작하자, 해외 주재 일본계를 배제하는 움직임이 일어나지요. 그것도 일종의 편협한 내셔널리즘의 반영이었다고 생각합니다.

—— 그러나 일본에서 이중국적의 문제라면, 가령 제2차 세계대전 때를 상기할 필요가 있지 않을까요? 그때 이중국적자의 충성문제와 같은 담론이 크게 힘을 얻지 않았나요?

테 사 과연 소속과 충성의 문제를 그렇게 단순화시켜도 좋을까요? 가령 자신이 속한 국가를 사랑하기 때문에 그 국가정책에 대해서 반대해온 사람들이 무수히 존재한다는 사실은 이미 역사가 잘 말해주고 있습니다. 그렇기 때문에 자신이 속한 국가와 그 국가에 대한 충성은 별개의 문제라고 생각합니다.

—— 그렇군요.

일본의 1970~90년대

—— 1973년부터 테사 선생님은 어떤 때는 외부에서, 또 어떤 때는 내부에서 일본을 관찰해오셨습니다. 커다란 흐름으로 볼 때 어떻게 생각하고 계십니까. 짧게 한마디 부탁드립니다.

테 사 제가 1973년에 처음 일본에 왔을 때는 오일쇼크 때였습니다. 석유제품의 가격이 단기간에 몇 배나 폭등하고, 또 슈퍼마켓의 진열장에서 상품이 사라져버리는 일종의 패닉 상황에 있었지요.

그 1973년과 제2차 오일쇼크가 일어난 1979년을 포함해서, 당시 일

---

* 미국의 사회학자인 에즈라(Ezra F. Vogel)가 1979년에 출간한 책제목 *Japan as No.1*에서 비롯된 말이다. 에즈라는 이 저서에서 "높은 기술력, 사원이 회사에 대해서 또 회사가 사원에 대해서 갖고 있는 충성심, 높은 교육수준, 질 높은 관리, 낮은 범죄율, 세계 어디에서나 배우고자 하는 자세 등이야말로 일본이 강하고 풍요로운 사회로 존재할 수 있는 기반"이라고 지적하고 있다.

본인 가운데 많은 사람들이 이것으로 일본경제는 파산할 거라는 대단히 비관적인 생각을 가지고 있었지요. 그와 동시에 오일쇼크의 원인이 외부로부터 온 것임에도 불구하고, 내부의 개혁을 통해 그 곤란을 극복하려는 분석과 노력이 집중적으로 이루어졌어요. '단소경박화(短小輕薄化)' 등이 좋은 예일 겁니다.

그것이 일정 정도 성공을 거두면서 일본경제는 1980년대에 비약적으로 신장합니다. 경제성장과 정비례하여 해외에서는 일본 연구의 붐이 일어나게 되지요. 안타깝게도 그 대다수는 일본을 치켜세워 '일본으로부터 배우자'라는 식의 '일본특수론'적인 것이었습니다.

그것에 용기를 얻었다고 하면 이상할지 모르겠지만, 일본 국내에서도 에즈라 F. 볼겔적인 '저팬 애즈 넘버원'과 같은 언설이 주류를 이루게 되지요. 그 뒤에 《NO라고 말할 수 있는 일본 ─신미일 관계의 방책》(NOと言える日本─新日米關係の方策, 石原愼太郞)과 같은 이시하라 신타로적인 언설이 등장합니다. 국가정책으로서의 '국제화'는 그 좋은 예일 겁니다. 그것은 '일본의 이미지로 세계를 다시 그리는' 시도였다고 생각합니다.

그것이 그대로 광란의 경제, 즉 1990년대의 버블경제로 이어지지요.
───── 일본 천황이 사는 황궁을 팔면 캘리포니아주 전부를 살 수 있다는 엉뚱한 주장이 호의적으로 수용되던 시대였지요. 또 숫자상으로 보면, 말 그대로였기 때문에 그게 우스갯소리만은 아니었지요. 그렇다면 왜 1980년대에 황궁을 팔아치우고 캘리포니아주를 사두지 않았던 걸까요? 황궁은 지금 다시 사들이면 될 일이고, 그렇게 했다면 캘리포니아주를 거의 공짜로 손에 넣을 수 있었을 텐데요.(웃음)

테 사 그렇게 과잉된 자신감에 빠져 있던 일본이 냉전구조의 붕괴와 함께 버블의 파열을 경험합니다. 저에게 인상적인 것은 1970년대 오일 쇼크로 대단히 비관적이었던 일본의 미디어가 버블 파열 때에는 '아직도 괜찮다. 일본은 곧 회복할 것이다'라는 식의 대단히 낙관적인 관측을 내놓은 점입니다. 1993, 94년 때까지는 적어도 그랬습니다.

그것을 듣고 '아, 이번 불황은 꽤나 오래 이어지겠구나' 하고 저는 느꼈습니다. 물론 전지구적인 차원의 원인도 있겠지만, 1990년대 일본의 불황은 버블경제와 그로 인해 진 빚의 지불을 미루어온 것이 중요한 원인이라고 생각합니다. 즉 원인은 내부에 있었지요. 그런데 장기 불황의 주요 원인은 전지구화에 있다는 식으로 그 책임을 외부로 돌리려는 매스미디어의 보도가 자주 이어졌습니다. 1980년대에도 있던 것이지만, 가질 필요 없는 열등의식이 바탕에 깔린 막연하고 불투명한 내셔널리즘이 1990년대에 들어서 완전히 자폐화된 내셔널리즘으로 일거에 분출하게 되지요. 그 흐름이 그대로 '새로운 역사교과서를 만드는 모임', 그리고 '새로운 교육기본법을 위한 모임'이나 '교과서개선을 위한 연락협의회' 등의 운동과 결부된 것이라고 생각합니다.

불안에 대한 기호론적 상징의 날조

—— 테사 선생님은 《세카이》 2000년 8월호에서 이시하라 도쿄도지사를 엄격히 비판했습니다. '삼국인 발언'도 동일한 흐름 속에서 나타난 현상이라고 생각하십니까.

테 사 물론입니다. 불투명한 불안감을 다수의 일본인들은 가지고 있습니다. 먼저, '일본형 경영'의 특징 중 하나라고 생각되던(혹은 '세뇌'되고 있던) 종신고용제도가 없어졌습니다. 일본인들은 고용 불안을 '정리해고(리스트라)'라는 이름으로 실제 체험하고 있습니다. 금융 위기가 일어나면 자신의 금융자산이 소멸해버릴 가능성도 있습니다. 그럴 가능성은 지금도 존재합니다. 설령 정년까지 다행히 근무한다 하더라도 정말로 연금생활이 가능할까라는 불안도 있습니다.

그러나 불안은 실재하고 있을지 모르지만, 그 불안은 어떤 원인에 의해서 유발된 것일까라는 설명이 이루어져 있지 않습니다. 따라서 출구 없는 폐쇄감, 불안감에 휩싸이게 된 것이지요.

그 폐쇄감, 불안감의 원인으로 '이물(異物)'을 제시한 것이 2000년 4월 9일 이시하라의 '삼국인 발언'이었다고 생각합니다. 눈에 보이지 않는 불안의 원인을 '가시화'했던 것이지요. 그것은 노골적인 배제·차별의 내셔널리즘입니다.

이시하라는 재해가 발생하면 '삼국인'이 소요를 일으킨다고 상정하고 있는데, 도대체 일본의 역사 안에서 그렇게 상정할 만한 경험이 있던가요? 적어도 제가 공부한 일본 근현대사에서는 '삼국인'이 아니라, '일본인'이 재해 때(관동대지진) 무장하여 6천 명 이상의 재일 '조선인'과 200명 이상의 재일 '중국인'을 학살했습니다.

—— 작년(2001년) 3월이었던가요? 유엔 인종차별철폐위원회에서 이시하라 '삼국인 발언'은 인종차별철폐조약에 위반한 것이라고 엄중히 비판받았지요. 그러나 일본 정부는 이시하라의 발언을 묵인하는 자세를 굽히지 않았습니다.

테 사　예. 외무성의 인권인도(人權人道)과장이 그 위원회에서 "도지사에게는 인종차별을 조장하려는 의도는 없었다"며 이시하라를 변호하기까지 했습니다. 일본에는 '수치 위에 수치'라는 말이 있습니다만 그걸 세계에 제대로 실증해 보인 거지요.

―― 내셔널리즘이란 '거절'하거나 '배제'하는 이론이기 때문에 결코 문제의 해결에는 도움이 되지 않는다고 생각합니다만.

테 사 앞서 말씀드린 바처럼, 사람들은 출구 없는 폐쇄감과 불안감을 품고 있습니다. 1970년대의 위기와 비교해보죠. 1970년대에는 문제에 대해서 분석과 비전이 존재했다고 생각합니다. 그 분석과 비전이 옳았는지, 아니면 그렇지 않았는지는 완전히 별개입니다.

자원의 고갈·가격 급등에 대한 에너지 절약이나 자원의 효과적인 사용기술과 관련한 도전이나 성장정책의 전환 등과 같은 것이 바로 그것입니다. 또한 자본주의 원리에 대한 근본적인 분석과 문제제기도 있었지요.

반면 1990년대의 일본에서는 설득력 있는 분석과 비전이 부재했습니다. 해결의 비전이 부재했기 때문에 불안감을 흡수하는 심벌을 날조한 거지요. 기호론적인 상징의 창조·날조였던 겁니다. 그 상징이 '범죄율'이나 '이민' 등으로 표현된 겁니다. 이것은 일본만의 문제는 아닙니다. 유럽과 오스트레일리아에서는 극우정당의 대두 등과 병행하여 나타나게 됩니다.

사회 불안의 요인은 '범죄율'의 상승과 '이민노동자'에 있기 때문에 그것들을 배제하면 또다시 '살기 좋았던 옛날'이 올 것이라는 주장이지요.

정말로 '살기 좋았던 옛날'이 존재했는지도 의문이지만, 여기서는 생략해두지요. 그러나 실제 통계를 조사해보면 분명합니다만, 대다수 선진국은 '범죄'에 커다란 변화가 없습니다. 반드시 상승한 건 아닙니다. 즉 '범죄'라는 기호가 불안감의 새로운 상징으로 바뀌었을 뿐입니다. '범죄' 이외에는 '이물(異物)'이 하나의 상징으로 추출되어 공격 목표가 됐습니다. 그 '이물'이 유럽에서는 '이민'이며 일본에서는 '삼국인'이었던 겁니다.

—— 그렇다면 초·중등학교가 의무교육임에도 불구하고 옴진리교*신자의 아이들에 대하여 취학까지 거부하는 철저한 배제와 무지막지한 인권침해도 이해할 수 있겠네요.

테 사 예, 옴진리교의 구성원은 대개가 '일본인'이었을지 모르지만 분명 '이물'이었습니다. 그들이야말로 불안감 히스테리의 상징으로서는 가장 적합했던 거지요.

변경에서 중심을 향한 '지(知)'의 가능성

—— 다음으로 테사 선생님의 연구에 대해서 여쭙고자 합니다. 이 자리에 오기 전에 잠시 인터넷을 살펴보니, 선생님이 1998년에 뉴욕의 M. E. 샤프사에서 출간한 *Re-Inventing Japan*이라는 책은 상당히 많은 북아메리카 대학과 연구소에서 텍스트로 사용되고 있는 것을 알게 됐습니다. 이런 식으로 말씀드리면 실례일지도 모르지만, 그러나 선생님은 일본에서는 거의 알려져 있지 않은데, 이 차이를 어떻게 생각하십니까.

---

* 신흥종교의 하나인 옴진리교는 1995년 3월 20일 오전 8시 40분경에 도쿄 가스미가세키(霞が關) 지하철 역에서 일어난 사린(무색, 무취의 신경중독제 중 하나) 사건으로 유명하다. 이 사건으로 승객과 승무원 12명이 사망하고 5,510명이 중경상을 입었다. 그 사건 이후, 일본에서는 지방자치단체가 옴진리교 신자들의 거주를 거부하여 퇴거를 명령하거나 상점 주인들이 그들에게는 물건을 판매하지 않는 일이 곳곳에서 발생했다. 그런 가운데 심지어 학교들마저 그들 자녀들의 취학을 거부하기까지 했다.

테 사　대답하기 어려운 문제네요. (웃음) 단지 이렇게 말씀드려도 틀린 것은 아니라고 믿습니다. 일본에서는 일본과 관련한 해외의 비판적인 연구는 무시되는 경향이 있어요. 영어권에 국한하여 말씀드리자면, 영어권에서 가장 저명한 일본연구자는 누굴까요. 허버트 노먼*일 것이며, 현존하는 사람 중에서는 문화연구라면 두말 할 것 없이 해리 하루투니안**과 사카이 나오키***이겠지요. 그런데 심한 경우, '일본문화'를 연구하는 사람들 가운데도 하루투니안이라는 이름을 들어본 적이 없다는 연구자까지 있으니까요.

　　일본에서 유명한 영어권의 일본연구자라고 한다면, 《국화와 칼》의 루스 베네딕트나 에드윈 라이샤워, 그리고 현존하는 사람 가운데는 에

---

* 허버트 노먼(E. Herbert Norman, 1909~57)은 근대 일본의 국민국가형성에 관해 주로 연구한 미국 학자로, 《일본에 있어서 병사와 농민―일본 징병제도의 기원》, 《일본에 있어서 근대국가의 성립》, 《봉건제도 하의 일본 정치》 등의 저작을 남겼다.

** 해리 하루투니안(Harry D. Harutoonian)은 〈전지구화시대'의 역사적 유물론의 임무〉("Historical Materialism's Task in an 'Age of Globalization'") 등의 글을 발표한 진보주의 역사학자이다. 현대 일본과 관련한 연구는 주로 민속학자 야나기다 구니오(柳田國男)의 연구를 대상으로 일본의 내셔널리즘을 비판적으로 분석한 논문들이 있다. 하지만 그의 논문이 일본에서 소개된 것은 〈근대에 의한 초극―두 세계대전에 있어서 판타지화된 일상생활과 사회체에 관한 언설〉(《思想》 12月號, 1997, pp.279~288) 정도이다. 이 글에 관한 내용은 이 책의 〈글로벌한 기억, 내셔널한 기술〉을 참조.

*** 사카이 나오키(酒井直樹)는 《사산된 일본어·일본인 : 일본의 역사―지정학적 위치》(死産された日本語·日本人:日本の歷史―地政學的位置), 《일본이라는 사상―번역과 주체》(日本という思想―飜譯と主體) 등의 저자로 현재 코넬대학에 재직중인 재미 일본계 학자이다. 한국에서도 두 책은 《사산된 일본어·일본인》(이득재 옮김, 문화과학사, 2003)과 《번역과 주체》(후지이 다케시 옮김, 이산, 2005)로 번역됐다. 또한 그 외의 논문이 무크지 《흔적》을 통해 다수 소개됐으며, 임지현과의 대담집 《오만과 편견》(휴머니스트, 2003)이 출간됐다.

즈라 F. 볼겔 정도일 겁니다. 즉 오늘날 '지(知)'의 세계에서는 비판의 대상으로만 인용되는 연구자들이 많지요.

—— 왜 그럴까요?

테 사 그 의문에 대한 회답은 당신네들이 생각해주세요. (웃음)

—— 2000년에 선생님은 미스즈서방(書房)에서 《변경에서의 조망》* 이라는 연구서를 출간하셨습니다만, 이것을 인터넷에서는 찾을 수 없더군요. 영어판은 아직 출간되지 않았나요?

테 사 영어판을 출간하기 위해서는 대단히 설명적인 가필이 필요할 겁니다. 아마도 출판은 2003년이나 2004년 정도에나 되지 않을까 생각합니다.

—— 처음으로 영어로 씌어진 원고를 먼저 일본어판으로 출판하고, 그 다음에 영어판으로 출판한다는 것은 재미있는 시도이네요.

테 사 그것은 처음부터 판권을 가진 출판사의 희망이었지요. 다음 책도 같은 경로를 거칠 것으로 생각합니다. 해외의 일본연구자가 먼저 영어판을 내고 그것의 번역판권을 사서 일본어판을 내는 공식에 대한 반발이라고 생각합니다. 그런 사정도 있고 해서 《변경에서의 조망》은 영어로 씌어진 것임에도 불구하고, 영어판을 위한 수정은 아직 손을 대지 않은 상태입니다.

—— 선생님은 《변경에서의 조망》의 서장에서 "변경이라는 존재가 국사나 지역사를, 그리고 더 넓게는 세계사를 다른 관점에서 다시금 떠나게 만드는 여행의 출발점이고, 국가·국민이라는 중심에서 가시화되

---

* 《변경에서의 조망》(邊境から眺める, みすず書房, 2000)은 도서출판 산처럼에서 임성모의 번역으로 출간될 예정이다.

기 어려운 문제를 제기"하기 위한 것이라고 밝히고 있던데.

테 사   예. 식민지시대의 탐험가 라 페루즈, 쿠르젠슈테른, 고로우닌, 마미야 린조(間宮林藏) 등은 각각 제도(帝都)의 중심에서 출발하여 변경에 도착했습니다. 그리고 변경에서 가지고 돌아온 방대한 원자료와 지식을 식민지 지배권력의 확장하는 지식체계 안으로 편입시켰습니다. 실상 이것은 과거의 일일 뿐만이 아니라, 불행하게도 현재도 그와 동일한 '지'의 양식이 존재하고 있습니다.

저는 그 과정을 역전시켜보고 싶었던 거지요. 변경에서 중심으로 향하는, 국가·국민적 혹은 전지구적인 제도(帝都)에 이르는 '지'의 양식의 가능성을 모색해보았습니다. 충분하다고는 말할 수 없지만, 어느 정도 성공한 것은 아닐까라고 희망적으로 생각하고 있습니다.

'근대'의 '지' 체계의 붕괴

——   그 책의 출판 직후에 선생님의 인터뷰가 《슈칸 도쿠쇼진》(週刊讀書人) 2000년 10월 6일호에 길게 게재되었더군요. 거기에서 선생님은 저와 같은 일반 독자들에게는 너무도 도발적이고 충격적인 발언을 하셨습니다.

'근대의 비전 그 자체를 근본적으로 재고하지 않으면 안 된다'는 부분입니다. 그 부분을 인용하겠습니다.

"'근대'라는 개념에 대한 기본적인 부분에서의 재검토가 필요하겠지요. 이것은 정말로 이제부터 중요한 과제입니다. 현재 학문적인 패러다임 기반은 대개 서양 근대 초기에 형성됐던 것입니다. 많은 부분에서 그 기반 자체가 붕괴하기 시작했다고 하는 합의가 최근 20년 사이에 성립했거든요.”

그러나 그 '합의'가 일본학계에서는 아직 충분히 성립되어 있지 않다는 것이 저와 같은 사람들의 생각입니다. 그렇게 생각하는 저와 일반 독자에게도 이 부분을 알기 쉽게 실증적으로 말씀해주시겠습니까.

테 사 예, 알겠습니다. 일본학계에서도 조금씩 그런 학문적인 패러다임의 기반이 붕괴해가고 있다고 생각해요.

예를 들어, 1999년 역사학연구회, 일본사연구회라는 동서양의 역사학회가 마치 사전에 협의라도 한 듯, '전후 역사학'의 '재고', '총괄'을 대회의 테마로 선택한 것은 아직도 기억에 생생합니다.

그럼 구체적인 예를 들어보지요. 이번주에 저는 너무나 인상 깊은 세미나에 참가했습니다.

발표자는 오스트레일리아의 우수한 연구자였지요. 그는 국제학회의 이사도 역임하고 있지요. 마르크스 경제사학을 하는 사람이지만, 최근 조금 방향전환을 시도하고 있는 듯합니다.

내용은 일반적인 사회경제사적인 방법론과 관련된 것이었지만, 그의 발표가 끝난 후 토론에서 먼저 이런 질문이 나왔습니다.

“사회란 무엇인가요? 사회라는 개념이 성립하기 이전에 사회는 존재했을까요?”

분명히 발표자는 '사회의 진화' 혹은 '사회의 진보'라는 말을 발표에서 많이 사용하고 있었지요.

다음 질문자는 다른 질문을 했습니다만, 질의에 앞서 “앞의 질의자와 같은 질문을 하고 싶었다”고 하더군요.

실은 발표를 듣고 있던 저도 같은 의문이 들었습니다. 20년 혹은 25년 전만 해도 그와 같은 발표가 있었더라도 적어도 이와 같은 질문은 전혀 나오지 않았지요. 그런데 지금은 그와 같은 문제의식을 갖고 있는 연구자가 많습니다.

즉 '근대'의 '지' 체계 안에서 그때까지 분석의 도구로 여겨졌던 용어가 실효를 잃기 시작한 겁니다. 사회과학이든 인문과학이든 사회, 정치, 경제, 역사 등을 분석하는 방법은 대개가 18세기 말까지 성립된 것이지요. 그 방법론은 근저에서부터 흔들리고 있다고 새삼 느꼈습니다.

그 원인은 무엇일까요? 하나는 국민국가의 역할이 변용되고 있다는 사실과 분명 깊은 관련이 있다고 저는 생각합니다.

그 이유는 '근대'에 있어서 학문 틀의 형성은 국민국가의 성립과 대단히 밀접하게 관계되어 있었기 때문입니다. 즉 개개의 학문영역은 그즈음에 정의됐지요. 현재 사용되는 의미에서의 '역사'나 '사회' 등의 용어가 성립된 것도 그때였지요. 따라서 국민국가의 역할 변용은 그대로 학문의 경계(境界) 변용으로 이어집니다.

두 번째 이유는 이른바 '포스트콜로니얼리즘'이 제기한 문제일 겁니다. 이제까지 보편적인 분석의 도구라고 여겨왔던 '사회', '문화', '문명', '민족' 등의 개념이 얼마나 유럽중심주의적인 것이었던가에 관한 예리한 비판이 분출했지요.

—— 그러나 일본에서는 유럽중심주의에 대한 비판이 왠지 일본중심주의의 주장으로 전환되는 예가 많은데요. 이른바 ('화(和)'를 키워드로 천황제에 새로운 아이덴티티를 부여하여 새로운 국가원리를 만들어내려 했던—옮긴이) '신교토(新京都)학파'라고 불리고 있는 사람들의 주장이 그렇습니다.

테 사 (웃음) 여기서는 그에 관해서 언급하지 않기로 하죠. 세 번째 이유는 포스트콜로니얼리즘 문제와도 관계가 있습니다만, '진보'라는 개념과 관련된 근본적인 비판이지요.

앞서 언급한 '사회', '문화', '문명', '민족' 등의 개념은 18세기에 창조됐습니다. 특히 '사회'라는 개념은 18세기에 탄생하여 19세기 중엽부터 20세기 초엽에 걸쳐서 성숙된 것입니다.

반면, '진보'라는 개념은 이보다도 훨씬 오래된 16세기에 창조된 겁니다. 물론 그 이전에도 '진보', 영어로 말하자면 progress라는 용어는 존재했습니다만, 그것은 공간적인 의미만을 지니고 있었지요. 즉 런던에서 옥스퍼드까지 'progress(전진)'하는 경우에 사용된 말입니다. Royal Progress라는 것은 왕이 여기까지 왔다는 의미입니다. 메이지시대에 progress를 '진보'라고 번역한 사람은 그런 것을 잘 알고 있었던 거지요. 그야말로 '걸음(步)'을 '나아가다(進)'라는 의미였으니까요.

존 루카슈의 연구에 따르면, 공간적 의미만을 갖고 있던 '진보'라는 개념에 시간적인 의미를 처음 부여한 것은 프랜시스 베이컨이라는 과학·철학자였습니다. 이 시간적 좌표축을 지닌 '진보'라는 개념은 '근대'의 지(知) 체계를 결정지었습니다. '근대'의 기층적 개념이라고 불러도 지장이 없을 겁니다.

지금도 일반적인 담론 가운데는 잠재적으로 시간적 '진보'의 개념이 뿌리 깊게 남아 있다고 느낍니다만, 동시에 '역사'의 영역 안에 시간적 '진보'의 개념을 단순히 믿고 있는 연구자는 이제 거의 존재하지 않는 것이 아닐까요.

—— 그 부분을 조금 이해할 수 없군요.

테 사 예를 들어 여기 오스트레일리아 국립대학 '리서치 스쿨'에서 광의의 '역사연구'자는 50명 이상 있다고 생각합니다. 가령 50명이라고 합시다.

그 50명의 역사연구자들에게, "당신은 '진보' 개념을 믿습니까"라고 물으면 우선 확실히 48명은, "단선적(單線的)으로는 믿지 않습니다"라고 대답할 겁니다. 그리고 남은 두 명은, "모릅니다"라고 대답하겠죠.

그런데 근대 역사학은 대부분이 '진보'라는 개념을 전제로 해서, 그 위에 쌓아올려진 겁니다. 즉 '진보'의 패러다임을 부정하는 것은 대단히 혁명적인 것이지요.

따라서 '진보'의 패러다임을 부정하지 않으면 안 되겠지만, 한편으로 역사연구자들은 그 점을 완전히 의식화할 수 없다는 모순이 존재합니다. 다시 말해 실천할 수 없는 거지요.

── 그렇군요. 그런 반성을 통해 '근대'의 지의 체계가 최근 20년 사이에 기반이 무너지는 듯한 붕괴가 일어나기 시작했다는 말씀이지요.

'새로운 지의 체계'에 대한 모색

테 사 그 붕괴 현상이 현저히 드러나기 시작한 것은 분명 1980년대 초기였지만, 좀더 길게 보는 것이 옳다고 저는 생각합니다.

우선 1960년대 미셸 푸코, 물론 푸코도 제2차 세계대전 이후 지(知)의 전통을 비판하면서부터 등장합니다. 그 푸코를 '상찬하지만 비판한' 데리다 즉 스승으로부터 배우고, 그 배운 성과를 통해 스승을 비판해간 거지요.

그렇기 때문에 커다란 흐름으로서는 식민지제국의 종언과 사회주의 사상 내부에서의 비판적인 내파(內破. implosion. 이 말은 요시미 순야(吉見 俊哉)가 이름붙인 것이다)가 합체되어, 1980년대 전반기에 베네딕트 앤더슨이나 제임스 클리퍼드, 스튜어트 홀 등이 세계적으로 읽히기 시작했습니다. 그것은 지의 세계적 질서에 커다란 변화를 가져왔지요.

1970년대 후반기부터 1980년대 전반기에 걸쳐서 노도(怒濤)와 같이 '새로운 지의 체계'에 대한 모색이 시작됐습니다. 포스트콜로니얼리즘과 거기에서 파생된 차크라보르티 스피박 등이 제창한 '서발턴 스터디스(Subaltern Studies)'*도 모두 그때 시작됐습니다.

—— 문화연구(Culture studies)는 좀더 이른 시기에 시작되지 않았나요?

테 사 예. 이른바 '버밍검학파'라고 불리는 것은 1960년대부터이지요. 이것이 미국으로 건너가 평가된 것이 1980년대 말입니다. 그것이 일본에 알려지기 시작한 것은 1996년에 요시미 씨 등이 스튜어트 홀을 초청하여 도쿄대학에서 토론회를 하면서부터라고 여겨집니다.

—— 그렇다고 한다면, 1980년대 전반기부터 종래의 '지의 영역'에 대한 비판 및 파괴활동이 전세계적인 규모에서 일어난 것을 알 수 있군요. 그러나 아직 일본 연구자들 사이에서는 종래의 '지의 영역'에 집착하고 있는 사람들이 대다수라고 생각하는데요. 그 사람들이 "비판과 파괴활동은 잘 알겠다. 그렇다면 파괴한 다음에 있을 모델을 제시해보라"라고 반론을 제기한다면, 어떻게 대답하시겠습니까.

테 사 그것은 전지구적 차원에서 아직 모색되고 있는 상황이니까,

* 서발턴은 계급적인 면에서 종속집단을 가리키는 그람시의 용어이다. 근래 들어서 일부 학자들은 서발턴의 의미를 확대하여 계급, 젠더, 민족, 종교 등 그 연원에 상관없이 종속적인 지위에 있는 모든 집단을 가리키는 용어로 사용한다. 구하와 스피박 등으로 대표되는 이들의 연구는 서발턴의 문화적 자율성과 가능성을 강조하는 점이 특징적이다.

'잘 모르겠다'라고밖에 대답할 수 없겠지요. '지(知)의 장벽'을 파괴하는 작업이 또다시 새로운 '장벽'을 만드는 것과 같은 일이라면 아무 의미가 없으니까요.

　또한 이것은 학문적인 영역만의 문제가 아닙니다. '지'의 생산과 그 소비의 문제와도 복합적으로 얽혀 있을 수밖에 없기 때문입니다.

――　　잠깐만요. 그것은 테사 씨가 나가하라 유타카(長原豊), 마쓰모토 다케노리(松本武祝) 씨들과《가네가와(神奈川) 대학평론》제34호에서 토론한 내용 즉〈포스트 현대의 사회과학〉이지요. 그건 몇 번을 읽어도 제가 이해할 수 없었기 때문에, (웃음) 이 인터뷰에서는 넘어가도록 하겠습니다.

테 사　'지'의 세계에서도 그 정도의 커다란 지각변동이 일어나고 있다는 거지요.

'일본'이라는 틀의 해체와 희망

――　　너무 길어졌기 때문에 여기서 매듭을 지어주셨으면 합니다. 선생님은 1999년부터 2000년에 걸쳐서 히토쓰바시(一橋)대학 객원교수로 1년간 대학원생을 담당하셨다고 들었습니다만, 새로운 싹들의 숨결 같은 것을 느끼셨는지요?

테 사　히토쓰바시대학뿐만 아니라, 도쿄대학에서도 대학원생이 와주었어요. 놀라울 정도로 모두들 우수했지요. 신선한 문제의식, 새로운 시점을 지닌 대학원생들이었습니다.

　그것은 유학생, 특히 아시아 각국에서 온 유학생들과의 교류가 활발해지면서 극히 자연스럽게 신선한 문제의식, 새로운 시점이 생겨났던 것이라고 추측됩니다. 그들에게 한 가지 주문을 하자면, 대학원생 레벨의 사람들이 더욱 밖으로 나가야 한다는 것입니다.

2001년 4월에 서울대학교의 초청으로 서울에 갔습니다. 도쿄대학 사회정보연구소의 강상중 교수 세미나의 대학원생들과 그곳의 대학원생들이 함께 준비한 학회에 참가했습니다. 거기서 대학원생들의 발표는 아주 훌륭했습니다. 그 사람들이 적어도 일본학계의 차세대를 짊어지고 가겠죠. 저는 정말로 커다란 희망을 가지고 있어요. 조금 더 부연해도 되겠지요?

―― 그럼요.

테 사 이제부터의 '일본역사학'을 생각한다면, '일본'이라는 틀을 먼저 재검토할 필요가 있습니다. '일본'이라는 틀을 해체하면 당연히 공간적 시야에 변화가 생길 겁니다.

그 커다란 추세를 재촉하는 요인으로는 아미노 요시히코(網野善彦)로 대표되는 중세 일본의 공간 개념 연구이고, 또 한편에서는 신진학자라고 하면 혼날지 모르지만 도미야마 이치로(富山一郎)의《근대 일본사회와 '오키나와인'》(近代日本社會と'沖繩人'―'日本人'になるということ, 日本經濟評論社, 1990) 등의 연구라든가, 고마코메 다케시(駒込武)의《식민지제국 일본의 문화통합》(植民地帝國日本の文化統合, 岩波書店, 1996)과 같은 젊은 세대의 일본 식민지제국에 대한 해체작업일 겁니다. 이와 같은 커다란 흐름 속에서 차세대 '일본역사학'의 기반이 새로이 형성되어갈 것이라고 생각하면, 모든 전선(戰線)에 있어서 자폐적이고 폐쇄적인 경향을 보이기 시작한 일본학계이지만, 저는 기대와 희망을 발견합니다.

• 인터뷰 · 세키모리 도쿠히로(關森德弘) 재오스트레일리아 저널리스트

옮긴이의 말

1

1990년대 말 이후, 일본에서는 (패)전후 역사교육이 과거 '제국'의 기억을 다루지 않는 것에 대해 다양한 입장의 비판이 분출되기 시작했다. 한 평론가는 과거 식민지문제를 말하는 자체를 '악'으로 간주하는 '소아병적인' 인식태도에서 (패)전후 일본은 과거사에 대한 사죄 없이 특유의 '집단적 침묵'으로 일관해올 수 있었다고 비판했다. 그리고 그는 '바다를 건넌 일본어문학'이 식민지에서 문화권력으로 존재했던 역사를 보여주었다. 또 다른 한편에서는 '새로운 역사교과서를 만드는 모임'이 고바야시 요시노리의 만화《전쟁론》을 비롯한 각종 저서들을 통해 주장하는 '대동아전쟁'의 긍정론도 '자학사관'으로 오염된 (패)전후 일본사회가 자국역사에 대한 '왜곡'과 '침묵'을 강요해왔다고 비판했다.

(패)전후 일본의 세태를 비유한 신조어 중 '헤이와보케(平和ぼけ)'라

는 말이 있다. 이 용어는 '평화헌법' 아래 일본사회가 평화와 풍요를 향유하면서 어떤 주의나 주장도 지니지 않은 상태에 놓여 있다는 뜻으로 쓰인다. 최근 도쿄도지사 이시하라 신타로 등 극우세력들은 평화에 길들여진 일본사회의 위기를 이 말로 축약해 표현하곤 한다. 그들이 주장하는 '헤이와보케'론의 배경에는 전지구화 과정과 신자유주의적 시장질서에 위협받는 국민국가의 탈영역화가 일본 국민이라는 일체감의 소멸로 이어질지 모른다는 위기의식이 깔려 있다. 그들의 주장은 더 나아가 영구적인 전쟁 포기를 골자로 한 '평화헌법' 개정으로 전이되어간다. (고바야시도 그의 만화에서 '자학사관'을 옹호해온 일본사회 구성원의 의식을 '헤이와보케' 상태라고 비판한다.)

어느 학자는 이 같은 분위기 속에서 전개된 '역사교과서' 논쟁을 가리켜 '기억의 내전'이라고 명명한다. 그 '내전'은 한국을 비롯한 주변 피해국의 참가로 결국 '국사' 대 '국사'의 싸움 양상으로 전화됐다. 그러나 현재진행형의 이 전쟁은 결국 상호이해를 가로막는 '국사'라는 높은 장벽을 실감시키는 데 그치고 말았다.

그 '기억의 전쟁'은 '우리' 사회가 이제까지 집착해온 '국사' 담론에도 일정한 희생을 치르도록 만들었다. 그러나 그것은 과거와 현재, 과거와 우리 사이의 관계를 새롭게 규명하기 위한 시작에 불과하다. 한일 두 나라 사이의 식민지 관계는 20세기 동아시아 국민국가의 역사와 그 기원을 같이한다. 그것은 우리에게 아직 아물지 않은 공동의 상처이다. 뿐만 아니라 '국사'에 대한 집착이 끊임없이 재생산해낸 타자에 대한 '왜곡'의 시정 또한 공동의 몫이다. 때문에 더더욱 '월경적(transnational)'인 사고와 대화의 장이 무엇보다 필요한 것이다.

2

정확히 한 세기 전 일본은 조선='우리'를 강점했다. 세계사상 이 유례없는 동일문화권 내 국가 간 식민지 관계를 가리켜, 당시 일본의 많은 역사가들은 과거 역사로의 '복귀'='복속(復屬)'이라고 정의했다.

최근까지 '우리'의 일본론, 더 정확히 말하자면 '우리'가 쓴 일본론에서는 과거 '그들'의 그런 역사인식에 대한 전복과 복수의 꿈에 속박된 레토릭을 쉽게 발견할 수 있다. 그런 일본론은 사실 일본을 텍스트를 매개로 서술하는 '우리'론의 성격이 짙다. 이때 타자로서 일본은 '우리'라는 레토릭에 집착해온 결과가 초래한 상상력의 빈곤 속에 묘사될 수밖에 없다.

과거의 일본론에 대한 반성은 바로 국가(주의)적 상상력에 충실해온 '우리'에 대한 괄호풀기로부터 시작되어야 한다. 다시 말해 국가(주의)적 상상력의 한계를 넘어설 필요가 있다. 특히 본질주의에 기초한 '우리'와 일본 간의 이분법적 구분은 역사의 역동성을 관찰하거나, '나'와 과거의 관계맺기를 통해 역사에 참여하는 데 방해로 작용할 뿐이다. 지금이야말로 '우리'=국가적 상상력 안에 갇혀 타자를 바라보는 태도, 거기에서부터 벗어나려는 노력이 어느 때보다 긴요하다.

이 책은 역사교과서문제, 역사주체 논쟁, 이민과 이주 노동자, 천황제 등 시사적인 문제들을 중심으로 일본사회를 분석한 글들로 묶여져 있다. 또 이 책에서는 근대 이후 유럽중심의 사고가 반영된 문화, 문명, 민주주의, 국민국가, 진보, 사회 등의 개념들에 대한 근본적인 재고를 촉구하고 있다.

저자는 자신의 위치를 이렇게 말한다. "유럽의 쇠퇴한 제국(영국)에서 태어나 자라고, 또 식민주의에 의해서 성립된 국가(오스트레일리아)에서 살며, 아시아에 있어서 '구'식민지제국(일본. 그러나 오키나와나 홋카이도의 상황을 고찰하면, '구'라는 말의 사용을 주저하게 한다)에 관해 연구한다는 어떤 특정한 위치"에 있다고. 그런 위치만큼이나 그녀의 사고는 국가적 상상력으로부터 자유로우며 비판적이고 월경적이다. 저자는 포스트콜로니얼의 세계에 있어서 역사적 책임문제의 복합성을 강조하며, 기억과 역사적 책임에 대해 진지함이 필요하다고 역설한다. 그리고 일국사(一國史)적인 사고에 머물지 않는 전지구화의 맥락에서 저자는 현재 일본사회의 아이덴티티를 비판적으로 묻고 있다. 그 비판적 분석의 토대가 바로 역사에 대한 진지한 태도이며 이 책의 원제인 '비판적 상상력'인 것이다.

내가 이처럼 치열한 저자의 '비판적 상상력'을 과연 어느 정도나 독자에게 전달할 수 있을까. 그러기에는 부족한 나에게 이 책의 번역을 맡겨준 도서출판 산처럼의 윤양미 사장님께 우선 감사드린다. 서울과 안동을 오가며 번역작업을 하는 동안, 주위에 많은 폐를 끼쳤다. 특히 동국대 한국문학연구소의 한만수 소장님을 비롯해 박성순과 정종현 연구원에게는 너무나 많은 신세를 졌다. 이 책의 첫 독자가 되어준 박용재 군의 꼼꼼한 독서에도 고마움을 전한다.

마지막으로 번역을 핑계로 가정에 소홀했음에도 불구하고, 늘 참고 격려해준 아내와 딸 서정이에게 고마움을 전해야겠다.

2005년 7월 20일
옮긴이 박광현

지은이의 주

월경적(越境的) 대화의 포럼을 위하여

1) 西部邁,《新しい公民教科書》, 扶桑社, p.36.

2) 石原愼太郎, 〈日本よ―內なる防衛を〉,《東京新聞》(조간), 2001. 5. 8.

제1부 열린 일본을 위하여

비판적 상상력의 위기

1) 西尾幹二,《國民の歷史》, 扶桑社, 1999, p.42.

2) 小浜逸郎,《'弱者'とはだれか》, PHP研究所, 1999.

3) Christopher Lasch, *The Revolt of the Elites : and the Betrayal of Democracy*, New York, W.W. Norton, 1995, p.49.

동아시아에 있어서 역사를 둘러싼 전쟁

1) David Lowenthal, *The Past Is a Foreign Country*, Cambridge, Cambridge University Press, 1985, p.364에서 인용.

2) Francis Fukuyama, *The End of History and the Last Man*, New York, Toronto, Maxwell Macmillan Canada, 1992, p.276.

불온한 묘비 — '애도'의 정치학과 '대항'기념비

1) 田中伸尙, 〈この國はまだ'軍人國家'ではないのか〉, 《世界》, 1998. 4.
2) 加藤典洋, 《敗戰後論》, 講談社, 1997, p.100.
3) Jennifer Ring, *The Political Consequences of Thinking*, New York, State University of New York Press, 1997.
4) "War and Apology : Japan, Asia, the Fiftieth and After", *Position*, vol. 5, no. 1, Spring 1997, p.37.

새로운 시장에 출하된 낡은 편견

1) 《讀賣新聞》, 2000. 5. 3.
2) 定方晟, 〈石原發言とマスコミの報道姿勢〉, 《正論》, 2000. 6, p.77.
3) 같은 책, p.81.

현대 일본에서의 이민과 시민권

1) Jeremy Harding, "The Uninvited", *London Review of Books 22(3)*, February 2000, p.3.
2) 姜尙中 · 吉見俊哉, 《グローバル化の遠近法－新しい公共空間を求めて》, 岩波書店, 2001.
3) 伊藤博文, 《法政關係資料》第1卷, 秘書類纂刊行會, 1935, pp.524~546 ; 堉叡, 〈明治三二年の國籍法成立に至る過程－日本國籍法序説〉, 《日本社會史研究》, 芳賀幸四郎先生古稀紀念會, 笠間書院, 1980.
4) H. F. MacNari, *The Chinese Abroad*, Shanghai, Commercial Press, 1993, pp.37~38 ; 法務省出入國管理局, 《出入國管理とその實體》, 大藏省印刷局, 1960.
5) Seigo Hirowatari, "Foreigners and the 'Foreigner Question' under Japanese Law", *Annals of the Institute of Social Science*, University of Tokyo, 35, 1993, p.102.
6) 1985년 이전에는 결혼한 부부 사이에서 태어난 아이는 기본적으로 아버지의 국적을 계승하며, 어떤 특정한 상황일 경우에 일본인 여성의 비적출자(非嫡出子)만이 어머니로부터 일본 국적을 계승할 수 있었다.
7) 愼英弘, 〈在日朝鮮人と社會保障〉, 《在日朝鮮人－歷史, 現狀, 展望》, 明石書店, 1995.

8) Jeremy Harding, 앞의 글, p.20.

9) 鄭暎惠,〈ジェンダーの政治と國民の再構成〉, 別冊《思想》第98號《トレイシーズ》
   2, 岩波書店, 2001.

10) 法務省出入國管理局,《出入國管理基本計劃(第2次)》, 法務省, 2000. 3. 24, p10.
   (http://www.moj.go.jp/PRESS/000300-2/000300-2-2.html)

11) 같은 책, p.10.

12) 鄭暎惠, 앞의 글.

13) 法務省出入國管理局, 앞의 글, pp.1~2.

14) 二一世紀日本の構想懇談會,《日本のフロンティアは日本の中にある》, 2000,
   p.12. (http://www.kantei.go.jp/jp/21century/houkokusyo/1s.html)

15) 法務省出入國管理局, 앞의 책, 2000, pp.13~15 ;《朝日新聞》, 2000. 1. 14.

16) Michael Hardt and Antonio Negri, *Empire*, Harvard University Press, 2000,
   p.398.

17) 伊豫谷登士翁,〈避けられない課題 ─戰後日本經濟における外國人勞動者〉, 伊豫
   谷・梶田 編,《外國人勞動者論─現狀から理論へ》, 弘文堂, 1992.

18) 法務省出入國管理局, 앞의 책, 2000. p.1.

19)《讀賣新聞》, 1999. 12. 12.

20)《ジャパン タイムズ》, 2000. 9. 28.

21) 廣田よしお,〈外國人市政參加の法的檢討〉, 宮島喬 編,《外國人市民と政治參加》,
   有信堂高文社, 2000, pp. 58~60.

22) 櫻井よし子,〈永住外國人の地方參政權は亡國の第一步である〉,《週刊新潮》
   1999. 11. 18, pp.56~60.

23) *Newsweek*(일본판), 2000. 6. 9.

24) 法務省法務總合研究所,《犯罪白書一九九九》, 大藏省印刷局, 1999, p.513.

제2부 전지구화와 민주주의

평화를 위한 준비

1) Michael Hardt and Antonio Negri, *Empire*, Harvard University Press, 2000.

2) Geoffrey Blainey, *All for Australia*, North Ryde, N.S.W. Methuen Haynes,

1984, p.154, pp.158~159.

글로벌한 기억, 내셔널한 기술

1) Edward Heathcoat Amory, "Advertising the End of Britain", *Spectator*, November, 1997, p.11.

2) 같은 글, p.12에서 인용.

3) Linda Colley, *Britons : Forging the Nation 1707~1837*, New Haven, Yale University Press, 1992.

4) Benedict Anderson, *Imagined Communities : Reflections on the Origins and Spread of Nationalism*, 2nd Edition, London, Verso, 1991.

5) Tessa Morris Suzuki, *Reinventing Japan : Time, Space, Nation*, ch. 8, New York, M. E. Sharpe,1998.

6) Christopher Lasch, *The Revolt of the Elites*, New York, W. W. Norton and Co., 1995 ; 渡部昇一 · 谷澤永一, 《こんな歴史に誰がした》, クレスト社, 1997. 대중영합적인 주장을 정치적으로 표명한 것으로는 Front National, *300 Mesures pour la Renaissance de la France*, Paris, Editions Nationales, 1993 ; Pauline Hanson Support Movement, *Pauline Hanson : the Truth*, Ipswich, Queensland (privately Printed), 1997, pp.86~99가 있다.

7) Sara Diamond, *Roads to Dominion : Rightwing Movements and Political Power in the United States*, New York, Guildford Press, 1995, p.281에서 재인용.

8) 예를 들어, George Roche, *The Fall of the Ivory Tower : Government Funding, Corruption, and the Bankrupting of American Higher Education*, Washington DC, Regnery Publishing Inc., 1994 ; 藤岡信勝, 〈反日教育サティアン脱出の記〉, 《新潮》, 1996. 7 ; 《教科書が教えない歴史》, 産經新聞ニュースサービス, 1996 ; 《教科書が教えない歴史 2》, 産經新聞ニュースサービス, 1996. 이것에 대한 비판은 John K. Wilson, *The Myth of Political Correctness : The Conservative Attact on Higher Education*, Durham, Duke University Press,1995를 참조.

9) Michel Leroy et al., *L'Occident Sans Complexes*, Paris, Carrére, 1987, p.11.

10) 같은 글, p.16.

11) Didier Maupas, "Fraternité et Nation", 같은 책, p.337.

12) Yvon Briant, "L'Histoire, Enjeu Politique", 같은 책, p.221.

13) Gary B. Nash, Charlotte Crabtree and Ross E. Dunn, *History on Trial : Culture Wars and the Teaching of the Past*, New York, Alfred A. Knopf, 1997, p.245.

14) *Australian(20~21)*, December 1997.

15) 新しい歴史教科書をつくる會 編,《新しい日本の歴史が始まる》, 幻冬舍, 1997.

16) Stephan Shakespeare, "Old Britain, New History", *Spectator*, 1997, p.11.

17) *Sydney Morning Herald*, 1997. 6. 13에서 인용.

18) Norma Field, "War and Apology : Japan, Asia, the Fiftieth, and After", *Positions : East Asia Cultures Critique 5*, 1997 ; *Australian*, 1997. 6. 4 ; *Toronto Star*, 1998. 2. 8.

19) Lammert Doedens, "De Indonesische Kwestie : Verwerking van een Koloniale Erfnis", *Spiegel Historiael*, 30. 9. 1995, p.322에서 인용. Connie Kristel, "De Oorlog na de Jong", *Spiegel Historiael*, 29. 3/4, 1994, p.152도 참조.

20) *Times*, 1995. 9. 18.

21) 藤岡信勝,《教科書が教えない歴史》, 産經新聞ニュースサービス, 1996 ;《教科書が教えない歴史2》, 産経新聞ニュースサービス, 1996.

22) Bruno Mégret, *La Flamme : Les Voies de la Renaissance,* Paris, Editions Robert Laffont, 1990, p.175.

23) 같은 책, pp.251~252.

24) 新しい歴史教科書をつくる會 編, 앞의 책 ; 渡部昇一・谷澤永一, 앞의 책, pp.214~223을 참조.

25) 濤川榮太,〈戰後歷史敎育の大罪〉, 新しい歴史敎科書をつくる會 編, 같은 책, pp.180~181.

26) 같은 글, p.182.

27) 같은 글, p.193.

28) Delmer Brown and Ishida Ichirô, *The Future and the Past : A Translation and Study of the Gukanshô, an Interpretative History of Japan Written in 1219*, Berkeley, University of California Press, 1979 ; Bishop of Freising Otto, *The Two Cities : A Chronicle of Universal History to the Year 1146 AD*, New York, Octagon Books, 1996.

29) John Lukacs, *Historical Consciousness, or the Remembered Past*, New York,

Harper and Row, 1968, p.13.

30) David Lowenthal, *The Past Is a Foreign Country*, Cambridge, Cambridge University Press, 1985, p.233에서 인용.

31) Paula Hamilton, "The Knife Edge : Debates about Memory and History", Kate Darian Smith and Paula Hamilton ed., *Memory and History in Twentieth Century Australia*, Oxford University Press, 1994, p.19.

32) Maurice Halbwachs, *La Mémoire Collective*, Paris, Presses Universitaires de France, 1950.

33) 같은 글, p.67.

34) 같은 글, p.74.

35) 같은 글, p.75.

36) 같은 글, p.44.

37) ハリー・ハルトゥーニアン, 〈近代による超克 — 兩大戰間期におけるファンタジー化される日常生活と社會體についての言說〉, 《思想》, 1997. 12.

38) Renato Rosaldo, *Culture and Truth : The Remaking of Social Analysis*, 2nd Edition, Boston, Beacon Press, 1993, pp.68~87.

39) ハリー・ハルトゥーニアン, 앞의 글, p.123.

40) 예를 들어 西岡虎之助, 〈歷史における日本精神探求の方向〉, 1934(西岡虎之助著作集刊行委員會 編, 《西岡虎之助著作集》第三卷, 三一書房, 1982) ; 〈民衆文化の常用性〉(《民衆生活史硏究》, 福村書店, 1938, pp.9~10) ; 〈前途いよいよ多難 — 諸學振歷史學界をみて〉(《西岡虎之助著作集》第四卷, 1941, pp.407~408) ; 〈國運と歷史〉(같은 책, 1942, pp. 411~412) ; 〈新日本史綱要 — 再檢討による〉, 같은 책, 1946, pp. 279~288 ; 鹿野政直, 〈西岡虎之助先生と民衆史硏究〉, 民衆史硏究會 編, 《民衆史を考える》, 校倉書房, 1988, pp.11~31도 참조.

41) Perry Miller, *The New England Mind : The Seventeenth Century*, New York, MacMillan, 1939.

42) Miles Taylor, "The Beginnings of Modern Social History?", *History Workshop Journal 43*, 1997.

43) 예를 들어, G. D. H. Cole and R. Postgate, *The Common People 1746~1938*, London, Methuen, 1938을 참조.

44) Herbert T. Hoover, "Oral History in the United States", Michael Kammen

ed., *The Past Before Us : Contemporary Historical Writing in the United States*, Ithaca, Cornell University Press, 1980, pp.391~407.

45) Michael Kammen, *Mystic Chords of Memory : The Transformation of Tradition in American Culture*, New York, Alfred Knopf, 1991, p.474.

46) 같은 책, pp.474~480.

47) 西岡虎之助, 앞의 책, 1938, p.10.

48) 西田直二郎, 《日本文化史序説》, 改造社, 1932 ; 西岡虎之助, 앞의 책, 1941, p.409.

49) 柴田實·西村朝日太郎, 《日本民俗文化大系 10 西田直二郎·西村眞次》, 講談社, 1978 ; 西岡虎之助, 앞의 책, 1941을 참조.

50) Nash, Crabtree and Dunn, 앞의 책, 1997, pp.36~42를 참조.

51) *Highroads of History Book 1, Tales of the Homeland*, London, Thomas Nelson and Sons, 1920, p.7.

52) Phyllis Wragge, *The Young Citizen's Social History of Britain*, 2nd Edition(First Edition Published in 1949), London, Longmans, 1954, pp.1~9.

53) 高橋愼一, 〈歷史敎育論〉, 上原專祿·西岡虎之助 編, 《日本歷史講座 8 歷史敎育篇》, 河出書房, 1952.

54) 같은 책, pp.111~112.

55) 歷史敎育者協議會 編, 〈日本史學習指導案〉, 上原專祿·西岡虎之助 編, 같은 책, p.279.

56) Raphael Samuel, "Introduction : Exciting to be English", Raphael Samuel ed., *Patriotism : The Making and Unmaking of British National Identity*, vol 1, London, Routledge, 1989, xliv.

57) Clare Fawcett, "Archaeology and Japanese Identity", D. Denoon et al. eds., *Mulicultural Japan : Paleolithic to Postmodern*, Cambridge University Press, 1996, p.61.

58) 예를 들어 다음을 참조 바람. Paul Connerton, *How Societies Remember*, Cambridge University Press, 1989 ; Kammen, 앞의 책, 1991, pp.3~11 ; Hamilton, 앞의 책, 1994.

59) Pierre Nora, *Les Lieux de Mémoire, Representations*, 26, 1989, p.8.

60) 같은 책, p.9.

61) Jan Hein Furnée, "Hella Haasse : Ik Bén Geschiedenis," *Spiegel Historiael*, 32. 1, 1997, p.33.

62) 예를 들어, Terry Eagleton, *The Illusions of Postmodernism*, Oxford, Blackwells, 1996, pp.112~114.

63) 上原専祿, 《歷史意識に立つ教育》, 國土社, 1958.

64) Fernand Braudel, *A History of Civilizations*, Richard Mayne trans., London, Allen Lane, 1994.

문화 · 다양성 · 민주주의

1) Louis De Bernieres, *Captain Corelli's Mandolin*, London, Minerva, 1995, p.359.

2) I.e, J. Udovicki and J. Ridgeway, eds., *Yugoslavia's Ethnic Nightmare*, New York, Lawrence Hill Books, 1955.

3) 예를 들어 山折哲雄, 〈宗敎を忘れた戰後政治學 · 歷史學〉, 《中央公論》, 1955. 9.

4) Fareed Zakaria, "Culture is Destiny : A Conversation with Lee Kuan Yew", *Foreign Affairs*, vol. 73, no. 2, March/April 1994, pp.109~126. 특히 pp.113~114를 참조.

5) 같은 책, p.119.

6) Kim Dae Jung, "Is Culture Destiny? The Myth of Asia's Anti-Democratic Values", *Foreign Affairs*, vol. 73, no. 6, November/December 1994, pp.189~194. 특히 p.189를 참조.

7) 같은 책, p.194.

8) Zakaria, 앞의 글, pp.118~119.

9) Kim, 앞의 글, p.194. (리콴유와 김대중의 논쟁은 《아시아적 가치》 (이승환 외, 전통과현대 , 1999)에 번역되어 실려 있다. —옮긴이)

10) T. H. Marshall, *Citizenship and Social Class and Other Essay*, Cambridge, Cambridge University Press, 1950, p.77.

11) Tom Bottomore, "Citizenship and Social Class Forty Years On", T. H. Marshall and T. Bottomore, *Citizenship and Social Class*, London, Pluto Press, 1992. 마셜의 사상과 관련하여 나는 이 식민주의의 문제를 보다 상세히 검토하고 있다. "Colletive Memory, Collective Forgetting : Indigenous People and the Nation

State in Japan and Australia", *Meanjin*, vol.53, no.4, 1994.

12) Daniel A. Segal and Richard Handler, "US Multiculturalism and the Concept of Culture", *Identities : Global Studies in Culture and Power*, vol. 1, no. 4, April 1995, p.391.

13)《朝日新聞》, 1994. 1. 1.

14) Ian McAllister ed., "Public Opinion, Multiculturalism and Public Behaviour in Australia", Chandran Kukathas ed., *Multicultural Citizens : The Philosophy and Politics of Identity*, Sydney, Centre for Independent Studies, 1993. 특히 p.62를 참조.

15) 앞의 책.

16) Tom O'Regan, "Introducing Critical Multiculturalism", *Continuum*, vol. 8, no. 2, 1994, p.8.

17) Sneja Gunew, "Multicultural Critical Theory : Beyond the Binaries or Race and Ethnicity", paper presented at the Conference on Identity, Ethnicity and Nationality, Melbourne, La Trobe University, 1994. 7, p.17.

18) 예를 들어, Australian Council on Population and Ethnic Affairs, *Multicultura-lism for All Australians : Our Developing Nationhood*, Canberra, Australian Government Publishing Service, 1982.

19) Chandran Kukathas, "The Idea of a Multicultural Society", Kukathas, 앞의 책, p.29.

20) Australian Council on Population and Ethnic Affairs, 앞의 글, p.31.

21) Barry Hindess, "Multiculturalism and Citizenship", Kukathas, 앞의 책, p.45 이하를 참조. George Papadopoulos, "A Decent Road", D. Goodman et al. eds., *Multicultural Australia : The Challenges of Change*, Melbourne, Scribe, 1991.

22) Hindess, 같은 글.

23) 이 논쟁에 관해서는 이하를 참조. John Rex, "Multiculturalism, Anti-Racism and Equality of Opportunity in Britain", Richard Nile ed., *Immigration and the Politics of Ethnicity and Race in Australia and Britain*, London, Sir Robert Menzies Centre for Australian Studies, 1991. 인용은 p.102.

24) John Stratton and Ien Ang, "Multicultural Imagined Communities : Cultural Difference and Zational Identity in Australia and the USA", *Cintinuum*, vol. 8,

no. 2, 1994, p.155. Gunew, 앞의 글도 참조.

25) Kukathas, 앞의 글.

26) 예를 들어 Hindess, 앞의 글, p.45 ; Ramesh Thakur, "From the Mosaic to the Melting Pot : Cross-National Reflections on Multiculturalism", Kukathas, 앞의 책, p.188, p.129.

27) Sabine Gleditsch, "Multiculturalism", S. Hawthorne and R. Klein eds., *Australia for Women : Travel and Culture*, Melbourne, Spinifex, 1994, p.88.

28) Stratton and Ang, 앞의 글, p.153.

29) Hindess, 앞의 글, pp.44~45.

30) Stratton and Ang, 앞의 글, p.156.

31) A. L. Kroeber and Clyde Kluckhohn, *Culture : A Critical Review of Concepts and Definitions*, New York, Vintage Books, 1963.

32) H. Martin Wobst, "The Archaeo-Ethnography of Hunter Gatherers or the Tyranny of the Ethnographic Record on Archaeology", *American Antiquity*, vol. 43, no. 2, April 1978, p.306.

33) Stratton and Ang, 앞의 글, p.149.

34) Pierre Bourdieu, *The Field of Cultural Production*, Cambridge, Polity Press, 1993, p.30.

35) Ignatieff's Television Series, *Blood and Belonging*.

36) Orlando Patterson, "Context and Choice in Ethnic Allegiance : A Theoretical Framework and Caribbean Case Study", N. Glazer and D. Moynihan eds., *Ethnicity : Theory and Experience*, Cambridge Mass., Harvard University Press, 1975.

37) Gill Bottomley, "Representing the 'Second Generation': Subjects Objects, and Ways of Knowing", G. Bottomley, M. de Lepervanche and J. Martin, *Intersexions : Gender/Class/Culture/Ethnicty*, Sydney, Allen and Unwin, 1991, p.96.

38) Paul DiMaggio, "Social Structure, Institutions, and Cultural Goods : the Case of the United States", P. Bourdieu and J. S. Coleman eds., *Social Theory for a Changing Society*, Boulder, Westview Press, 1991, p.134.

39) Richard White, *Inventing Australia : Images and Identity 1688~1980*,

Sydney, Allen and Unwin, 1981, p.164.

40) 尹健次,《民族幻想の蹉跌》, 岩波書店, 1994.

41) Rebecca West, *The Birds Fall Down*, London, MacMillan, 1967, p.425.

42) Midori Arima, *An Ethnographic and Historical Study of Ogasawara : The Bonin Islands, Japan*, Unpublished Ph. D. Thesis, Stanford University, 1990, p.274.

43) 山方石之助,《小笠原島史》, 東洋堂, 1906, p.422.

44) Arima, 앞의 책, pp.58~71 ; Mary Shepardson, "Pawns of Power : The Bonin Islands", R. D. Fogelson and R. N. Adams eds., *The Anthropology of Power : Ethnographic Studies from Asia, Oceania and the New World*, New York, Academic Press, 1977.

45) Tiddas Song, "Spirit of the Winter Tree", on the Recording "Inside My Kitchen", distributed by Id/Polygram, 1992.

46) Robert N. Bellah et al., *Hobits of the Heart : Individualism and Commitment in American Life*, Berkeley, University of California Press, 1985, p.202.

47) Benedict Anderson, *Imagined Communities*, 2nd Edition, London, Verso, 1991을 참조.

48) Peter Knudson and David Suzuki, *Wisdom of the Elders*, Sydney, Allen and Unwin, 1992 ; David Maybury Lewis, *Millenium : Tribal Wisdom in the Modern World*, New York, Viking, 1992 등 참조.

49) DiMaggio, 앞의 글, p.134를 참조.

50) Pierre Bourdieu, "The Forms of Capital", J. G. Richardson ed., *Handbook of Theory and Research for the Sociology of Education*, Westport, Greenwood Press, 1986, pp.243~248.

51) 예를 들어 Ian Macphee, "The Benefits of Cultural Diversity", Goodman, 앞의 책, pp.97~98.

52) H. C. Coombs, *Aboriginal Autonomy : Issues and Strategies*, Cambridge, Cambridge University Press, 1994, p.22.

53) Vincent Cable, "The Diminished Nation-State : A Study in the Loss of Economic Power", *Daedelus*, vol. 124, no. 2, Spring 1995.

54) Coombs, 앞의 책, pp.192~196.

일본의 아이덴티티를 묻는다

지 은 이	테사 모리스 스즈키
옮 긴 이	박광현
펴 낸 이	윤양미
펴 낸 곳	도서출판 산처럼

등 록	2002년 1월 10일 제1-2979호
주 소	서울 종로구 내수동 72번지
	경희궁의 아침 3단지 오피스텔 412호
전 화	725-7414
팩 스	725-7404
E-mail	sanbooks@paran.com

제1판 제1쇄 2005년 8월 5일

값 12,000원

ISBN 89-90062-15-2 03910
*잘못된 책은 서점에서 바꾸어 드립니다.